U0566382

国家社会科学基金项目（11CZX030）

乾嘉汉学的
解释学模式研究

QIANJIA HANXUE DE JIESHIXUE MOSHI YANJIU

崔发展 / 著

人民出版社

目　录

序 一

近代以来，清学的思想性、哲学性一向不受重视。比如，学界在梳理中国哲学（史）时，清代哲学（史）常常付之阙如。究其原因，梁启超的观点颇有代表性，早在《论近世之学术》中，他就说过："综举有清一代之学术，大抵述而无作，学而不思，故可谓之为思想最衰时代"；而十八年后的《清代学术概论》仍大旨不变，"吾常言：'清代学派之运动'，乃'研究法的运动'，非'主义的运动'也"。既然清学难有"主义"，也就谈不上太多的思想因素，更谈不上走入哲学的场域了。

近年来，随着对有清一代之义理学的梳理与阐发，这一状况虽稍有改善，但清学的哲学（史）面貌仍可谓难成系统。然而，无论如何，在中国哲学（史）中，清代绝不是无足轻重的一环。清代哲学既对古代哲学做了全面而系统的总结，又在"以复古为解放"的自我演替中，直接或间接地为"后经学时代"的到来与发展做了预备。

不过，这还只是问题的一个方面。另一方面是，学界对清学的哲学性研究，尤其是系统性研究相对少一些。过去我的学长蒋国保教授与他的同事王茂、余秉颐、陶清等教授合著过一本，但这类书比较少。这也是小崔此书的值得肯定之处。小崔在武汉大学攻读博士学位时，就将眼光投向清学，并立意在哲学层面作分析研究，此书正是在其博士论文的基础上修改而成。通观本书，可以说小崔体现出了良好的哲学素养，尤其难能可贵的是，有一些自己独立的创新见解。

就中国古代而言，一部儒学发展史，其实就是经书得到不断阐发的历史，而汉学、宋学则是经学阐释的两种典型范式。明清以来，清理这两种范式成了学界的一项重要工作。而乾嘉汉学作为经学解释的典型代表，对它进行专题式分析，将有益于我们深入了解汉学解释这一经典类型，从而能够对整个传统儒学的脉络有更为清晰的把握。

那么，清学究竟向我们提出了怎样的哲学论题？比如，清代汉宋关系中的哲学问题是什么？再比如，作为一个"学术共同体"，乾嘉汉学或乾嘉学派有没有一个公共的话语平台，或者说，有没有一个共同的学术建构模式？这些都是小崔在清学研究上的鲜明的问题意识。在研究对象上，小崔并没有选择具体文本或人物，而是尝试去做系统性的研究，从宏观上理解乾嘉汉学或清学，这种取向使得寻找一个适宜的突破点显得尤为必要。

欣慰的是，小崔找到了这个支点。有清一代，无论汉宋，都主张回到原典。尤其是汉学家，坚决主张博核考辨经书之原文与原义，而针对被冠以"虚妄"之名的宋学，汉学家们竞相以"实事求是"相标榜。通过小崔引述的大量材料，我们可以看到汉学家们十分看重"实事求是"这一观念或概念，甚至有将之作为"口头禅"或"门面语"的倾向。自乾嘉时的江藩、阮元等人起，就不断有人用"实事求是之学"来称谓乾嘉汉学。即便是在乾嘉之后，"实事求是"也几乎成了乾嘉汉学的代名词。究其原因，或许就在于这样一个事实：只有在乾嘉汉学这里，"实事求是"才首次被明确尊奉为治学的核心价值观与基础性理念，标志着对实证方法与客观精神的第一次集体宣言。基于此，可以说"实事求是"乃是理解汉学家学术思想的关节。由此，小崔最终选定将"实事求是"作为分析乾嘉汉学的切入点。

小崔并不自限于书生之见，而是有着鲜明的现实关怀。我与他最初商议博士论文选题时，他就将乾嘉汉学回归汉儒之学的主张与实践，与当前儒学复兴中"回到孔子"、"回归原典"之类的现实诉求紧密联系，以期从中寻求二者对接之处，寄希望于由此能够以古为鉴。不唯如此，他对现象学、解释学的了解，又最终促使他觅得他山之石，将"回到康德"、"回到事实本身"与乾嘉之时、现今之世的"回归原典"相联系，以便在中西古今的磨荡中寻求那种氤氲而生的解释路径。这也正是他之所以从解释学出发探讨乾嘉汉学的因缘际会。

　　若是从解释学角度看，对于乾嘉汉学而言，"实事求是"集中体现出汉学家这一学术群体的解释学观念、解释学原则与解释学方法。由此，"实事求是"也可以说就是一个经学解释学命题。而就汉学家的经学解释实践而言，此命题主要表现为一个受控的实证（实验）过程，或者说，一个经验性的考证过程，此即：只要"实事求是者"（解释主体）从客观的、确定的"实事"（解释对象）出发，通过由训诂通义理、还原主义等"求"（解释方法）的探寻，就可以从"实事"中还原或重构出古代先贤或原典的固有之"是"（经文、经义或大道）。小崔认为，乾嘉汉学由此就可以被整个地置入"实事求是"的解释学模式之中。

　　不过，若仅仅以"实事求是"称许汉学，难免引发争议。比如，宋学虽旨在阐发大义，却未必就背离了"实事求是"，何况宋学正是针对汉唐诸儒之"空疏"而来，如此一来，何谓虚、何谓实，就需辨析。不过，在小崔看来，以解释学为鉴，乾嘉汉学是否可以归结为"实事求是之学"，还只是表面问题，更紧要的问题乃是："实事求是之学"的提法本身是否确当？更进一步讲，本源性的问题或许在于："实事求是"自身有无问题或有无边界？借鉴伽达默尔解释学关于"理解"的追问方式，小崔将这一问题表述为："实事求是"本身如何可能？而这种问题的转换，恰恰意味着思考方向的根本变化。

　　"实事求是"是理解乾嘉汉学的一把钥匙，如今已成清学研究群体中的常识之见。然而，学界却多是把"实事求是"视为乾嘉汉学的精神旗帜、一种客观的求实态度与考证方法。与此相应，迄今关于"实事求是"的诸多争议，多是纠结于谁在"实事求是"，谁能"实事求是"，或者谁才配得上"实事求是"之名，然而"实事求是"自身却被视为公理或定理，几乎未曾被视为追问的对象。但从哲学层面讲，小崔意识到，对于乾嘉汉学而言，"实事求是"自身是否具有自明性，亦即"实事求是"如何可能，才是一个根本性问题，因而必须对"实事求是"本身的自我理解加以认真考察。可以说，本书的主旨，就是要从解释学上剖析这一公理性的命题，尝试从中揭示出"实事求是"自身的限度或边界。本书尝试将"实事求是"作为经学解释命题进行分析，提出此命题包含考证性、认识论、存在论三个不同层级；进而提出这一命题的普遍结构与特殊结构，并辅以图表标注出不同结构之间的转化。由此，小崔尝试对乾嘉汉学进行结构性、模式性分析，宏观考察其得失利弊。

小崔有明确推进中西对话的责任意识，他借"譬喻"之理来分析中西比较的合法性或有效性，认为我们应进一步拓宽与深化中西比较的视域，而不能故步自封、自说自话，体现出涵化中西的一定识见与学养。具体到本书而言，作者一面借解释学来分析乾嘉汉学，一面也有意识地从乾嘉汉学反观西方解释学自身的不足，着重凸显出中国当下的问题意识，尽力在中西互释中寻求中国古典解释学的建设方向，并适时分析当下复兴传统中的一些问题。

小崔为人谦和，为学严谨。希望他今后能够精益求精，在不断拓展研究领域的同时，亦能始终尊奉"有一分材料，说一分话"的汉学精神。今后似可考虑进一步扩充相关内容，适当增加个案或文本研究，多引入一些材料性的佐证，真正做到兼采汉宋之长，让学问研究百尺竿头，更进一步。

是为序。

郭齐勇

2017 年 6 月 13 日于武汉珞珈山

序 二

这些年来，在儒学界、中国哲学研究界，"经典诠释"成为一种学术时尚，不少学人甚至表达了建构"中国式诠释学"的雄心。这固然有中国本土的古典诠释传统的影响，也有外来的海德格尔、伽达默尔的哲学诠释学的作用，但真正的缘由则是中国社会转型的一种时代需求，即寻求"现代性诉求的民族性表达"①。不过，目前为止，"中国式诠释学"的面相还很模糊；不仅如此，还有一种普遍的误解，以为只要是对中国古代文本的解释，那就是"经典诠释"了。总之，"究竟何谓'经典诠释'"依然还是一个问题。

在这样的背景下，读到《乾嘉汉学的解释学模式研究》这样的著作是一件十分令人高兴的事情。此书是关于乾嘉学术的一种诠释学角度的研究，其宗旨不仅在于从中国传统的经学诠释中辨识出一种别样的"解释学模式"，进而指认出"实事求是"的一般方法论②，更在于由此生长培育出一种中国式的诠释学。

为此，作者首先对乾嘉学术进行了一种坐标式的定位：其纵轴是古今

---

① 参见黄玉顺：《现代新儒学研究中的思想视域问题》（此文为《现代新儒学的现代性哲学》导论，中央文献出版社 2008 年版），收入《儒学与生活——"生活儒学"论稿》，四川大学出版社 2009 年版。

② 这不是作者在书中所使用的"方法论"概念（近于"科学方法"的概念或伽达默尔的"方法"概念），而是接近于所谓"哲学方法论"的概念，其实是超越了"哲学"（指海德格尔所说的"哲学的终结"意义上的"哲学"）的方法论概念，例如按照海德格尔的说法，现象学和诠释学都可以称为"方法论"或"方法"。

之维，即"汉宋之争"；其横轴是中西之维，即中国传统的"汉学"与西方的哲学诠释学（Die philosophische hermeneutik）之间的关系。

在中西之维上，作者提出了一个问题：借鉴西方的哲学诠释学来分析中国的乾嘉学术，这是否具有"合法性"？这个问题所牵涉的是一个更大的问题，即近年来哲学界所批评的"以西释中"乃至"汉话胡说"的现象。作者分析论证了以哲学诠释学的方法来解读乾嘉学术这种做法的合法性或合理性，其分析论证是言之成理的。

我自己也曾撰文讨论过这个问题。① 简言之，"以西释中"或"汉话胡说"之类的批评，预设了一个前提，即存在着某种现成在手的、客观实在"不以人的意识为转移"的"中国经典"和"西方经典"之类的东西。但这个预设前提本身就是不能成立的，事实上，诠释者（主体）和被诠释文本（客体）都是由当下的诠释活动给出的，即在诠释活动中获得其新的主体性和新的对象性，亦即是在当下的存在或生活中生成了主体性存在者和对象性存在者。经典是被诠释出来的经典，经典的意义是被诠释出来的意义，而诠释者是被生活给出的，诠释活动乃是当下的一种生活情境。在这个意义上，诸如"借鉴哲学解释学来分析乾嘉汉学"或"以解释学解读乾嘉汉学"这样的提法也是词不达意的、存在者化的表达，因为恰恰是"解读"或"分析"这样的诠释活动给出了所谓"哲学解释学"和所谓"乾嘉汉学"这样的存在者，而这种诠释活动归属于作为存在的生活，即是生活的一种当下显现样式。

在古今之维上，称乾嘉学术为"乾嘉汉学"，即归之于"汉学"而与"宋学"相对，这本来是一种传统的看法；但作者并不满足于此，而是进一步强调：乾嘉汉学不仅是汉学的典范，而且是汉学中的一个独特的"解释学模式"。不仅如此，通览全书，我发现，作者对乾嘉学术及其"实事

---

① 参见黄玉顺：《我们的语言与我们的生存——驳所谓"现代中国人'失语'"说》，《南京师范大学文学院学报》2004 年第 4 期，收入《面向生活本身的儒学——黄玉顺"生活儒学"自选集》，四川大学出版社 2006 年版；《注生我经：论文本的理解与解释的生活渊源——孟子"论世知人"思想阐释》，《中国社会科学院研究生院学报》2008 年第 3 期，收入《儒家思想与当代生活——"生活儒学"论集》，光明日报出版社 2009 年版；《比较：作为存在——关于"中西比较"的反思》，《社会科学战线》2015 年第 12 期。

求是"的阐发，其实已经超越了"汉宋之争"这样的传统学术视域。

确实，在当今世界的思想学术背景下，"汉宋之争"这样的分析框架已不足以阐明中国经典的性质及其意义。"汉宋之争"属于前现代的学术范式，然而中国学术、包括儒学早在宋代即已开始了走向现代性的历史进程：伴随着中国社会"内生现代性"的发轫，中国学术思想的"内生现代性"也已发生。① 因此，"汉宋之争"这样的学术范式根本无法解释中华帝国后期以来的一系列具有现代性的启蒙意义的思想学术现象，例如"乾嘉汉学"这样的标签就不足以揭示戴震思想学术的意义。所以，我提出"重写儒学史"。② 这一点，其实也可以作为作者"借鉴"哲学诠释学的理据之一：在现代性、全球化的背景下，人类的"共在"、"共同生活"使得诠释学已经不仅仅是"西方的"，正如儒学也已经不仅仅是"中国的"。③

在上述分析的基础上，在作者看来，作为汉学当中一种独特的解释学模式的乾嘉汉学，其标识就是"实事求是"。于是，作为全书最精要的部分，作者详尽地分析了"实事求是"的命题。

作者对"实事求是"命题的分析，最重大的理论贡献是提出了"实事求是"命题意义的三个层级，即作为经学考证性命题、作为认识论命题和作为存在论命题，这是前所未有的理论创见；不仅如此，在每一个层级上，作者都作出了具有原创性的分析。"实事求是"这种层级结构的展示，令人耳目一新，全面深入地揭示了"实事求是"命题的丰富深刻内涵，充分地展现了作者的思想深度。

1. 作为经学考证性命题的"实事求是"

作者首先析出了"实事求是"命题的四个要素：

① 参见黄玉顺：《论儒学的现代性》，《社会科学研究》2016 年第 6 期。
② 参见黄玉顺：《论"重写儒学史"与"儒学现代化版本"问题》，《现代哲学》2015 年第 3 期。
③ 参见黄玉顺：《世界儒学——世界文化新秩序建构中的儒学自我变革》，《孔学堂》2015 年第 4 期；《亚洲和平繁荣之道：生活儒学价值共享》，《社会科学家》2017 年第 1 期。

求是者　→　阐释者　──→　谁去求

实事　──→　阐释文本　→　经书

求　　──→　阐释方法　→　如何求

是　　──→　阐发义理　→　六经之道

就"实事求是"命题来说，这些要素的存在是不言而喻的，也是进行更进一步分析的基础。当然，也可以说是"三要素"，因为："求是者"是主体，"实事"及其"是"是对象，他们都是存在者化的东西；而"求"则是一种行为、活动，即是一种存在、而不是存在者。这种区分非常重要，因为这涉及下文要深入讨论的一个观念：存在者是存在给出的。因此，对作为经学考证性命题的"实事求是"的结构，我们可以图示如下：

（求是者）
↙　↖
实事　→　是

作者进而具体地给出的"经学考证性命题的结构图"，就有上述这种区分的意味：

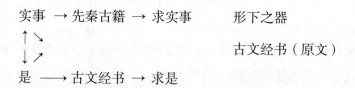

实事　→　先秦古籍　→　求实事　　　形下之器

↑↘　　　　　　　　　　　古文经书（原文）
↓↗

是　──→　古文经书　→　求是

综合以上二图，我们这里可以给出一个典型的、也是流俗的"经典诠释"结构，图示如下：

是（经典之原义）

求是者（诠释者）──→　　　↑

实事（经典文本）

所谓"实事求是"，就是诠释者根据经典文本（实事）去发现（求）经典的原义（是）。就此而论，汉学与宋学之间在"实事"上其实是没有本质区别的，因为它们都是经学，而经学就是根据经典（实事）去阐发（求）"圣人之意"①（是）的学问，其所依据的都是"实事"——经典。所以难怪汉宋之争的双方都认为自己是"实事求是"的。

双方的区别不在"实事"上，而在"求是"之"是"上。这就犹如现象学运动中的诸哲学，相互之间大相径庭，却都秉持"面向事情本身"（Zur Sache selbst）的口号，是因为他们对"事情本身"的理解是不同的，例如胡塞尔认为是纯粹先验意识，而海德格尔认为是此在的生存。宋学之"是"是所谓"天理良心"，而汉学之"是"则是某种"微言大义"。甚至宋学内部也是不同的：理学家朱熹主张"即物而穷其理"②，认为经典之"物"（实事）背后隐藏着的是"性即理"（是）；而心学家陆九渊声称"六经皆我注脚"③，认为六经（实事）背后隐藏着的是"心即理"（是）——某种"人同此心，心同此理"的先验意识。

由此可见，汉宋之争的真正意义不在这里。汉学之所以在汉代兴起，宋学之所以在宋代兴起，汉学之所以又在明清之际复兴，这种学术嬗变的缘由乃在其"代"——时代。汉代乃是"周秦之变"——从王权列国时代向皇权帝国时代的社会转型的完成，汉学乃是作为皇权帝国学术形态——经学出现的；④宋代则是帝国前期、后期之间的分野，帝国后期已经出现中国的"内生现代性"，时代需要新的学术形态，故而帝国前期的经学形态——汉学遭到解构；明清之际则可谓是"数千年未有之变局"的开端，中国社会第二次大转型——从皇权时代向民权时代的社会转型已经开始，时代再次需要学术变革，故有汉学的复兴，但此"汉学"已非彼"汉学"矣，不可混为一谈。

这也表明，"实事求是"其实是一个形式命题（formal proposition），

---

① 《周易》："子曰：'书不尽言，言不尽意。'然则圣人之意，其不可见乎？子曰：'圣人立象以尽意，设卦以尽情伪，系辞焉以尽其言……'"见《十三经注疏》，中华书局1990年版，第82页。
② 朱熹：《四书章句集注》，中华书局1983年版，第6页。
③ 陆九渊：《陆九渊集》，中华书局1980年版，第395页。
④ 关于经学作为皇权帝国时代的学术形态，参见黄玉顺：《中国学术从"经学"到"国学"的时代转型》，《中国哲学史》2012年第1期。

而不是实质命题（material proposition）。然而唯其如此，它具有更普遍的意义，乃至可以用来表达辩证唯物论的认识论。作者的工作，其实也可视为揭示"实事求是"具有的这种形式意义的一种努力。

这里还有一个重要问题：是谁在"求"？作者补出了一个被省略的主词或主体：求是者——诠释者。这是非常关键的，因为这样一来，"实事求是"就被确定为了一种主体性的行为，即"主—客"架构下的一种活动。于是，作为经典诠释活动的"实事求是"显然不过是认识论范畴的一个特例而已，因此才有：

2. 作为认识论命题的"实事求是"

作为认识论命题，作者给出的"实事求是"结构图如下：

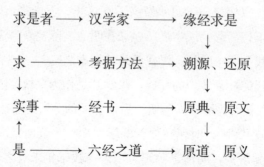

当然，这还不是具有普遍性的认识论结构，即仍然停留于经典考据的层面。"实事求是"的更具一般性的认识论结构，作者列出了以下基本要素：

实事 ——→ 对象（始点）的客观性

求 ——→ 方法（过程）的客观性

是 ——→ 结论（终点）的客观性

这确实就是某种一般性的认识论结构要素了。我注意到，作者特别强调了"客观性"：根据客观的对象（实事），采用客观的方法（求），得出客观的结论（是）。"客观"（objective）是与"主观"（subjective）相对而言的，即是一种"主—客"（subject-object）架构，也就是认识论的基本架构。

作者认为，乾嘉"汉学家不仅将'实事求是'视为考证性命题，还将之明确提升为一个普遍的认识论命题"。乾嘉学者是否已有这样的明确意识，这当然是可以讨论的；但毫无疑问，乾嘉学术的"实事求是"命题确实"蕴含"着这样的一般认识论结构，否则它不可能在后来被普遍化地理解和运用。其实，儒学当中向来就有"主—客"这样的普遍认识论结构，最典型的例子是荀子所讲的"凡以知，人之性也；可以知，物之理也"①，其中"人之性"是讲的主体方面的认知能力，"物之理"是讲的客体方面的客观真理。②

实事求是：求是者 —— 实事 —— 是

荀子命题：人之性 —— 物 —— 理

不仅如此，儒家甚至揭示了这种"主—客"架构的由来："诚者非自成己而已也，所以成物也。"③ 这里的"成己"是说的主体方面，"成物"是说的客体方面；而"诚"则是说的前存在者的存在——真诚的、本真的仁爱情感。④ 这已经涉及作者所揭示的"实事求是"命题的存在论意义问题：

3. 作为存在论命题的"实事求是"

作者最深刻的洞见，是揭示"实事求是"命题的存在论意义。关于"实事求是"，我多年前也曾写过一篇文章《"实事求是"命题的存在论意义》⑤，作者在书中也有所提及。那篇文章今天看来问题很大，但基本的提

---

① 《荀子》，中华书局 1988 年版，第 406 页。

② 参见黄玉顺：《荀子的社会正义理论》，《社会科学研究》2012 年第 3 期。

③ 《十三经注疏》，中华书局 1990 年版，第 1633 页。

④ 参见黄玉顺：《爱与思——生活儒学的观念》（增补本），四川人民出版社 2017 年版，第 142 页。

⑤ 黄玉顺：《"实事求是"命题的存在论意义——依据马克思"实践主义"哲学的思考》，《广西民族学院学报》2001 年第 6 期。

法还是有一定参考价值的：将"实事"诠释为"生活实践"，将"是"诠释为"存在论真理"，将"求"诠释为"一种存在论事实"。这里的"存在论"显然不是传统的、汉语可以译为"本体论"的"ontology"，而是相当于海德格尔"基础存在论"（Fundamentalontologie）的理论［关于此在（Dasein）的生存（existence）的理论］，即关于存在（而不是存在者）的理论（the theory of Being）。按照海德格尔的观念，此在、即开放的"人"的存在，就是他的生存领会，即理解与解释。正是在这个意义上，此在的现象学就是诠释学；反过来讲，诠释学乃是生存论、存在论的事情。

之所以必须从认识论视域转向存在论视域，作者认为，是因为"实事求是"命题仅仅在认识论层级上无法获得"自明性"（self-evidence）。确实，无论如何，"实事求是"这个表达中的"求"已经预设了一个主体，尽管这个主词是被省略了的；换言之，"实事求是"这个表达已经是在"主—客"架构之下的言说。于是我们可以追问：主体本身和客体本身何以可能？这是 20 世纪以来的思想前沿的发问：存在者何以可能？这个问题将我们指引向"存在"（Sein / Being）。

这里，作者其实已经超越了乾嘉学术的思想视域，因为就乾嘉学术本身而言，其实是谈不上这种存在论意识的。乾嘉学者提出"实事求是"，其主观意图毫无疑问地是要通过经典文本的考据，去通达"圣人之意"或圣人所传达之"道"，这实际上已经把经典及其义理预设为了客观对象。然而经过作者的视域转换之后，"本源性的问题就不再是怎样才是'实事求是'，或怎样才能做到'实事求是'，而是'实事求是'如何可能"。这是超越认识论的、存在论意义的发问。

作者的进路，是将认识论层级的"认识"转换为存在论层级的"理解"。这是伽达默尔的进路。确实，认识论可以提供关于存在者的"知识"，却不能提供关于存在的"真理"，因为认识论尽管可以"认识"，却不能"理解"，因而不能给出真正透彻的"解释"。

按照伽达默尔的观点，作者将"理解"分析为一种"事件"或"叙事"，有一种"事件结构"或"理解的结构"：

人物：诠释者与诠释对象

　　地点：诠释处境

　　时间：同时性、现在性、历史性

　　这样的"要素"分析，似乎也有"存在者化"之嫌。尽管我们可以强调这不是诠释者主体的单向行为，而是诠释者与诠释对象之间"主体间性"的某种"视域融合"(the fusion of horizons)，但无论如何，"主体间性"(inter-subjectivity) 的前提毕竟还是主体的已然存在，而非真正的前主体性的存在。① 所以，作者提出了"实事求是"的限度、边界的问题(本质上其实就是康德以来的德国哲学所谓"此在的有限性"观念)。

　　其实，伽达默尔的哲学诠释学是不彻底的；我多次谈到，甚至海德格尔的现象学也是不彻底的。例如，海德格尔在这个基本问题上其实是自相矛盾的：一方面，存在是先行于任何存在者的，"存在与存在的结构超出一切存在者之外，超出存在者的一切存在者状态上的可能规定性之外"，那么，存在当然也是先行于此在的，因为"此在是一种存在者"；但另一方面，探索存在却必须通过此在这种特殊存在者，即唯有"通过对某种存在者即此在特加阐释这样一条途径突入存在概念"，"我们在此在中将能赢获领会存在和可能解释存在的视野"。② 如果这仅仅是在区分"存在概念的普遍性"和我们"探索""领会""解释"存在概念的"特殊性"，那还谈不上自相矛盾；但当他说"存在总是某种存在者的存在"③，那就是十足的自相矛盾了，因为此时存在已不再是先行于任何存在者的了。④

　　有鉴于此，可以设想：如果去掉作为生存前提的"此在"，那么，"生存"即是存在，"存在"即是生存。这种作为存在的"生存"，或者作为生存的"存在"，就是"生活"。这是更彻底的存在观念：一切存在者皆源于生活、归于生活。当然，我这里所表达的是我的"生活儒学"的观念。

　　具体到文本诠释的问题上，真正的存在论意义上的诠释，既非主观

---

① 参见黄玉顺：《前主体性对话：对话与人的解放问题》，《江苏行政学院学报》2014 年第 5 期。

② 海德格尔：《存在与时间》，生活·读书·新知三联书店 1999 年版，第 44、14、46 页。

③ 海德格尔：《存在与时间》，生活·读书·新知三联书店 1999 年版，第 46、11 页。

④ 参见黄玉顺：《生活儒学关键词语之诠释与翻译》，《现代哲学》2012 年第 1 期。

主义的"六经注我",也非客观主义的"我注六经",而是"注生我经":作为主体的"我"在"注"的活动中获得新的主体性,作为客体的"经"在"注"的活动中获得新的对象性;而"注"则是生活的一种当下显现样式。① "实事求是"命题亦然,真正本源性的事情乃是"求"的活动;"实事"(经典)及其"是"(义理)都是在这种"求"的活动中生成的。

只有在这样的生活视域下,我们才能理解和解释经典的意义和我们自身的存在。生活总是显现为某种生活样式,即不同的生活方式,所以,最基本的问题是生活方式及其转换的问题。即以中国而论,举其大者,我们经历过王权时代(商周)的宗族生活方式和皇权时代(自秦至清)的家族生活方式,如今正在转向民权时代的市民生活方式。在这种转换中,中国人的主体性也在发生转换;同时,经典的意义也在发生转换。例如《大学》这个经典文本的"修→齐→治→平"的逻辑,它所指称的行为主体,在不同时代的生活方式下是截然不同的,即从王室宗族及封建宗族转为皇室家族及士大夫家族,再转为个体性的市民或公民;于是,"修、齐、治、平"的内涵也就发生相应的转换。② 当今时代,"修身"应当是培育公民人格,"齐家"应当是搞好现代核心家庭(nuclear family),"治国"应当是在国家公共事务上履行公民的义务、权利和责任,"平天下"则应当是在国际公共事务上履行公民的义务、权利和责任。

这些都是海德格尔的现象学、伽达默尔的哲学诠释学无法解答的问题。我高兴地看到,作者最后指出了伽达默尔的哲学诠释学的不足:"一是坚持不同理解,否认更好理解,缺乏辩证发展的观念";"二是一方面坚持理解的不同,另一方面阐发理解的可分有性、参与性,此二者之间有明显的扦格之处";"三是把理解视为最基本的实践行为(生存论事实、事实本身),历史就是理解或思想的历史,体现出明显的唯心论、理想化色彩";"四是偏重于对理解进行文本式的宏观分析,而对于文本自身却缺乏

---

① 参见黄玉顺:《注生我经:论文本的理解与解释的生活渊源》,《中国社会科学院研究生院学报》2008 年第 3 期,收入《儒家思想与当代生活——"生活儒学"论集》,光明日报出版社 2009 年版。

② 参见黄玉顺:《论"大学精神"与"大学之道"》,载《中国儒学》第 6 辑,中国社会科学出版社 2011 年版。

认识论、方法论的考察"。这些评论当然也是可以讨论的，但体现出了作者可贵的批判意识。

为此，作者提出："基于哲学解释学的短板，从认识论上应对相对主义，或者说，认识论意义上的解释学探讨，仍然必要。"作者的意图是要保证诠释结果的客观性，以避免相对主义。这是一个值得讨论的问题。我的看法是：诠释结果的相对主义根本无须担忧，诠释的客观性、"可分有性"并非任何认识论的方法论所提供的，而仍然是作者所强调的存在论的视域所提供的。简而言之，一个共同体的基本的共同生活方式，决定了该共同体中的人们（主体）的共通主体性、事物（客体）的共通客观性，决定了人们具有共通的生活感悟，从而决定了他们具有一些基本的共通的事实判断、价值判断。

总之，这本专著围绕乾嘉学术"实事求是"命题展开的研究，取得了一系列具有突破性的进展，得出了一系列具有原创性的论断，同时留下了一系列具有启发性的问题，堪称这个研究领域的一项重要学术成果。

黄玉顺

2017 年 7 月 10 日

导　论

　　乾嘉汉学究竟向我们提出了怎样的哲学论题？[①] 作为一个"学术共同体"，乾嘉汉学有没有一个公共的话语平台，或者说，有没有一个共同的学术建构模式？"解释学意识的真正力量是我们看出何者该问的能力"[②]，那么，对于乾嘉汉学而言，何者该问？何者不该问？在解释学视域下，若不是以具体文本或人物为线索，而是要从宏观上理解乾嘉汉学，又如何才能找到适宜的突破点？

　　乾嘉汉学主张回到原典，其主要表现就是博核考辨经书之原文与原

---

① 本书所说的"乾嘉汉学"，就是乾嘉时期出现的与宋学相对，且主要是以考据方法来推阐古文经的一个学术共同体或学派（文中一般简称为"汉学"）。但是两汉之学与清儒之学虽同为"汉学"，但又毕竟不同，为表示区别，当指两汉之学时，本书专称之以"汉儒之学"。关于"汉学"一词的具体考察，可参见程尔奇：《晚清汉学研究》，人民出版社 2013 年版，第 30—41 页。

② 伽达默尔：《哲学解释学》，上海译文出版社 2004 年版，第 12 页。在当今学界，hermeneutics（德语 Hermeneutik）一词的汉译主要有解释学、诠释学、阐释学、释义学、理解学等几种，其中尤以解释学、诠释学与阐释学为常见。至于如何取舍，洪汉鼎、景海峰、李清良等人都有详细辨析。（参见伽达默尔：《真理与方法》，洪汉鼎译，上海译文出版社 2004 年版，"译后记"第 966—969 页；景海峰：《中国哲学的现代诠释》，人民出版社 2004 年版，第 1—10 页；李清良：《中国阐释学》，湖南师范大学出版社 2001 年版，第 1—5 页）一般而言，阐释学多是在文学、诗学、文化比较等领域使用，而在哲学层面，比较流行的译法则是解释学或诠释学。本书倾向于解释学这一译法，正文中也会尽量统一使用解释学一词，但在具体引文或涉及某些学者的具体观点时，也会尊重其固定用法。不过，在具体语境中，本书常常转用解释、诠释、阐释、释义、理解等词语，均不再作刻意区分。

义，而针对被冠以"虚妄"之名的宋学，乾嘉汉学竞相以"实事求是"相标榜。① 通过大量的材料举证（详后），我们可以看到汉学家们十分看重"实事求是"这一观念或概念，甚至表现出将之作为"口头禅"或"门面语"的明显倾向。自乾嘉时的江藩、阮元等人起，就不断有人用"实事求是之学"来称谓乾嘉汉学。即便是在乾嘉之后，"实事求是"也几乎成了乾嘉汉学的代名词。究其原因，或许就在于这样一个事实，此即：只有在乾嘉汉学这里，"实事求是"才首次被明确尊奉为治学的核心价值观与基础性理念，标志着对实证方法与客观精神的第一次集体宣言。基于此，可以说"'实事求是'与乾嘉汉学的相关度，是理解汉学家学术思想的关节问题"②。

若是从解释学角度看，对于乾嘉汉学而言，"实事求是"集中体现出汉学家这一学术群体的解释学观念、解释学原则与解释学方法。由此，"实事求是"也可以说就是一个经学解释学命题。而就汉学家的经学解释实践而言，此命题主要表现为一个受控的实证（实验）过程，或者说，一个经验性的考证过程，此即：只要"实事求是者"（解释主体）从客观的、确定的"实事"（解释对象）出发，通过由训诂通义理、还原主义等"求"（解释方法）的探寻，就可以从"实事"中还原或重构出古代先贤或原典的固有之"是"（经文、经义或大道）。由此，乾嘉汉学就可以被整个地置入"实事求是"的解释学模式之中。

---

① 乾嘉汉学家崇尚"实事求是"，以儒学为中心，而衍及小学、史学、典章制度、水地、天算、金石等领域。有学者指出，所谓"实事求是"，在清儒那里主要表现为"知识的考古"，但凡一切有助于诠解经典的古代知识，都在他们的研讨范围之内。（参见周裕锴：《中国古代阐释学研究》，上海人民出版社 2003 年版，第 365 页）鉴于"实事求是"所指范围过于宽泛，本书将论域大致限定在乾嘉汉学的经学诠释方面。不过，本书给出的这种限定自有道理，因为在乾嘉时期，"实事求是"的话语权，其实就是乾嘉汉学的诠释权或解释权，而"实事求是"所处理的主要就是一个经学诠释的问题。也就是说，"实事求是"本身乃一个经学诠释学的命题：一方面，就它被诠解为一种与"宋学"相对的态度或方法来讲，"实事求是"主要就是指被汉学家所尊奉的诠释经学的态度或方法；另一方面，就它所衍及的诸多领域（作为经学之附庸）而言，"实事求是"也多指汉学家以诠解经典之态度或方法来研治其他领域，此即所谓"以子证经"、"以史证经"。

② 王应宪：《清代吴派学术研究》，华东师范大学出版社 2009 年版，第 187 页。

不过，若仅仅以"实事求是"称许汉学，难免引发争议。比如，宋学虽旨在阐发大义，却未必就自认背离了"实事求是"，何况宋学正是针对汉唐诸儒之"空疏"而来，如此一来，何谓虚、何谓实，就需辨析。如曾国藩就曾将"实事求是"逐字转释成了宋学与汉学共享的治学理念，其言曰："夫所谓事者，非物乎？是者，非理乎？实事求是，非即朱子所称即物穷理者乎？"① 尤其是，仅就乾嘉汉学而言，其"实事求是"之效也颇遭质疑，如徐复观批评说："他们的'实事求是'，最大限度，也只能以两汉经生之所是，代替先秦诸子百家之所是"，且徐氏力辩汉儒之学与清儒之学大有不同，其推论最终表明：乾嘉汉学距离他们所期望达到的目标——孔孟之"是"——实则差了两层。② 徐氏此论虽有可商，但近年来关于乾嘉"新义理学"的挖掘，亦能引发重审"实事求是"话语的必要性。

尤其是，乾嘉汉学是否可以归结为"实事求是之学"，还只是表面问题，更紧要的问题乃是："实事求是之学"的提法本身是否确当？更进一步讲，本源性的问题或许在于："实事求是"自身有无问题或有无边界？借鉴伽达默尔解释学关于"理解"的追问方式，我们似可将之表达为："实事求是"本身如何可能？迄今关于"实事求是"的诸多争议，多是纠结于谁在"实事求是"，谁能"实事求是"，或者谁才配得上"实事求是"之名，然而"实事求是"自身却被视为公理或定理，几乎未曾被视为追问的对象。但从哲学层面讲，"一个问题越根本，便越要求将这个问题的自我理解本身加以检验和解释"③。对于乾嘉汉学而言，"实事求是"自身是否具有自明性，亦即"实事求是"如何可能，就是一个根本性问题，因而必须对"实事求是"本身的自我理解加以认真考察。本书的主旨，就是要从解释学上剖析这一公理性的命题，尝试从中揭示出"实事求是"自身的限度或边界。

---

① 李瀚章编撰：《曾文正公全集》，吉林人民出版社 1995 年版，第 1530 页。

② 参见徐复观：《五十年来的中国文化》，《中国人文精神之阐扬》，中国广播电视出版社 1996 年版，第 155 页。另参见徐复观：《"清代汉学"衡论》，《中古思想史论集续编》，上海书店出版社 2004 年版。

③ 霍埃：《批判的循环——文史哲解释学》，辽宁人民出版社 1987 年版，第 61 页。

在方法论上，本书借鉴解释学之法，并注意与乾嘉汉学的考证方法相参，但"不管形式分析和其他的语文学方法对我们有多大的帮助，真正的解释学基础却是我们自己同实际问题的联系"①。在当前复兴儒学的大背景下，探讨乾嘉汉学与"实事求是"亦有鲜明的现实指向。从传统儒学的诠释史来看，汉学、宋学作为两种典型的诠释范式，体现着中国古典解释学的一般精神，对其进行模式性、结构性分析，既有助于把握儒学的历史脉络，亦有助于培育中国经典解释学的建构模式。

然而，借鉴西学之方法的合法性何在呢？在《先秦名学史》中，胡适虽然认为有必要吸收西方哲学与科学的方法，但他更关注如下这个根本问题："我们中国人如何能在这个骤看起来同我们的固有文化大不相同的新世界里感到泰然自若？"换言之，真正的问题乃在于"我们应怎样才能以最有效的方式吸收现代文化，使它能同我们的固有文化相一致、协调和继续发展？"②在胡适看来，西方的实证方法对于国人其实并不陌生，这也是他尽力以清代考据之法接纳西方实证科学精神的一个主要原因。对胡适工作的评价，历来颇有争议。但毋庸置疑的是，一方面，自胡适以后，凡能够在中国哲学的建构上作出显著成绩者，都有着明确的方法论意识；另一方面，胡适提出的如何消除在新世界里的陌生感，仍是我们努力的大方向。尤其是，对于当下中国哲学的从业者来说，这两个方面仍构成严峻挑战。

早在清儒更新儒学的过程中，已面临类似挑战。明清之际传教士传入西学，对于清学走出宋学、走向务实的确产生了毋庸置疑的影响，以致有人甚至提出了所谓"朴学实事求是的学风，归纳、演绎、假设求证等逻辑思维方式，在某种程度上讲，也是受西学东来刺激而形成"③。但是，这一外在影响不应被夸大，在经学的内在系统中，针对阳明后学的空疏之弊，西学不过是为当时儒者转入经学考据之合法性提供了一个有力旁证，这一点尤其表现在考据学家主要是将重心投入古典经籍而非自然科学之

---

① 伽达默尔：《真理与方法》，上海译文出版社1999年版，第709页。
② 胡适：《先秦名学史》，安徽教育出版社2006年版，第7页。
③ 康宇：《儒家解释学的产生与发展》，黑龙江大学出版社2012年版，第176页。

类，因为"就清儒来说，如何通过整理经典文献以恢复原始儒学的真面貌，其事即构成一最严肃的客观认知的问题"①。而对于我们而言，清儒尤其是乾嘉汉学的工作，或可从如下两个大方向上来把握。

第一，有必要将儒学的"智识主义"视为重要方向之一。如余英时所说："儒学目前正面临着一次最严重的历史考验，即如何处理客观认知的问题。"居今之世，儒学必须挺立起客观认知的精神，既为应对西方，更为儒学的未来发展，所以必须重视儒学的"道问学"或智识主义传统。而这种传统在清代汉学尤其是乾嘉汉学那里已有初步发展，且其为儒学从传统过渡到现代提供了一个始点，"儒学将来能否重新成为中国文化的领导力量，恐怕就是看它怎样应付这个新的考验"②。

第二，乾嘉汉学在考据一面独大，而在寻求中国传统文化现代化的背景下，作为科学方法之代言者的考据方法，更被突出为一种不可或缺的治学原则，于是乎，以考据代义理的倾向，一直潜藏在中国哲学（史）的研究之中，"几乎整个中国哲学界都在做哲学'史'，没有几个人在真正地做'哲学'"，更有甚者，即便是做"哲学"史，却因片面追求文献知识的梳理而更像是在做"思想"史。如此一来，考据与义理（或汉学与宋学）之争，竟然曲折地演化成了今日的思想史与哲学史之争，造成思想史对哲学史的侵蚀，长此以往，中国哲学（史）研究的前途堪忧。③ 这种倾向同

---

① 余英时：《论戴震与章学诚》，生活·读书·新知三联书店 2012 年版，"自序"第 5 页。

② 参见余英时：《论戴震与章学诚》，生活·读书·新知三联书店 2012 年版，"自序"第 4—8 页。在余氏看来，目前似乎还不是接着宋明讲的时候，因为今天的关键问题不在心性修养，而在于如何挺立客观认知之精神。据此而言，余氏本人就与接着宋明讲的钱穆拉开了距离，反而更能与接着清学讲的梁启超、胡适相互发明。

③ 之所以造成这种"重哲学史而轻哲学"的局面，陈波认为是受了"哲学就是哲学史"一说的负面影响。而陈少明则认为，中国近现代学人的哲学兴趣一开始在于评估文化传统，而不是发展新的学术专业，从而导致哲学史研究先于哲学创作、哲学史研究的动力压倒了哲学创作的兴趣，更导致了哲学史研究中非哲学性倾向的发展，而汉学之后续影响所带来的义理代考据之倾向，则又造成思想史研究的动力压倒了哲学史研究的兴趣。（参见陈波：《面向问题，参与哲学的当代建构》，《晋阳学刊》2010 年第 4 期；陈少明：《经典世界中的人、事、物》，上海三联书店 2008 年版，第 6、12 页）当然，我们认为还应充分考虑到在何谓哲学以及如何从事哲学研究等问题上的模糊性。此外，哲学的本性与人之恶难从易的倾向之间的矛盾，也是其中的一个原因。

样表现在经学研究上，"多年来，中国经学研究一直滞留在文献的同类项组合与材料的描述中"①，而从哲学角度从事经学研究者自然也不多见，可见整体情况的确不容乐观。

当然，说汉学家有智识主义倾向，只是就大方向而言。事实上，即便是这种倾向，也需要谨慎对待。乾嘉汉学发展出较为成型的训诂方法，但他们却普遍缺乏对这些方法的方法论反省。因此，面对"中国虽有哲学，虽有内容上之真理，但形式上却繁散而无纪，缺乏系统性，以致其真理难以寻绎"②的窘境，我们既应接续汉学家的考证训诂之法，更应有明确的方法论意识。

在解释学语境中，常有学者习惯于将"同情之了解"挂在口头，但需要注意，切不可混淆"同情之了解"与"情感的满足"，因为二者乃是不同层面的表述。在古典解释学的意义上，基于"理智之了解"之上的"情感的满足"，才是"了解之同情"，虽是情感性的价值判断，但毕竟基于理智；而"同情之了解"则是移情式的理解手段，仍归属于"理智之了解"一层。但若是从哲学解释学来讲，上述关系则可视为本体论层面上解释学循环的另类表述。由此，陈寅恪所说的"其言论愈有条理统系，则去古人学说之真相愈远"的话，尽管值得警醒，但我们仍应将"理智的了解"置于"情感的满足"之先。③这是因为，若没有理智的支撑，终将会陷入成中英所说的此类弊端之中，其言曰："现在年轻一辈的学者，动不动就说'当下呈现'，又喜欢引用牟先生'逆觉体征'的话，就是不知道能否做出合理的陈述与论证。所以我现在觉得，再不讲究思辨的分析的过程的话，中国哲学很难真正发展得很好，那就只有注解经典或在那里人云我云，一味空谈了。"④如此一来，中国哲学的发展也只是空谈而已了。

---

① 杨乃乔主编：《中国经学诠释学与西方诠释学》，中西书局2016年版，第5页。
② 傅杰编校：《王国维论学集》，云南人民出版社2007年版，第263页。
③ 参见陈寅恪：《冯友兰中国哲学史上册审查报告》，《金明馆丛稿二编》，生活·读书·新知三联书店2001年版，第200页。
④ 成中英、杨庆中：《从中西会通到本体诠释》，中国人民大学出版社2013年版，第84页。

　　居今之世，我们与传统之间的"解释学间距"，恰恰为我们更好地理解、继承传统提供了解释学处境。复兴传统不能靠回归或倒退，而只能依赖重构。在中国哲学研究过程中，只有秉持明确的哲学取向与方法论意识，我们才能像康德当年喊出启蒙运动的口号"要有勇气运用你自己的理智"那样，不被情感左右自身的理智，进而才能谨慎地研判包括乾嘉汉学在内的传统哲学的得失利弊，从而才能客观地对待历史、复兴传统。

第一章　乾嘉汉学与解释学的位置

传统是否仍然有用？历史文化是否仍有价值？对于这些问题，赞同者、反对者往往都是从各自的立场出发，有意识地选取有利于自己论点的传统资源进行阐发，各执一端，彼此争讼。但无论如何，这之中其实都蕴含着浓厚的文化焦虑，此即："中国文化传统怎样在西方现代文化挑战之下重新建立自己的现代身份？"[1] 这一点甚至对于反传统者自身也是适用的。人隶属于传统，而所谓"隶属"，乃是说人不可能完全脱离传统。想当年胡适倡导西化，但其实则以取法乎上、仅得其中为考量，此间的纠葛一如傅斯年所说："我们思想新信仰新；我们在思想方面完全是西洋化了；但在安身立命之处，我们仍旧是传统的中国人。"[2] 其实，他们何止于仍以传统安身，即便是思想上也未必就完全西化了，其思想资源同样有着鲜明的传统印痕。时至今日，这一判断仍可适用，传统仍可谓不绝如缕，这尤其可以从反传统者那里得到印证，否则其批判就失去了现实性。

但这不由得我们乐观，仅仅依靠传统的惯性或惰性并不能实现传统的与时俱进。传统毕竟遭遇了危机，否则也不会有这么多人去关注它是否有用的问题了。在直面问题、反思历史文化时，不同的解读是自然的，也是必要的，然而，任何一个严肃的解读者，都不应放弃自己本应承担的批判性地诠释传统的历史职责。因为"问题使被问的东西转入某种特定的背

---

① 余英时：《现代学人与学术》，广西师范大学出版社 2006 年版，第 1 页。

② 《胡适的日记》（1929 年 4 月 29 日），转引自罗志田：《道出于二：过渡时代的新旧之争》，北京师范大学出版社 2014 年版，第 252 页。

景中，问题的出现好像开启了被问的东西的存在"①，只有在问题出现时，亦即只有在追问中，传统才有可能赢获变革自身的力量。据此而言，"现代的历史研究本身不仅仅是研究，而且是传统的传递"②，而批判传统却恰恰是传递传统的一种甚为必要的方式，甚或说只有如此才是正确的传递方式。"任何人研究历史文化，清理思想遗产，无论他自觉与否，实际上都是参与民族文化的接力赛，都是在寻找最佳、最近的接力点。"③ 传统的意义只有相对于解读者而言，相对于解读者的解读而在。无论是接着讲，还是照着讲，甚至是逆着讲，都只是不同的"接力"方式。

　　儒学乃是中华传统文化的主干，而从文化或学术类型上看，汉宋关系可谓是儒学乃至中华传统文化的骨架，因此，若能对这一问题有所探讨，或将有利于从中寻求如何才能恰当地传递历史、接力传统。但为免因论域过大而泛泛而谈，本书将集中关注乾嘉时期的汉宋关系问题，且偏重于借鉴西方解释学来进行哲学分析，这主要是因为汉学、宋学是儒家古典解释学的典范，而在乾嘉时期，汉宋之间的紧张关系最为凸显，所谓"汉宋学论是理解乾嘉汉学的一大枢纽"④。如在《论中国学术思想变迁大势》中，梁启超就曾将近世学术变迁划为四期，而第二期即是雍乾之间的汉宋问题。基于此，围绕乾嘉汉学来探讨汉宋关系问题，或许更能从中抽绎出代表性的论点来进行哲学评判。

第一节　说不尽的汉宋

　　就传统儒学而言，一部儒学发展史，可以说就是经学演进的历史。更确切地讲，乃是经书不断被重新诠解的历史。在这一历史进程中，汉学、宋学因在为学方法与理论构建上的鲜明特点而颇具典范性，并由此常被视为两种不同的学术类别。明清以来，分析与评判这两种古典解释典范

---

① 伽达默尔：《真理与方法》，上海译文出版社 1999 年版，第 466 页。
② 伽达默尔：《真理与方法》，上海译文出版社 2004 年版，第 367 页。
③ 萧萐父：《吹沙二集》，巴蜀书社 2007 年版，第 55 页。
④ 王应宪：《清代吴派学术研究》，华东师范大学出版社 2009 年版，第 173 页。

或学术类别，成了宏观把握传统儒学发展脉络的一个重要门径。

如《四库全书总目》就明确将经学发展置于汉宋关系的分析框架下，认为历代经注之兴衰得失，不过是汉宋之更替消长而已，其言曰：

> 自汉京以后，垂二千年，儒者沿波，学凡六变。……要其归宿，则不过汉学、宋学两家互为胜负。①

然而，尽管《总目》声称汉宋各有利弊，并指出诠解经学应致力于"消融门户之见而各取所长，则私心祛而公理出，公理出而经义明"②，但《总目》在甄选、编撰经学著述上的实际态度与行为，到底是兼采汉宋，还是宗汉抑宋，或者是褒汉贬宋，至今争议不断；而这些争议仍是在汉宋关系的框架中进行的。与此相应，凡与四库有关的人物或事件也常常被置于这一框架中。如以纪昀为代表的总纂官在择取由宋学家撰写的提要时是否有根本改撰，再如身为纂修官的宋学家姚鼐出走四库馆之前因后果，诸如此类的问题都曾引发热议，有研究甚至从中得出了截然相反的结论。

其实，清学继起于两汉经学、宋明理学之后，无论对汉学或宋学持有何种态度，但却基本形成了"自古学者，不外汉宋两途"③的共识。面对这样两种既成典范的学术类型，如何处理汉宋关系必然构成清学的一个重要任务，尤其是，有清一代，理学虽衰，但毕竟仍是官方学术，随着汉学也日益壮大，二者之间的关系也就必然被关注，以致整个清代学术自身的嬗变沿革，也常被纳入汉宋关系的链条之中。皮锡瑞有言：

> 国朝经学凡三变。国初，汉学方萌芽，皆以宋学为根柢，不分门户，各取所长，是为汉宋兼采之学。乾隆以后，许、郑之学大明，治宋学者已鲜。说经皆主实证，不空谈义理，是为专门汉学。嘉、道以后，……学者不特知汉、宋之别，且皆知今、古之分。④

---

① 《四库全书总目》，中华书局1965年版，"经部总叙"第1页。
② 《四库全书总目》，中华书局1965年版，"经部总叙"第1页。
③ 王筠：《清诒堂文集》，齐鲁书社1987年版，第35页。
④ 皮锡瑞：《经学历史》，中华书局1959年版，第341页。

罗志田也认为:

> 清代学术史中汉宋关系至关紧要,以一般所论看,清学以"经学即理学"开端,以"汉宋调和"收尾,则汉学与宋学那剪不断、理还乱的关联可以说贯穿始终,故在一定程度上甚至可说清学是以反汉学始而以复宋学终。①

当然,如此论断未必没有可商之处,但争论多在于清代的汉宋关系是怎样的这一面,而在汉宋关系贯穿清学之整个进程另一面上却几无疑义。清学虽受到西学不同程度的影响,但西学也多是通过格义汉学或宋学来获得自身的合法性。或可说,清学史成了汉学、宋学往来交互的"竞技场",以致清学自身的特色和意义反而被冲淡了,这也是造成对清学整体评价不高的一个不可忽略的原因。但清学的意义绝不应低估。大体上讲,有清一代学术生动地演绎了汉宋关系的复杂性、丰富性,由此清学一方面出色地承担了总结经学发展史的任务,充分暴露了在固有经学框架下儒学发展的可能性与边界;而另一方面,随着原为经学附庸的小学、史学、校勘学、版本学、辑佚学等门类的逐步成熟乃至蔚为大观,清学以其相对独立的学术意识而为打破传统经学框架、接纳现代学术范式奠定了基础。据此而言,清学这种继往开来的学术史地位理应受到更多关注。

然而,即便打破了传统的经学框架,汉宋关系的分析模式仍有其必要性。无论是研究清代学术,还是研究中国古典学术,抑或是开展现代学术研究,若不对汉宋关系或在这一关系模式中的相关问题作出考察,就难免有窒碍之处。这仍可视为汉宋关系的现代表现。

比如,胡适、冯友兰虽均通过引入西学来打破经学藩篱而建构中国哲学史,但胡氏自觉接引汉学,而冯氏则自觉接着宋学讲,致使汉宋关系与中西问题交织的复杂局面更为尖锐地凸显出来。胡适创作《中国哲学史大纲》,虽受到杜威、赫胥黎的深刻影响,但却自称"我想比较妥当点的

---

① 章太炎、刘师培等撰:《中国近三百年学术史论》,罗志田导读,上海古籍出版社 2006 年版,"导读"第 18 页。

说法，是我从考证学方面着手逐渐地学会了校勘学和训诂学……所以我要总结我的经验的话，我最早的资本或者就是由于我有怀疑的能力。我另一个灵感的来源，也可以说是出于我早期对宋学中朱注的认识和训练。朱熹的宋学为我后来治汉学开拓了道路"①。余英时更是指出："胡适学术的起点和终点都是中国的考证学。"② 在《中国哲学史大纲》出版不久，梁漱溟便毫不客气地批评说："照胡先生所讲的中国古代哲学，在今日世界哲学可有什么价值呢？恐怕仅只做古董看着好玩而已！"③ 尤可注意者，胡适此说引出了宋学在考证上对自己的影响，治宋学反而却能为治汉学铺路，这个例子或许更能说明汉宋之间的复杂关联，因为自明清以来，学界大多认可宋学即（长于）义理之学、汉学即（长于）考据的二分。比如同样是创制中国哲学史现代范式的冯友兰，就认为胡适此著既有汉学之长于考据的一面，又有汉学之短于阐发义理的一面。不过，即便他不太认同胡适"疑古"的路子，但他自己"释古"的取向，仍是明确援引汉宋关系的框架来寻求自我定位，其言曰："胡适的《中国哲学史》与我的《中国哲学史》之不同，还有一基本的一点。这一点，用中国旧日学术传统的说法，就是《汉学》与《宋学》的不同。"④

胡适与冯友兰的汉宋之争，背后又关乎新汉学（新考据学）与新宋学（新儒家、钱穆等）之间的复杂纠葛。清代朴学在系统梳理古典上所发展出的文字校勘、训诂笺释、版本鉴定、辨伪辑佚等手段，被以王国维、胡适、顾颉刚、陈寅恪、傅斯年、陈垣等为代表的"新考据派"视为重要的方法来源，其所提出"二重证据"、"假设求证"、"历史演进"等治学方法，均具有接续清代朴学的鲜明色彩。而新宋学诸家对宋学的认同与对汉学的批判恰成鲜明对比，对清代朴学乃至整个清学的评价都不高。由牟宗三、徐复观、唐君毅、张君劢合作发表的《为中国文化敬告世界人士宣言》，可谓其集体立场的代言，其中说道："然因中国之缺理论科学之精神

---

① 胡适：《胡适哲学思想资料选》（下），华东师范大学出版社 1981 年版，第 137 页。
② 余英时：《中国近代思想史上的胡适》，载欧阳哲生选编：《解析胡适》，社会科学文献出版社 2000 年版，第 129 页。
③ 梁漱溟：《东西文化及其哲学》，商务印书馆 1999 年版，第 21 页。
④ 冯友兰：《三松堂自序》，生活·读书·新知三联书店 1984 年版，第 223 页。

传统，故到清代，其学者之精神虽欲向外通，而在外面世界所注意及者，仍归于诸外在之文物书籍，遂只以求知此书籍文物，而对之作考证训诂之功为能事，终乃精神僵固于此文物书籍之中。内既失宋明儒对于道德主体之觉悟，外亦不能正德以利用厚生，遂产生中国文化精神之更大闭塞。"①新宋学者甚至具有明显的宗派意识或门户之见，如牟宗三认为，清儒"或不守分界，忘有所论，一涉义理，全成笑柄。盖任何理不懂者，根本不能谈义理也"②，这种评价就很难说是公允之见了。

汉学与宋学之分际，新汉学与新宋学之争执，更因其皆为重估传统而广泛牵涉到对整个中国传统学术的不同评价，从而对近现代中国社会思潮的形成与发展带来了重要影响。如在《文史哲》杂志与《中华读书报》联合组织的"2015 年度中国人文学术十大热点"评选中，"儒学研究呈分化态势"一条赫然在列，而其关注的仍是"宋学"本位（偏重以心性、伦理为主的"四书"），还是回到"汉学"（偏重与政治制度更为密切的"五经"），认为由刘梦溪、朱汉民、干春松等所重启的经学研究，重新带来了"宋学"与"汉学"之间的激烈碰撞。

基于上述，汉宋关系作为固有的认知框架，普遍存在于有清以来的学术思想史中，至今不衰。据于此，若能对这一关系框架进行模式化分析，势将有利于深化对清学乃至整个儒学传统脉络的理解，进而有助于走出汉宋轮回，推动传统文化的自我更新。

第二节　作为典范的乾嘉汉学

从哲学层面讲，乾嘉汉学可谓是清代哲学的标杆，学界对清学的相关研究也主要集中于此。但在解释学的视域下，重新解读这一主题的必要性何在？写作本书的最初动机，主要是有鉴于当今以"回到原典"或复归

①　牟宗三、唐君毅、张君劢、徐复观：《为中国文化敬告世界人士宣言》（第八部分：中国文化之发展与科学），载《唐君毅全集》卷四之二，（台湾）学生书局 1991 年版。

②　牟宗三：《名家与荀子》，（台湾）学生书局 1979 年版，第 80 页。

传统为取向一些现象的批判性反思。

回到原典的呼声响彻当今学界，诸如"回到马克思"、"回到孔子"、"还吾庄子"、"回到海德格尔"之类，几成风气。尤其是中国社会科学院学部委员、澳门大学人文学院讲座教授杨义先生近年来的"诸子还原"，采用发生学的方法溯源了包括《老子还原》、《庄子还原》、《韩非子还原》、《墨子还原》、《论语还原》在内的多种先秦经典，并被列入"2015 年度中国人文学术十大热点"。为何要回到原典呢？其主旨无非是想秉持还原主义的原则，力图揭示上述经典的原貌，回到原本的事实中去。

其实，回到原典的动力或热情主要源自于一种深沉的生存焦虑，更准确地讲，学界的这类焦虑性的呼声以及相关举措，只是现实生存焦虑的学术表达而已。自近代以来，这种焦虑不绝如缕，至今不衰，独特地缘构着国人的生存境域，积淀为国人普遍的"解释学前见"。于是乎，中与西、古与今、革命与维新、自由与保守、新宋学与新汉学，此起彼伏，激荡出启蒙与救亡的多重变奏。面对着在各式各样的"问题"与"主义"，如何才能有效地辨析良莠、择善而从，并不是一件容易的事情。如在当今学界中较为流行的以今律古、以西释中等做法，就被认为是民族性迷失或时代性错置的不良反应，从而引发部分学人的忧思与反省，而回到原典、寻求正解的强烈诉求，就是对这种迷失或错置的一种学术纠偏。然而，吊诡之处在于，回归原典与寻求正解之间并不是必然的因果性关联，尤其是，回归原典的合法性诉求，反而容易成为那些"文本寄生者"安于寻章摘句的借口，以致何者为歧路、何者为正途之类的问题愈发模糊不堪。于是乎，正途究竟在何方，迄今仍是我们亟须认真回应的问题。

问题意识指引着思考的方向，伽达默尔所构建的哲学解释学对此已有生动描述。基于伽氏的"问答逻辑"或问答辩证法，本书把关注焦点转向乾嘉汉学，因为乾嘉汉学同样是以回归原始文献、还原历史真相为旨归，尤其值得注意的是，在这种回归运动中，汉学家们在其对经典的解释过程中，提出了一些我们迄今仍旧需要认真面对的代表性问题，因而也值得我们今天去审慎地从中吸取经验教训，由此或许可以找到一些解决当下问题的办法来。

众所周知，面对佛老日倡、儒门淡薄之窘况，宋儒普遍认为隋唐时期儒学之所以丧失话语权，主要源于汉唐诸儒在明道淑人这一根本方向上的"不作为"，如朱子就批评说："秦汉以来，圣学不传，儒者惟知章句训诂之为事，而不知复求圣人之意，以明夫性命道德之归。"① 而自中唐以来，学界之所以出现疑经思潮，并逐渐在北宋庆历后形成疑经、改经之风气，正是缘于宋儒对汉唐诸儒拘于注疏而寡言义理，以致儒学暗而不彰的不满。为此，宋儒一方面强烈批驳汉学误入歧途，另一方面则希望通过回归儒家经典来有意识地接续儒家道统，而宋明理学亦由此发皇张大。

不过，在传统经学框架下，汉宋演替似乎陷入了某种内循环之中而难以逃逸。如章学诚所说"风气之成也，必有所以敝"②，若一个思潮成了风气，就必然会产生弊端。汉儒之学如此，宋学亦未能幸免。至明末清初，"厌宋儒空虚，故倡汉学以矫之"③ 逐渐成为学人们寻求正解的主要取向。对于宋儒、清儒而言，夷夏之辨这一议题的意义有了较为明显的不同，宋儒针对释老而多关注如何保种的问题，而明清之际的诸儒却兼有相对于满族的保种意识与有鉴于明亡的保国意识，更有"亡天下"的强烈忧患。④ 儒学一向以"经世致用"为鹄的，在这种传统中来追溯亡国灭种的原因，很自然地被归咎于宋学的空疏之弊上，所谓"五胡乱华，本于清谈之流祸，人人知之。孰知今日之清谈，有甚于前代者"⑤。那么，这种"文化归咎论"是否合理？学界对此有很大争论。但是无论如何，这种归因毕竟是当时一种较为流行的解读方式，对当时及其以后的学人们影响颇大。比如，正是基于这种归因方式，明清之际的学者才会有意识地纠治宋学脱落经书之弊，并相应地倡导"回归经书"、考镜源流。这种回归经学的努力，最初只是为了修正、辅翼宋学，终不脱宋学藩篱，但随着考证方法的

---

① 朱熹：《朱子全书》（第24册），上海古籍出版社2010年版，第3640页。

② 章学诚：《文史通义》，中华书局1985年版，第154页。

③ 袁枚：《小仓山房文集》，江苏古籍出版社1993年版，第306页。

④ 顾炎武对亡国与亡天下之别有明确地区分，并力扬天下兴亡、匹夫有责的精神。参见顾炎武：《日知录集释》，上海古籍出版社2006年版，第756页。

⑤ 顾炎武：《日知录集释》，上海古籍出版社2006年版，第402页。"五胡"原本作"刘石"。

日趋成熟，以及清廷有意引导宋学与汉学的和解，以复归古文经学为旨归的汉学逐步走上学术前沿，乃至成了学人趋之若鹜的对象。大体讲，若说乾嘉汉学家旨在"拔赵帜"虽未必准确，但若说他们有志于"立汉帜"则应是允当之论。

所谓"大抵风气所趋，虚则实之，实则虚之"①，一般而言，宋学家或宗宋学者认为，汉学为虚而宋学为实；而汉学家或宗汉学者则认为，宋学为虚而汉学为实。然而，无论汉宋，凡自称务实或被认定为务实的一方往往以回归原典来矫正虚妄之偏，从中可见虚实与学风之转换的密切关联。不过，正如龚自珍、章太炎、梁启超、刘师培、徐复观等人所指出的那样，面对同样的古典文献，宋学以义理发挥为取向，汉学以考据训诂为取向，二者之间的不同自不待言；然而，即便乾嘉汉学旨在回归汉儒之学，二者之间的差别仍是不可否认。上述诸论中虽不免大有可质之处，但毋庸置疑的是，乾嘉汉学并未真正回到原汁原味的"汉儒之学"那里去。② 由此而言，宋学、清代汉学都有着相对于汉儒之学或原典的某种程度的背离或"反动"，因此，如果乾嘉汉学的回归不能被简单地视为失败之举，那么，宋学的诠释亦不能被决然地认定为误入歧途。

鉴于此，我们就应审慎对待上述所谓"回到论语"、"还原墨子"、"回到马克思"之类的学术宣言。其实，依照哲学解释学的看法，理解在本质上就是一种效果历史事件，也就是说，我们总是处于效果历史之中，进而才能对古典文献或历史流传物进行再理解或重新理解。就此而言，无论是理解孔子、庄子等古圣先贤，还是理解汉宋双方的经学解释，理解者本身都已受到"效果历史"的影响，而所谓的"事实真相"或"历史真相"，也只能在后续的再理解或重新理解中现实化自身。因此，纯粹的历史客观主义依赖于方法论之上的朴素同化或抽象信仰，如寄希望于所谓的"心同此理"或诉诸纯粹客观的实证方法；然而，如此得来的"真相"最终仍不

---

① 章学诚：《章学诚遗书》，文物出版社 1985 年版，第 371 页。
② 截至目前，这一点突出表现在学界对清代新义理学的研究上，且已有相关专著，比如，张丽珠的"清代新义理学三书"（包括《清代新义理学：传统与现代的交会》、《清代义理学新貌》、《清代的义理学转型》）、吴根友的《戴震、乾嘉学术与中国文化》、吴通福的《清代新义理观之研究》等。

过是一种"幻相"罢了。①

为此，引入解释学视域，将更有利于深入理解上述问题。当时流行的是新康德主义所提出的"回到康德去"的口号②，对此，现象学的创始人胡塞尔特意提出了"面向事情本身"（或译为"回到事情本身"）的口号，并成为现象学精神或方法的集中体现。尽管在何谓"事实本身"的问题上，胡塞尔、海德格尔与伽达默尔等现象学家们的理解不尽一致，乃至大相径庭，但这也"只是当问题涉及到'面对什么样的实事'或'怎样面对实事'时，也就是说，当涉及到'什么是现象'和'怎样学'时，矛盾才显示出来"③，而在"面对实事本身"的哲学态度及其对"回到……"之类的主张所持有的强烈的批判意识上，现象学家们的精神却又是始终如一的。基于此，我们认为，在应对国内学界较为普遍的"回到……"之类的现象时，现象学的一些理论或方法颇具借鉴性。

现象学与解释学关系密切，如海德格尔本人的此在现象学就是"实际性解释学"，而伽达默尔则更是明确宣称，《真理与方法》"在方法论上是立足于现象学基础之上的，这一点毫无疑义"④。基于此，本书才有意择取解释学作为研究乾嘉汉学的方法论，需要注意，这里主要是指伽达默尔的哲学解释学。而在伽达默尔看来，所谓"解释学视域"，就是"本文的意义方向得以规定的问题视域（Fragehorizont）"⑤，也就是说，只有获得问题境域（问题视域）时，本文（文本）的意义才能被理解。与此相应，本书选取乾嘉汉学作为分析对象，就是将之明确地置入一种解释学的问题境

---

① 著有《回到马克思》、《回到列宁》、《回到海德格尔》系列的张一兵，认为"现象学的回到……就是要客观地揭露事实真相。我的'回到'（马克思、列宁、海德格尔），同样也是在这个意义上进行更深一层思想构境的"。但这种构境是否是真相之再现呢？在《回到海德格尔》，张氏又说：这本书"只是自己遭遇海德格尔的自我精神构境。这是本有与构境的链接。仅此而已。且不用传统科学逻辑式的苛求，我仅仅是路过海德格尔"。参见张一兵：《回到海德格尔》（第一卷），商务印书馆 2014 年版，第 15、35、59 等页。

② 参见海德格尔：《存在与时间》，生活·读书·新知三联书店 1999 年版，第 33 页。

③ 倪梁康：《现象学的效应》，商务印书馆 2014 年版，第 187 页。

④ 伽达默尔：《真理与方法》，上海译文出版社 2004 年版，第 12 页。

⑤ 伽达默尔：《真理与方法》，上海译文出版社 2004 年版，第 480 页。

域中，而探究这一主题的现实意义，就在于从这种问题境域中追问"回到……"的可能性与现实性到底如何。

第三节　解释学的位置

汉学、宋学无疑都认同回归原典、接续正统之必要，但是否由此就可以说：汉宋之争虽然表现为考据与义理之争，而其实质则是儒学正统之争？在当今学界，这是较为流行的一种看法。乍看之下，这种论断似乎没有什么问题，然而，试想汉宋哪一方竟然会自认其经学解释背离了古经原意，并转而承认对方才是该经典的合法的解读者或传承人？其实，对于同一经典的所有解释都有一个是否合法的问题，也就是说，这些不同的解释是否合乎正统乃是不可回避的问题。那么，随之而来的问题乃是：何谓正统？从这个意义上讲，何谓正统才是更为根本性的问题。不过，因为所谓"正统"并不是现成在手的固化之物，而是需自我证明，这恰恰有赖于理解者的不断诠释，由此，通过何种方法来解释或确立正统，如韩愈、李翱对儒家道统的解释或确立，就显得更为根本了。其实，界划汉学、宋学，多是依据二者在解读原典之方法与义理上的不同。因此，汉学、宋学作为两种典型的解释进路或诠释范式，若要对之有深入理解，似乎也有必要借鉴西方的解释学来反观自身。

伽达默尔说："传承物对于我们所具有的陌生性和熟悉性之间的地带，乃是具有历史意味的枯朽了的对象性和对某个传统的隶属性之间的中间地带。解释学的真正位置就存在于这中间地带内。"① 在伽氏看来，解释学之所以具有普遍性，正是源于这一"之间"性。因为人隶属于传统，因而人不能置身于传统之外来对象化传统，而传统虽然构成了我们的"前见"，但若要真正理解传统，又需克服因时间间距而来的陌生性，由此，既然对象性的认知路径不可取，那么，解释学之必要性就显现出来了。问题是，伽氏在此只是从本体论或存在论上一般地给出了解释学的普遍性，但在认识

① 伽达默尔：《诠释学 I：真理与方法》，商务印书馆 2007 年版，第 401 页。

论、方法论上，解释学有没有自身的位置？如果有，又如何保障其适用性、有效性？这也是哈贝马斯、利科、赫施、贝蒂等人质疑伽氏之处。

比如，对于乾嘉汉学这一传统，我们既陌生而又熟悉，这也意味着解释学可以用来解读这一传统。这只是就普遍性上而言，而即便从特殊性上看，若说乾嘉汉学是古典解释学的典型代表，那么，这种中西对接的便宜性似乎也是显而易见的。然而，从认识论、方法论上看，若是将解释学作为理解乾嘉汉学的方法论，这种紧张与质疑就表现得较为突出，具体表现为如下三个方面。

一、以解释学解读乾嘉汉学的合法性何在

近代以降，凡属中西比较之类都会遭遇合法性质问，学界对此已有相当多的争辩。这里只是提供一个解决思路，或有助于解答此类质疑。

对于中西比较，最大的担忧莫过于"以西释中"之类，而最获认同的方案则是"以中释中"。然而，若能抛开那种入主出奴的门户之见，就会发现这两个概念其实都容易造成误导。当说"以中释中"时，前一"中"自身的合法性与有效性本就处于悬而未决之中。与此同理，也只有当"以西释中"中的"西"被确定后，这一提法才有意义。然而，问题在于，当我们说"中"、"西"二者"被确定"时，此时的"中"、"西"都已是被重估过的，亦即被建构起来的，或者说，对于国人之"中"而言，那个"西"其实已经被"中"化了，乃是已被"中"异化了的"西"。那么，它们是如何被建构起来的呢？这又势必回到当前的生活样态，而当前的生活样态又是中西交织的处境，如果想从中辨析出确定的"中"、"西"，就会陷入一种无限后退的循环之中。

简言之，在实际的解释过程中，既没有所谓的确定之"中"，也没有所谓的确定之"西"，而所谓"以中释中"、"以西释中"其实都不是单向格义，而是"双向格义"①，亦即不是只有从"西"到"中"，且此时的

---

① 赵敦华曾提出"双向格义"，但其用意却是用来解决"以西释中"的弊端。参见赵敦华：《中西哲学术语的双向格义》，《中国哲学史》2003 年第 3 期。

"中"、"西"都不是固定、静止的概念，而是处在变动不居之中，或者说，"中"、"西"在比较中都不是毫无改变地被留下的。反之，如果认为"比较一定预设了两个现成的比较对象，这是比较得以可能的第一预设"①，亦即把比较的对象看成静态的而非动态的、客观的而非主观的、确定的而非模糊的，那么，比较自身的意义反而会被大大削弱了，因为比较对象既然已经是现成的、确定的了，那么，比较的必要性与比较的空间事实上就会被大大压缩了。

中西比较当然不是做中国哲学的唯一方法，但如果中西比较是必要的，那么，把"以西释中"简化为"中 A 是西 B"，把"以中释西"简化为"西 B 是中 A"，进而在中西比较中，将"中 A 是西 B"一概转换为"西 B 是中 A"，是否就可以在某种程度上摆脱"汉化胡说"的弊端了呢？邓曦泽就给出了这种试图解决中西比较之合法性的思路，其理论的依据是黑格尔所说的如下几段话："主词对宾词首先可以被认为是个别对普遍，或也是特殊对普遍，或个别对特殊"，"上帝、精神、自然、或不论什么东西，作为一个判断的主词，只不过是名词；这样一个主词是什么，就概念而言，是要在宾语中才呈现的"，"在概念的判断里，谓词好像是主词的灵魂，主词，作为这灵魂的肉体，是彻头彻尾地为灵魂（谓词）所决定的"。由此，邓氏推论说：在"中 A 是西 B"中，呈现出来的是"西 B"，而"中 A"却隐没在宾词中乃至完全消失了。同理，若能对调"中 A"与"西 B"的位置，问题就能得到某种解决，但问题的最终解决仍需回归"中 A 是中 B"这种"以中释中"的方式上来。即便"自他观"（以西释中）是必要的，但也应以"自我观"（以中释中）为基础。②

且不论在实际生活中，在"中 A 是西 B"与"西 B 是中 A"之间是否有如此清晰的边界，比如一个人在日常生活中使用"中 A"与"西 B"时，是否会计较自己因颠倒二者的语法位置而犯了语法上的错误？我们也不从语法上分析黑格尔的判定，因为黑格尔的语法分析主要是为其辩证逻

---

① 参见邓曦泽：《现代古典学批判——以"中国哲学"为中心》，安徽人民出版社 2012 年版，第 111 页。

② 参见邓曦泽：《现代古典学批判——以"中国哲学"为中心》，安徽人民出版社 2012 年版，第 71—137 页。

辑的本体论服务的，比如当我们说"孔子是苏格拉底"时，"苏格拉底"难道就一定代表着特殊性或普遍性，却竟然不是两个个体之间的比较？在此，我们可以借用伽达默尔关于"譬喻"（metaphorik）的分析，着重从理论层面进一步申辩中西比较的问题。①

在概念思维上，常见的"以西释中"多采用比附的方法，具体而言无非是归纳或演绎。归纳和演绎都是单向的：要么从个别到共相，要么从共相到个别，但却不会同时是两者。比如"中 A 是西 B"或"西 B 是中 A"，就是如此典型的归纳或演绎的例证，正是因为在"中 A"与"西 B"之间有严格的等级之分，所以，邓氏才会认为"西 B 是中 A"优越于"中 A 是西 B"。

与归纳或演绎不同，当我们说桌子有腿，并不是要把桌子归入身体；而说人体具有树干或躯干，也不是要从树和人体之间抽象出共同的东西。借着譬喻的力量，一方都能在另一方那里引起共鸣，因而平衡了等级差别，这正是譬喻所展示的一种可双向的、摆动于两端的、循环的水平运动，并因此而与归纳或演绎所代表的垂直性的等级格局区别开来。从譬喻的角度来看，"中 A"与"西 B"之间，就不再是高一层的共相与低一层的个别之间的归入或抽象的等级关系，而是一种横向的、双向的运动。由此，譬喻既非下降，亦非上升，但"正如演绎一样，譬喻开始于一个概念，但这概念由于转换的应用而被改变；正如归纳一样，譬喻结束于一个新概念，但这是由于前面概念的变形"。在譬喻性的比较过程中，"中 A"与"西 B"没有哪一个会被隐没，一如说树叶像书页，并不是把树叶归入书页，从而隐没了树叶，因为说树叶像书页，同时恰恰意味着书页像树叶。更进一步讲，"中 A"与"西 B"各自都在对方那里找到了自己的位置，这也就意味着双方都改变扩大了自己，经历了一次"在的扩充"，且自我只有在呈现他者时，自我才能真正成为譬喻的一方，否则自我就仍旧是外在于比较的。"因为譬喻是水平的，所以它拉平了个别与一般、陌生

---

① 参见伽达默尔：《真理与方法》，上海译文出版社 2004 年版，第 555—558 页。洪汉鼎在翻译时，使用的是"比喻"一词；而在导读时，则使用"譬喻"一词。参见伽达默尔：《理解的真理——解读伽达默尔〈真理与方法〉》，山东人民出版社 2001 年版，第 320—322 页。

与熟悉之间的差别"①，由此，若要规定何者是主题、何者是手段，或者，何者为原意、何者为譬喻，似乎又会重回归纳或演绎的路子上去了。

可见，譬喻乃是伽氏所说的本体论解释学循环的另一种表述，"譬喻在加达默尔那里不仅是一个中心概念，而且也是一种思维方式"②。不过，上述借用譬喻思维所做的分析，不过只是从本体论上再次回应了方法论、认识论上的质疑而已，且我们也不认为如此分析就彻底解决了问题，而只是提供一种新的理解方式。至于如何从方法论、认识论上作有针对性地回答，则可参考学界早已提供的关于这一问题的大量争论。

此外，我们认为，在中西比较问题上，其实有比合法性更重要的东西，此即：在中西比较中，似可先搁置关于合法性的争议，而着重先来看看这种比较能否激发真问题、能否扩充新认知。中西有同有异，但不可由此就得出如下结论：中西既然不同，何必求同？中西既然一致，又何苦求同？在譬喻的指引下，这种保守心态恰恰是极度危险的，需要予以警惕。

中西古今交织成了今人的生存论境域，置身于这样一种解释学处境中，任何解释活动无疑都是一个在古与今、中与西之间无限中介或视域融合的过程。或可说，就中国乃至世界的学术发展而言，未来的学术大师，绝不会执中而不知西，亦不会执西而不知中，而必然是学贯中西之人，犹如萧萐父先生所提出的"从容涵化印中西"之人。因此，仅就中国哲学的发展来看，今天的学人们提出超越胡适、冯友兰之研究范式的主张，有意识地提倡超出中西比较的初始阶段，自有其道理。然而，我们必须清醒地看到，对胡—冯范式的超越绝不应持守所谓"以中释中"的立场，这非但不是超越，恰恰相反，而是毫无疑问的倒退与保守。且不说退回到纯粹的"以中释中"是否可能（详见随后的分析），单就我们今日所面临的一个无法回避的事实而言，"以中释中"也是此路难通，此即："今天的经学研究如果仅仅局限于以传统的方法，从一般的经学史的角度来研究经学，我们甚至很难从整体上超越周予同先生那一代学者的水平。"③ 由于时空差距造

---

① 洪汉鼎：《理解的真理》，山东人民出版社 2001 年版，第 321 页。

② 洪汉鼎：《理解的真理》，山东人民出版社 2001 年版，第 322 页。

③ 魏长宝：《经典诠释学与中国哲学研究的范式问题》，《哲学动态》2003 年第 1 期。

成了文本与诠释者之间"脉络性断裂"与"语言性断裂"，①在弥合这些断裂尤其是语言性的断裂时，与老一辈的学养相比，我们很难望其项背。尤其是，"以中释中"独断地预设了一种纯粹中国式的概念或语言的存在，认为依赖一种"去语境"的方法论抽象，就可以完全弥合这些断裂而通达纯粹的中国式语境，很显然，这只能是一种浪漫主义的表达而已。其实，纯粹中化或完全西化，都只是一种想当然的看法，就今天的现实世界或生存论事实而言，我们总是已经置身于古今中西之间，这一"之间性"构成了我们无法逃脱的解释学处境，因而必须直面回应这种时代性与民族性交织而成的问题。基于此，对于中西比较这个常常引发争议的话题，尤其是就学术研究而言，我们不应再纠结于中西能不能比较这类问题，因为更有必要、更为紧迫的问题，不在于合法性（即中西比较的方向或立场是无所谓选择与否的，因为我们总是已经在比较之中了），而在于中西如何比较才更为合理、更为有效，也就是说，需要探讨的乃是具体的比较方式与方法。②所以，超越胡—冯范式，不应幻想什么"以退为进"（即退回到"以中释中"的路子），恰恰相反，我们既要认识到中西比较的必要性，更应有勇于参与中西对话的自觉意识与责任担当。

不过，需要说明的是，阿斯特、伽达默尔、利科、帕尔默、洪汉鼎等人依照不同的标准，曾将解释学划分出了不同的类型，例如：局部解释学（包括神学解释学、法学解释学、语文学解释学等）与一般解释学；方法论解释学、本体论解释学与实践哲学的解释学；独断型解释学与探究型解释学；等等。本书在方法上主要借鉴的是伽达默尔的哲学解释学。不过，且不论合法性问题如何，单就本书对哲学解释学的借鉴而言，就面临着两个必须回应的质疑，此即：能不能将哲学解释学作为"方法"来使用？即便能够将之视为方法，又能否用哲学解释学来分析乾嘉汉学？

---

① 参见黄俊杰：《中国孟学诠释史论》，社会科学文献出版社 2004 年版，第 7、8、35 页。

② 刘笑敢认为，"中国哲学"具有学术研究、民族精神与人生切实三种身份，在现代学科体制下，若是完全由大学老师和大学讲堂来承担这三种身份显然是不恰当的。（参见刘笑敢：《诠释与定向》，商务印书馆 2009 年版，第 1—12 页）据此，或可说在中西比较问题上，也应注意适当区分三者。

二、哲学解释学能否作为一种方法

在《科学时代的理性》的中译本出版之际，伽达默尔在"作者自序"中明确提醒道："解释学首先就在于它并不是各门科学的一种方法论，而是与人的、社会的存在所具有的根本大法有关。这意味着解释学并非什么方法学说，而是哲学。"① 那么，在借鉴哲学解释学时，我们怎么能把一种非方法论的东西拿来作为方法呢？这岂不自相矛盾？

的确，如伽达默尔所言，他的哲学解释学的目的乃是为了理解是如何发生的，或者说，理解的存在论事实到底是怎样的，而并非是要揭明理解的步骤或方法，由此，哲学解释学是被明确地定位在本体论的层次上，以致伽氏反复强调说他其实并没有提出什么方法，而只是对"事情本身"的展现。不仅如此，伽氏甚至宣称真理与方法之间的对峙乃是一种不可消除的现实性。② 对于伽氏的《真理与方法》所内含的这种对峙，其亲炙弟子帕尔默亦指出："这本书的标题包含着一个讽刺：方法并非通达真理的途径。相反，真理逃避遵循方法的人。"③

利科认为，《真理与方法》的"名称本身包括海德格尔的真理概念和狄尔泰的方法概念之间的对立"④。这表明伽氏乃是站在本体论立场上反对方法论、认识论。其实，伽氏并非反对一切方法（论），针对自然科学方法在精神科学领域滥用的现状，或者说，为了维护精神科学领域的真理性，他特意反对那种自然科学方法意义上的"认识论方法学主义"。由此，伽氏才会说《真理与方法》的出发点乃是基于对泛科学化或科学主义的一种对抗。⑤ 在伽氏看来，人文领域有其自身独特的方法或方法论，如他明确承认其哲学解释学的建立，所依赖的方法论就是辩证法与现象学，而这两种方法已不再是认识论意义上的方法了，而是与生存论紧密相关。可

---

① 伽达默尔：《科学时代的理性》，国际文化出版公司1988年版。

② 参见伽达默尔：《真理与方法》，上海译文出版社2004年版，第382、689、747页。

③ Palmer, *Hermeneutics: Interpretation Theory in Schleiermacher Dilthy*, Heidegger, and Gadamer. Evanston: Northwestern University Press, 1969, p.163.

④ 利科：《解释学与人文科学》，中国人民大学出版社2012年版，第21页。

⑤ 参见伽达默尔：《真理与方法》，上海译文出版社2004年版，第364、17页。

见，此二者并不是在同一个层面上来讲的，不可认为伽氏混淆了二者，尤其是这至少充分表明伽氏反对的只是认识论上的方法，而非本体论上的方法。

关于哲学解释学的方法论导向，可从如下三个方面来理解。

第一，伽氏说："真理和方法之间对立的尖锐化在我的研究中具有一种论战的意义。正如笛卡尔所承认，使一件被歪曲的事物重新恢复正确的特定结构在于，人们必须矫枉过正。"① 由此，既然他之所以强调方法与真理之间的对立，实则是出于不得已的"矫枉过正"的考量，那么，这是否意味着他间接承认了哲学解释学也有一种方法的使用？且这种使用并不只是所谓的"本体论意义的方法"？②

第二，伽氏曾多次提及"诠释学训练"这一概念，虽然他指出"训练"不同于"方法"，但不可否认其中必然有方法或方法论的意味。③ 比如伽氏仍旧承认这类训练可以"间接地有益于理解技巧"④，所以，利科的这一识见或许值得重视，其言曰："与海德格尔相比，伽达默尔的研究也标志着从存在论到认识论问题的开端。我正是根据这一点来讨论伽达默尔的贡献。"⑤ 利科认为，伽氏的哲学解释学其实已有迹象表明他试图从存在论转向认识论。当然，或许有人会认为这只是利科的一家之言。然而，不可否认的是，伽氏的确有忽略解释学领域中的方法或方法论的问题，但是，我们也的确看到了利科在修正这一方向上的卓越贡献。因此，我们必须批判地对待哲学解释学，尤其是要充分地意识到它在认识论与方法论上的不足，而乾嘉汉学的工作恰恰也能提供一些反省哲学解释学之局限性的启示。不过，利科的另外一个提醒更需谨记，此即：解释学首先应当是本体论而非方法论，而作为方法的解释学批判必然建立在作为本体的解释传统之上。

第三，哲学解释学指出，任何事件包括某一部作品或流传物都有其

---

① 伽达默尔：《真理与方法》，上海译文出版社 2004 年版，第 751 页。
② 参见何卫平：《通向解释学的辩证法之途》，上海三联书店 2001 年版，第 114 页。
③ 参见伽达默尔：《真理与方法》，上海译文出版社 2004 年版，第 348、386、453 页。
④ 伽达默尔：《真理与方法》，上海译文出版社 2004 年版，第 344 页。
⑤ 利科：《解释学与人文科学》，中国人民大学出版社 2012 年版，第 21 页。

效果历史，而对于这种效果历史的探究就会提出一种"研究的方法论意识的要求"，这就是要接受现象学与辩证法的方法论训练，或者说，接受哲学解释学"方法论"的训练。其实，任何阅读哲学解释学相关著作的人，无论是否赞同这种理论或训练，总是或多或少已经受到了影响，换句话所，其实都已置身于它的效果历史之中，"效果历史意识首先是对诠释学处境的意识"，这种效果历史意识或方法论意识，必然成为阅读者或被影响者进行理解的解释学处境或解释学前见，"效果历史意识其实乃是理解活动过程本身的一个要素"①。由此，本体论上的方法论（现象学、辩证法）往往会转化或延伸出某种认识论层面上的方法或方法论（亦即分析问题的手段或技巧）。此外，需要提及的是，某个理论或话语一旦成了风气，不可避免地总会导致某种认识论上的方法或方法论上的应用。因此，即便就哲学解释学自身的主张来说，本书对之进行方法上的借鉴亦是有理据可言的。

三、能否借鉴哲学解释学来分析乾嘉汉学

这类质疑集中于两个不同的层次，具体如下：

其一，学界往往有这么一种担心：与西方解释学相比，我国传统的经学解释是否可以被称为一种"解释学"？

如有学者认为，传统训诂学的目的是根据古文音义去揭示古文原貌，以便于后人理解和学习经典，而不是用赋予古文新意，所以，"无论是把解释学看做一种本体论哲学，还是看做一种哲学方法论，我们都无法把中国哲学中的训诂工作理解为一种解释学"②。对此，若说传统训诂学没有赋予古文新意，恐难成立。即便抛开这一点，单纯从解释学的相关划界或定义来看，似乎也很难说中国没有诠解学传统。如伽达默尔说："诠释学的经验完全渗透在人类实践的一般本质之中，……从根本上说，理性生物的

---

① 伽达默尔：《真理与方法》，上海译文出版社 2004 年版，第 388、390 页。
② 江怡：《思想的镜像——从哲学拓扑学的观点看》，安徽人民出版社 2008 年版，第 271 页。

谈话能力能达到多远，诠释学经验也就能达到多远。"① 从这种解释学实践或解释学经验的角度来看，岂能说中国古典哲学中没有解释学传统？利科也曾指出："诠释学是与文本（text）解释相关联的理解运作的理论。"② 伽达默尔的高足帕尔默也说："解释学包含了人类对以任何形式、在任何时候和地点出现的有关解释问题的全部反思。什么时候产生了解释、理解或辨认原文的规则和体系，什么时候就有了解释学。"③ 由此观之，我们当然也可说中国古典哲学中有着丰富的解释学传统，中国传统经学有一整套释经的方法与体例，如传、注、疏、记、正义、章句、解诂、训诂、训纂等，一部中国经学史正可谓一部中国经学解释学发展史。

　　当然，我们也可先搁置争议，看看国内学界在中国古典解释学与现代解释学的结构上的成绩如何。中国本有悠久的注经或经典解释的传统，虽然这一传统大多是经学的附属物，但我们仍可从中抽绎出关于经典诠释方面的丰富经验，也就是说，绝不应否认当下探究中国经典解释学之建构的可能性与必要性。不过，需要注意的是，这种探究与建构必须要凸显中国当下的问题意识。其实，在构建中国解释学方面，学界已有一些值得关注的初步探索，比如汤一介所倡导的"中国解释学"的创建、傅伟勋的"创造的诠释学"、成中英的"本体诠释学"、黄俊杰以孟子为中心的经典诠释学、杨乃乔的"中国经学诠释学"构想。不过，总体上讲，目前这些中国解释学的尝试性建构，主要集中在中国解释史的问题向度与研究框架的总体分析以及对一些代表人物的个案研究（如郑玄、朱熹、戴震等），因而今后"有必要聚焦于中国诠释史中的若干核心理论问题"④，这样才能更好地寻求中国经典解释学的合理定位，从而有效推动中国解释学的未来发展。比如在传统经学解释中，乾嘉汉学的地位至关重要，那么其核心的理论问题在哪里？这也正是本书关注的焦点。

①　伽达默尔：《答〈诠释学和意识形态批判〉》，载洪汉鼎主编：《理解与解释——诠释学经典文选》，东方出版社 2001 年版，第 403 页。

②　利科：《诠释学与人文科学》，中国人民大学出版社 2012 年版，第 3 页。

③　帕尔默：《解释学》，《哲学译丛》1985 年第 3 期。

④　魏长宝：《经典诠释学与中国哲学研究的范式问题》，《哲学动态》2003 年第 1 期。

其二，就我国传统经学而言，即便承认"经学即诠释学"①，那么，它充其量也只能是与西方的神学解释学、法学解释学处于同一层次，即认识论或方法论的层次，由此，即便承认哲学解释学可以有方法论的使用，但若借以解读中国古典经学解释学，是否有越级或错位之嫌？

如有学者认为，清代客观化解经方法论只属于近现代的科学解释学之前史，因为它仍具有经学的典型特征，仍属于科学解释学的前史，因此"倘以哲学诠释学反思近代科学诠释学之绝对客观主义的重炮来轰击清代考据学的解经方法论乃至解经实践，恐怕不是单纯的杀鸡用牛刀，而更多的是用错了刀"②。对此，我们可以反问：且不论汉学考据已有突破经学意识形态的理性精神与典型表现，即便我们承认传统解释学难脱经学藩篱，那么，一旦戴上经学的帽子，是否就余者皆无可论了？若此，在哲学解释学提出后，西方就没有必要再去谈论什么圣经解释学了，但事实显非如此。更何况，包括圣经解释学在内的古典解释学，其自身恰恰孕育着哲学解释学的因子。进一步的问题是，哲学解释学的确重击了客观主义，但是否由此就彻底清算了古典解释学？看来也不是这样。这就好比在比赛中，若一个人率先跑到了终点，其他人就不用再跑了（所有人都完成了比赛）？哲学要做的工作，正是要注重对过程有论证性的清理，而不是只接受一个结论就行了，因此，哲学解释学并未卸下我们本应承担的自我批判之责。更何况，哲学解释学不仅并未让客观主义过时，反而（在后现代主义解释学的映衬下）更激发了解释学中的认识论（客观）因素，如利科的文本解释学就将客观性的"说明"重新纳入解释学，从更高的立场重回狄尔泰的路线，实现了对哲学解释学的辩证的否定，其工作甚至被认为实现了解释学上的"第三次哥白尼革命"。此外，伽达默尔本人还有最后的"实践解释学"转向，而他始终也不是完全否认客观主义。看来，并不是简单的

---

① 李天纲：《跨文化诠释：经学与神学的相遇》，《中国经学诠释学与西方诠释学》，中西书局 2016 年版，第 493—535 页。

② 李畅然：《辨清代客观化解经方法论同"诠释学的循环"原理之疑似》，《文化与诗学》2008 年第 2 期。在陈少明看来，经学解释学与古典解释学属于同一层次，至于它能否与现代哲学解释学进行类比，则颇为复杂。参见陈少明：《汉宋学术与现代思想》，广东人民出版社 1998 年版，第 28 页。

"刀"的问题，而是"双刃剑"的问题，一方面要警惕刻舟求剑的思维方式，另一方面也要谨防这把剑伤到自己。尤其是，上述质疑的发问方式或思维方式或许就有问题，他们旨在从中西寻求一一对应的见解或理论，认为这样的中西比较才合法有效。很显然，这类质疑仍是基于中西对立性的立场，而不是以问题本身为出发点，体现出的仍是一种门户之见或等级观念，知其分而不知其合。其实，不同的解释学形态是可以相互融通、相互比较、相互审视，而哲学解释学所要揭示的就是一种解释学的普遍性，这种普遍性不仅人文领域广泛适用，而且在自然科学领域，知识的建基也不能回避解释学的普遍性。① 由此，即便中国并不存在这种传统，不能与之进行平行的比较研究，但也不应由此就阻碍我们借鉴和吸收哲学解释学，乃至将之作为方法或手段。

此外，既然伽氏宣称哲学解释学只是对实际发生的事情的描述，"只是描述了实际情形"，乃是"一种事实的探究"，② 那么，本书对哲学解释学的借鉴，就不仅仅将之视为一套理解方法或方法论，而且将之接受为一种本源性的理解经验，一种任何解释者都能普遍地、切实地经验到的"事情本身"。换句话说，本书在借鉴哲学解释学方法论时，不仅仅是认识论上的借用与检验，亦是本体论上的一种训练或存在论上的一种体验。这就意味着，对于哲学解释学，我们并不是单向的拿来主义，而是始终保持谨慎的批判意识。但问题在于，这种批判性的检验与生存论体验是否冲突？或者说，认识论上的方法与本体论上的方法是否冲突？海德格尔说："一种方法概念愈真切地发生作用，愈广泛地规定着一门科学的基调，它也就愈源始地植根于对事情本身的分析之中，愈远离我们称之为技术手法的东西。"③ 可见，海氏那里就已将真理与方法相对而言，而伽氏无疑承继并强化了这种论点。但如前所述，这种本体论上的事实，并不会完全隔绝与认识论的对接，否则就是不接地气的理论。事实上，海德格尔也的确遭到了此类批评，而哈贝马斯也明确批评哲学解释学缺少批判意识。对此，我们

---

① 参见孙周兴、孙善春编译：《德法之争》，同济大学出版社 2004 年版，第 15 页。

② 伽达默尔：《真理与方法》，上海译文出版社 2004 年版，第 689、347 页。

③ 海德格尔：《存在与时间》，生活·读书·新知三联书店 1999 年版，第 32 页。

又当如何？如果是生存论事实，那么，这种事实就应被现实地经验到，这之中其实已经提出了检验或批判的要求，如果现象学或解释学具有"普遍性"，那么接受者在其理解中总已在检验这种普遍性，只是这种检验并不一定就是在明确的意识下进行的。不过，就本书的写作而言，我们有意强调这种检验的必要性。

基于此，本书特别注重遵循历史与逻辑相统一的方法，由论入史，而又因史成论，亦即哲学史的梳理与理论诠释相结合的方法，既信守持之有故，又坚持言之成理。不过，本书在取材上大致以乾嘉时期为中心，且由于本书致力于宏观考察乾嘉汉学，而不是以文本或人头为中心，因而只能择取一些代表人物或典型观点来进行评析。其实，这种择取与考察，就像翻译活动一样，翻译者（同时就是解释者）总是想如实地再现或表现出所谓的"真相"，但结果却常常是差强人意。在学术研究中，我们之所以一再强调阅读原著的重要性，原因正在于此。不过，即便我们认真阅读了原著，最终的结果也并不能够还原出原著的本意，而只是被我们所理解了的东西而已，因为理解者只能理解他能够理解的东西。而这就意味着，在实际的理解活动中，那种理解者可以在净化掉自身的历史性之后再去进行客观理解，这种净化因为没有"面向事情本身"而只能是一种盲目的乐观主义，或者说，是一种伽氏所着重批评的"历史主义的幼稚假定"。①

与此相似，每个历史的构建者实际上就是历史的翻译者，一方面，在其重构或翻译过程中，总会依据自身的解释学处境而有意凸显或忽略某些部分，诚如司马迁所谓"通古今之变，成一家之言"，由此构建的历史最终也只能是翻译者自己所理解的历史（"一家之言"）而已，诚如伽达默尔所说，理解者总是遵循其自身的可能性去筹划自身，也就是说，理解活动或理解事件总包含着理解者的自我参与；不过，从另一方面看，这种历

---

① 参见伽达默尔：《真理与方法》，上海译文出版社 2004 年版，第 384 页。在西方，兰克历史学派与方法论诠释学均希图"以主观求客观"，不过，这种方法对于自然科学虽然有一定成效（当然也有质疑，比如库恩对科学范式的探讨），但将之挪用到社会科学领域却未必如是。对此问题，可参见伽达默尔在《真理与方法》中对此兰克、施莱尔马赫以及狄尔泰的有关评述。

史构建绝不会是任意的，"理解按其本性乃是一种效果历史事件"①，因此，任何一个历史翻译者或构建者总要受制于历史文本及其效果史，因而也总是需要他在与历史文本进行对话的基础上，不断地对其前见进行证伪或证实。尤其是，这种过程始终是开放的，并因此而展现为一个良性的解释学循环。

第四节　作为焦点问题的"实事求是"

"一个哲学论题的重要性往往在于它能使大量的疑问聚焦"②，而本书最终选取以"实事求是"作为突破点，主要就是因为它凝聚了乾嘉汉学经学解释学的核心观念，大量的问题皆由此引发，故而可以将之作为分析框架。

明末以降，宋学的空疏之弊受到越来越多的批评，与此相应，崇实黜虚日益成为学界的共识。不过，这种批评性反思与崇实主张，在治学方向上终究未脱宋学藩篱，如在以修正宋学为动机与目的的前提下，宋学内部原有的程朱与陆王之争仍在继续。然而，在当时恶空谈、反讲学的大背景下，这种争论从"尊德性"层面逐步转向"道问学"层面，学术重心由此逐步发生转移，其突出表现就是为增强论证的有效性与合法性，争论双方皆有意识地援引经书、回归经学。但在传统经学的层面上，宋学这个"果实"此时已经成熟，继续深化或提升的可能性不大。基于此，清初以来，宗宋学者或理学家们大都只是对理学进行务实性的修修补补，而学理上的创新却乏善可陈。另一方面，朱子学虽然仍旧被尊奉为官方哲学，但随着康熙、乾隆对文化政策的调整，回归汉学得到官方表彰。于是，汉学最终从宋学中成功突围，河间献王刘德随之成为乾嘉汉学的文化标杆，而献王"实事求是"之精神亦转化为乾嘉汉学的基础理念和治学宣言，"实事求是"随之成为乾嘉时期的主流话语。

---

① 伽达默尔：《真理与方法》，上海译文出版社 2004 年版，第 337、387 页。

② 陈嘉映：《语言哲学》，北京大学出版社 2003 年版，第 84 页。

即便是乾嘉之后，这一话语也获得了相当认同。如晚清郭嵩焘有言："雍乾之交，朴学日昌，博闻强力，实事求是，凡言性理者屏不得与于学，于是风气又一变。"① 钱穆说"汉学贵实事求是"②；陈居渊说"'实事求是'是十八世纪汉学家研究经学的准则"③；吴根友说乾嘉时代"共同认可的精神纲领是'实事求是'"④；罗检秋说"乾嘉汉学以实事求是为旗帜"⑤。不惟如此，乾嘉汉学的"实事求是"之法，也成了后人竞相效仿的范例，如陈寅恪说："儒家经典，必用史学考据，即实事求是之法治之。"⑥ 或可说，"实事求是"成了乾嘉汉学乃至整个清学的代名词。

"话语权"其实就是"解释权"。就乾嘉汉学而言，我们就可将"实事求是"视为一个经学诠释命题，且这一命题包括"实事求是者"（解释主体）、"实事"（解释对象）、"求"（解释方法）与"是"（解释目标）等因素。在解释学视域下，对这几个要素或层面一一进行梳理，就可充分展开"实事求是"这一命题。

从定性上看，乾嘉乃至今日之学界基本是在认识论或方法论上理解"实事求是"。对于这一定性，虽有学者提出批评，但主流观点仍是将乾嘉汉学的治经方法等同于科学方法，或者认为乾嘉汉学包含着科学的精神或科学的因素。但这种定性其实颇成问题，因为，乾嘉汉学虽然高调宣称"实事求是"，然而在实际的经学解释中，这种诉求能否实现呢？即便有所实现，其实现的程度又是怎样的呢？也就是说，我们首先需要探讨这样一个常被忽视的问题，此即："实事求是"自身有没有限度或边界。这一问题以往多被想当然地认为并不存在，然而，在解释学视域下，追问这一问题却显得尤为必要和迫切。

在我们看来，作为解释学命题，"实事求是"有着自身的复杂结构与

---

① 郭嵩焘：《郭嵩焘诗文集》，岳麓书社 1984 年版，第 23 页。
② 钱穆：《国学概论》，商务印书馆 1997 年版，第 304 页。
③ 陈居渊：《汉学更新运动研究——清代学术新论》，凤凰出版社 2013 年版，第 223 页。
④ 吴根友：《戴震、乾嘉学术与中国文化》（中），福建教育出版社 2015 年版，第 368 页。
⑤ 罗检秋：《嘉庆以来汉学传统的衍变与传承》，中国人民大学出版社 2006 年版，第 479 页。
⑥ 陈寅恪：《杨树达论语疏证序》，《金明馆丛稿二编》，上海古籍出版社 1980 年版，第 233 页。

特殊层级。"实事求是"的解释学命题，既有普遍性的诠释结构，但亦可进一步演绎出三个不同的层级。通过分析可以发现，在将"实事求是"作为考证性命题或认识论命题时，均会遇到矛盾或问题。由此，就可推衍出"实事求是"本质上乃是一个理解问题，或者说它首先是个理解问题。这就意味着，作为经学解释学命题，"实事求是"首先应该奠基于理解之上，而这一点又必须通过存在论解释学才能明晰地予以揭示。简言之，作为解释学命题，"实事求是"根本上乃是存在论命题。由此，从存在论上讲，"实事求是者"既非置身"是"外（作者中心论），亦非凌驾于"是"之上（读者中心论），而是本真地参与或分有"事情本身"的活动。当然，这里要充分注意文本性定向（文本研究）与现实性定向（问题研究）之间的不同。

不过，反省客观主义思维方式之必要性，并不意味着取消客观性的诉求。存在论上仍有客观性的理解存在，只是要区分客观性与客观主义的不同。此外，存在论意义上的客观性虽不同于认识论意义上的客观性，但从存在论上超越客观性，绝不是要取消认识论的价值，而是为它划界。不过，所谓超越客观主义，亦非对主观主义、相对主义的变相支持。但不可否认的是，哲学解释学毕竟有着明显的相对主义倾向。在此问题上，乾嘉汉学"实事求是"的解释实践，或可有助于反思哲学解释学的认识论或方法论缺憾。

第五节　前期研究综述

为了从宏观上考察乾嘉汉学，这里有必要交代一下前期的相关研究成果。这些成果的研究对象主要是指对于汉宋关系或乾嘉汉学的整体性分析，仍旧不涉及具体的文本或人头。即便如此，限于相关成果较多，我们也只能选取那些有代表性且对本书有所影响的观点，而不求面面俱到。

一、从汉宋关系角度研究乾嘉汉学

汉宋关系作为清学乃至整个传统学术的脉络主线，学界一直对之保持较高关注，相关成果也比较多。鉴于这一问题的复杂性，这里只能提纲挈领地将相关观点及其最具代表性的人物列出，而对其具体内容的评述将随文而见，此处不再赘言。我们将相关研究大致划分为如下四个类型：

其一，以汉宋关系之关系主体（辩论者，即汉学家、宋学家的具体所指）为中心，有关成果可归类为：清代的汉学家与清代的宋学家（持此论者众）；清代汉学家与宋明理学家（持论者众）；清儒自认或构建的汉儒与宋儒（持论者众）；清代汉学家的内部之争（张循、彭卫民）；清代的汉学家与桐城派文士（王家俭、暴鸿昌、曾光光）。

其二，以汉宋关系之关系客体（辩论点，即汉学、宋学的具体所指）为中心，有关成果可归类为：训诂或考据与义理（持论者众）；诠释与注释（持论者众）；狭义宋学与狭义汉学（持论者众）；广义宋学与广义汉学（持论者众）；宋学与清学或清代新汉学（持论者众）；宋明义理与清代新义理（张寿安、张丽珠、周积明、吴通福等）；学与术（朱维铮、陆宝千、张循、黄勇等）；治世与守平（车冬梅）；儒学正统之争（汪学群等）；学统与道统（余英时、张寿安等）；道统之争（持论者众）；语学（史学、经学）与哲学、我注六经与六经注我（持论者众）；诠释过度与诠释不足（方旭东）；强解释与弱解释（严春友）；文本中心论与读者中心论（提炼待证）。

其三，以汉宋关系的"效果历史"（即从宋明理学到清学的"演进史"）为中心，有关成果可归类为：反动说（梁启超、胡适等）；承继说（钱穆、冯友兰、余英时、叶德辉等）；启蒙说（侯外庐、萧萐父、许苏民、吴根友等）；倒退说（熊十力、牟宗三、徐复观、劳思光、董平等）。

其四，以汉宋关系的关系形态（辩论立场）为中心，有关成果可归类为（持论者众，仅列观点）：汉宋之争（广义、狭义）；汉宋持平（汉宋兼采、汉宋调和）；超越汉宋（以六经、孔孟之道统摄汉宋；摆脱汉宋轮回；摆脱道统）。

迄今为止，直接或间接地围绕汉宋关系来做研究，无论是个案或文本，还是宏观的历史性考察，学界均已有较为丰富的成果。尤其是，已有学者（孙运君、张循、漆永祥、彭卫民等）对清代汉宋关系做过较为系统的梳理。从本书的主旨出发，大体来讲，目前的研究基本表现为如下三种类型：第一，宏观考察广义的汉宋关系（陈少明、周裕锴等），却并不是着重从解释学角度来探讨，或并未着重围绕清学来展开；第二，虽然也从解释学角度微观或宏观地考察了汉宋关系，却仍不够系统，也并未着重围绕清代来展开（汤一介、傅伟勋、黄俊杰、蔡方鹿、赖贤宗、尉利工、周广庆、李清良、康宇等）；第三，虽然紧紧围绕清代来探究汉宋关系，却缺少解释学的视域（孙运君、张循、漆永祥、彭卫民等）。

　　基于上述种种，本书将着重从解释学的层面探究乾嘉的汉宋关系。上述诸家之说虽有分歧，但却都有一个基本预设，此即：乾嘉汉学乃是一个"学术共同体"。但本书认为需要进一步探讨的问题是：乾嘉汉学作为一个学术群体，何以可能？或者说，在何种意义上，乾嘉汉学才能被称为一个学术共同体？

二、从"实事求是"视角研究乾嘉汉学

　　王应宪的《清代"实事求是"学风的复兴与沉寂》、王兴国的《实事求是论》（第三章）、魏胤亭的《实事求是论纲》（第一章）、罗炳良的《清代乾嘉史家的"实事求是"理论》等，偏重于从史学的立场出发，将"实事求是"解读为客观的求实精神。此外，其他相关的成果（持论者众，故不再详列），虽屡屡提及"实事求是"对于理解乾嘉汉学的重要性，但仍只是将"实事求是"诠解为客观的方法或态度，始终未能突破这一眼界。与此不同，本书将基于相关材料，提升性地把"实事求是"论证为乾嘉汉学的学术建构模式。

三、从解释学视域研究乾嘉汉学

　　就总体性研究来看，已有陈少明的《汉宋学术与现代思想》、周裕锴的《中国古代阐释学研究》（第七章）、周广庆的《中国古典解释学》中的部分章节、蔡方鹿的《论汉学、宋学经典诠释之不同》、李畅然的《清代〈孟子〉学史大纲》、康宇的《儒家解释学的产生于发展》（第五章）、尉利工的《汉宋经典诠释方法异同考》等。上述成果多致力于考察汉宋的异同得失，其不同在于，或偏重于学理，或偏重于方法论。也有学者反对将汉

学方法视为解释学，或反对在解释学视域下解读汉学，如江怡对陈少明、刘笑敢的批评就是基于这种立场；龚隽则认为汉学缺乏哲学意义的解读，因而汉学不构成哲学史的解释方法。

就个别性研究来看，多是集中在戴震、焦循、阮元、江藩、凌廷堪、汪中等少数人身上，如黄俊杰的《中国孟学诠释史论》（第八章）、林忠军的《从文本到义理——论焦循经学解释学的转向》、李畅然的《戴震〈原善〉表微》、罗雅纯的《朱熹与戴震孟子学之比较研究——以西方诠释学所展开的反思》、张彤磊的《戴震的儒家经典诠释学思想》等。

在方法上，上述研究对于本书有所启示。不过，本书关注的问题仍在于：既然是从解释学的角度切入，那么，就更应该厘清乾嘉汉学的解释学模式。

四、从解释学、现象学角度研究"实事求是"

关于"实事求是"的研究非常多，但从解释学或现象学角度切入的却非常少。即便有些研究选取了这个视角，如黄玉顺的《"实事求是"命题的存在论意义》、何强的《"实事求是"：当代诠释学视角的再理解》、徐晓风的《对实事求是的当代现象学解构》等。但这些文章只是一般性地探讨"实事求是"，大多没有涉及乾嘉汉学，而本书则认为，只有到了乾嘉汉学这里，"实事求是"才首次成为治学的鲜明口号与核心理念。

第二章 "实事求是"话语的起兴

乾嘉时期，汉学大兴，汉学家们力辟宋学之空谈，而对其用心之迫切、情势之激荡，方东树曾有如此描绘："汉学家皆以高谈性命，为便于空疏，无补经术，争为实事求是之学，衍为笃论，万口一舌，牢不可破。"① 方氏虽有卫护宋学之意，然其措辞仍可与当时的事实相参照。如郝懿行著有《山海经注》，江藩对之称许："乃实事求是之学，若近世剽窃肤浅者，岂可同日而语哉！"② 再如福建汉学家林昌彝亦有言曰："近世为学者，略繙注疏，稍涉《广雅》、《说文》，便嚣嚣然曰：'吾汉学也，实事求是也'，诋諆宋儒不遗余力。"③ 由此观之，方东树称汉学家"争为实事求是之学"，当不为虚言（详见本章第四节），其中尤以"争"字最为传神、最需深思。那么，汉学家在与谁"争"？为何而"争"？"实事求是"又因何而被推向了舆论的中心？

简言之，汉学家是在以"实事求是（之学）"来与宋学争夺话语权。而话语权就是解释权，某种学术话语就是一种学术上的解释力的体现，它为某一时期提供了某种流行的解释模式或解释框架，或者说，成为某一时期的主流的意识形态话语。比如，就广义宋学而言，理学、心学就是两种话语权或解释模式，而对于清代来说，如清学史的著名研究者艾尔曼认为，这种解释力或解释框架就表现为"考据学就是一种话

---

① 方东树：《汉学商兑》，商务印书馆 1937 年版，第 39 页。

② 江藩：《国朝汉学师承记》，中华书局 1983 年版，第 106 页。

③ 林昌彝：《小石渠阁文集》，《续修四库全书》（第 1530 册），上海古籍出版社 2002 年版，第 356 页。

语"。① 大体讲，此说自有一定的道理。但就一般而言，"考据学"之称具有明显的技艺性与操作性，而"实事求是"相比较而言却比"考据学"更具解释力，因而更有转换为话语的独特性与抽象性。如在阮元的观念中，天算之学可以说"乃儒流实事求是之学，非方技苟且干禄之具"②。对于这个论断，如果我们非要用"考据学"代替此处的"实事求之学"，似乎就不是很准确。相比较而言，若是将考据学划转至此处的方技苟且之具可能更符合阮元的看法，如他批评那些仅以考据为志业者"但求名物，不论圣道"，认为此类行为就如同"终年寝馈于门庑之间，无复知有堂室矣"③。焦循更是明确反对近人"强以'考据'名之"、"忽设一考据之名目"，并与人"反复辨此名目之非"，因为在他看来，考据只是"补苴掇拾者之所为"，也就是说考据太过偏执于方法（方技），而真正的经学研究却并非考据一名所能范围，既如此，"乌得以不典之称之所谓'考据'者，混目于其间乎?"④

在话语的择取上，"实事求是"之所以优于"考据"或"考据学"，还可以从如下这一现象得到佐证：阮元、焦循等乾嘉汉学家，清代的宋学家，乃至胡适、梁启超、新儒家等等，对于考据学或汉学多有批评，但却从未有哪一个人会跳出来否认为学应该尊奉"实事求是"的精神。其实，围绕"实事求是"的定位、理解与解释，并不是完全一致的，甚至有很大的争议（详见后文的述评）。不过，即便有不同的理解或争执，他们也绝不会以一种无所谓的态度来看待"实事求是"，并不会认为这种精神对于为学没有必要；恰恰相反，他们多是为了突出强调"实事求是"的重要性才发生争执，互相指责对方违背了"实事求是"的精神。从上述来看，与"考据学"相比照，就会发现"实事求是"这一观念的抽象程度更高，因而其在分析事物时更具解释力、具有较大的适用性。比如，套用前述阮元的那个说法，我们也有足够的理由推出"考据学乃儒流实事求是之学"的结论来。但如果我们说"儒流实事求是之学就是考据学"，恐怕就不是准

---

① 艾尔曼：《从理学到朴学》，江苏人民出版社 1997 年版，"初版序"第 2 页。
② 阮元：《畴人传·序》，商务印书馆 1955 年版。
③ 阮元：《揅经室一集》卷二《拟国朝儒林传序》，商务印书馆 1937 年版，第 32 页。
④ 焦循：《雕菰集》（四），商务印书馆 1936 年版，第 214、215 页。

确的说法。但这只是一个方面，对于乾嘉汉学而言，"考据学"与"实事求是"之间的联系其实是非常密切的。比如按照前述理解来看，"考据学"可以说就是汉学家的眼中无可替代的"儒流实事求是之学"。

从发生学上讲，"实事求是"话语（而非"实事求是"这一概念或观念）的出现，早在清初就有了一些不容忽视的痕迹。然而，这些也只是初步的表现而已。时至乾嘉时期，我们才会在汉学家群体内部看到"实事求是"话语权的全面表现，才会看到"实事求是"的解释力的丰富性，同时也由此感觉到这一话语背后的种种隐忧。也就是说，只有到了乾嘉时期，"实事求是"不再只是一个语词或概念，甚至不只是一个一般的习用语而已，而是成了汉学家群体所尊奉的一种鲜明的、独特的精神向导，甚至可以说，"实事求是"才是乾嘉学术共同的精神纲领。

本章的主旨，就是从事实出发，详细考察"实事求是"从兴起如何走向兴盛，从一个一般的语词、概念如何走向独特的话语。① 就中国哲学（史）的研究来看，明末清初从宋学到清学的话语转换是一个焦点问题，学界对此迄今主要形成了如下四种研究范式，此即：梁启超、胡适的"文艺复兴说"或"反动说"；钱穆、余英时的"内在理论说"或"转出说"；侯外庐、萧萐父的"早期启蒙说"；熊十力、冯友兰等现代新儒家的"余绪说"。其中，前两种范式专门梳理了"近三百年学术史"的发展脉络，对乾嘉汉学的分析较多，总体影响也更大，因此本书着重分析前两种研究范式。

梁启超的"反动"说，意在凸显清学对宋学之"突变"的一面，以革命般的热情呼应新思潮的到来；而与此相对，钱穆的"每转益进"说，则有意凸显清学对于宋学之"渐变"的一面，对处于"末世"的宋学表达出怀旧式的悲情。② 但是，必须看到二者之间并不是截然二分的，而是有

---

① 参见崔发展：《乾嘉汉学之"实事求是"话语权的起兴》，《燕山大学学报》2010 年第4 期。

② 钱穆的《中国近三百年学术史》，或亦可称之为"清代宋学史"。针对此书所体现的怀旧色彩，汪荣祖甚至认为"这部书基本上是由二十世纪的人，写十九世纪之书"，因为此书"不仅在形式上是传统的学案式的纲目体，而且内容也不脱传统的义理，尤重宋儒朱熹"，并说"钱穆虽晚于任公一世代，思想则似乎早任公一代"。周国栋也认为，

其共通处。比如，梁氏的"突变"、"反动"并非宋清学截断众流而独立发展了，并不意味着清学乃是对宋学的彻底中断，而只是为了凸显明清学术变革的激化程度，换句话说，梁氏并不认为宋学在清代就突然消失了（详后）。同样的，钱氏的"渐变"，乃是为了凸显清学实质上仍是对宋学的延续，虽然这种延续仅得宋学之一偏，并不是对宋学的全面发展，但其意却绝不是说宋学至乾嘉时期就彻底消亡了。虽然钱氏对乾嘉汉学深表失望，但在他看来，清晚期仍有宋学精神的体现。基于这种分析，我们就会发现，对于钱氏、梁氏提出的这两种学术范式，绝不能像余英时那样将之化约为连贯性与中断性的对立范式，否则就看不到这两种范式之间的关联。①

不过，渐变、突变虽有不同，但它们并不否认宋学话语在清代的整体失势。由此，本章的主要目的，就是具体考察"实事求是"这一概念或观念是怎样被择取出来，又因何而能成为主流话语，成为一时的学术风向标。

第一节　黜虚崇实：明清之际宋学话语的失势

明清之际，宋学话语缘何日趋式微？原因不可一概而论，但至少有一点毋庸置疑，那就是宋学本身因虚而不实导致了严重的理论危机与信任危机。宋学的空谈心性之弊由来已久，批评者也不乏其人。如早在明中叶时，杨慎就表达了对当时学风的不满，其言曰："今之学者，循声吠影，使实学不明于千载，而虚谈大误于后人也。"② 但是，就当时的情形看，这

就二人的同名著作《中国近三百年学术史》来看，梁启超之所论大体可算作现代学术，而钱穆之所论大体仍算作传统学术。参见汪荣祖：《钱穆论清学史述评》，载《纪念钱穆先生逝世十周年国际学术研讨会》，2000 年 11 月 24—26 日；周国栋：《两种不同的学术范式——梁启超、钱穆〈中国近三百年学术史〉之比较》，《史学月刊》2000年第 4 期。

① 参见余英时：《人文与理性的中国》，上海古籍出版社 2007 年版，第 111—112 页。
② 杨慎：《升庵文集》卷四十五《夫子与点》，《四部丛刊》本。

类批评之声并未引起普遍的重视与反省,究其原因,乃在于此时的宋学仍掌控着话语权与解释权。或者说,宋学这个"果实"此时仍能获得其丰富的理论滋养与较高的认同度,仍有其进一步发展的空间。

从学术流变的角度看,宋学因何而能够走向成熟乃至最终熟透?很显然,宋学内部的阳明心学这一支可以说是起了非常重要的作用。① 从理学到心学的更替,多被学人们解读为虚与实之间的交替变更,像所谓"天下病虚,考亭救之以实;天下病实,新建醒之以虚"②。这种说法虽有问题(详后),但亦有所道出。众所周知,在为学方法上,朱子诉诸尊德性与道问学的双修路线,本想兼顾高明与沉潜,却反而被执着于高明一途的陆象山等人指责为支离,由此引发一段著名的学术公案。其实,就像朱子本人所坦承的那样,与象山相比,他无疑更偏重于道问学一途,"陆子静专以尊德性诲人,故游其门者多践履之士,然于道问学处欠了。某教人岂不是道问学处多了些子?故游某之门者践履多不及之"③。也正因为这样的原因,反对者常常指责朱子之学过于"实"了。比如,"阳明格竹"就是一个因过"实"而遭遇困难的个例。其实,阳明本人对朱子之学是有一定的(刻意)误读之嫌的,然而,在心学的话语系统中,"阳明格竹"这个发生在一个朱子学徒身上的偶然事件,却被作为学术典型事件而有意放大,从而演化为凸显朱子理学之内部矛盾的一个隐喻,或者说,格竹事件被有意识地建构成了阳明学登上学术舞

---

① 从古至今,对于王学或心学之末流,学界多持批评态度。但是,若从诠释学的角度看,只有在心学之末流对于心学做"过度诠释"的基础上,明清之际的话语转换才能实现。其实,纵观中国传统儒学的发展历程,无论是从汉唐经学到宋明理学,还是从宋明理学到清代汉学,其间的转换均离不开末流者的"过度诠释"。由此概言,凡属末流者,虽多由于走入极端而背负恶名,但在促进理论更新、思想解放方面,却又配享一曲末流的赞歌。对此转换之具体原因的详尽分析,可参见尹继佐、周山主编:《中国学术思潮兴衰论》,上海社会科学院出版社2001年版。

② 方以智:《通雅》,中国书店出版社1990年版,第35页。此外,明代施四明、清初孙奇逢亦有类似提法,但方东树对此说有所批评。(参见方东树:《汉学商兑》,商务印书馆1937年版,第21—22页)这涉及虚实的相对性问题,后文有论。

③ 陆九渊:《陆九渊集》,中华书局1980年版,第400页。黄宗羲也认为,"先生(引者注:陆九渊)之学以尊德性为宗……紫阳之学,则以道问学为主。见黄宗羲:《黄宗羲全集》(第五册),浙江古籍出版社1992年版,第277页。

台的合法性来源。① 与朱子学相对，阳明学旨在代"实"以"虚"，从而在传统的儒学框架下，穷尽了高明一端的可能性。但"高明易启流弊"②，心学的过虚之弊由此日益彰显。而这也就意味着，宋学的发展空间已经十分有限了，或者说，宋学已经到了瓜熟蒂落的时候了。

势已至此，自然无可挽回。而所谓穷则变、变则通，宋学已经穷途末路，时人自然要另寻他途。在这"立新"的过程中，必然有对"破旧"的时代性诉求，尤其是面对满族入关的危机，更多了一份民族性的诉求。于是乎，在这种时代性与民族性双重诉求的促使下，宋学难免成为反思、批评的对象。比如，当时人多以清谈亡国等来评议宋学。不难发现，明末清初乃至有清一代，持清谈（或文化）亡国论者在在而有，如颜习斋、李刚主、朱舜水、顾亭林、王船山、费密等人，均有相关言辞激烈的批评。③ 但这类指责与职责，虽然不是纯粹学术意义上的归咎，但也不能由此就认为它们完全无关于学术。④ 众所周知，传统儒学并不是纯粹的知识系统，儒术（政术、重实用）一向就与儒学（学问、重理论）紧密相关。

---

① 对于阳明格竹事件，历来评价不一。余英时认为，阳明虽常与象山并举，但其实他与朱子的关系更深些，阳明受到朱子的影响而自早年起就被格物之教所困扰，不过阳明格竹时只是一个十几岁的小孩子，那不过是一个年轻人的好奇罢了，所以"格竹子的经过连王阳明思想的起点都谈不上"。（参见余英时：《论戴震与章学诚》，生活·读书·新知三联书店 2012 年版，第 332 页）余氏此论甚为不当，试想，朱子学若构不成阳明思想的起点，只是引起了一个小孩子的好奇心，又何谈朱子对阳明的影响较象山为大？又何谈阳明被格物之教困扰？余氏对戴震、章学诚的心理分析颇可玩味，但却显然没有参透阳明之所以回溯早年格竹一事的真实心理。此外，学界多只是从观念或学理上分析这一事件，认为阳明格竹的失败，正是理学依理不通的结果，这种论断亦未能理清格竹事件的象征意义。比如，朱子曾明确说："格物之论，伊川意虽谓眼前无非是物，然其格之也，亦须有先后援急之序，岂遂以为存心于草木器用之间，而忽然悬悟也哉？今为学而不穷天理、明人伦、讲圣言、求世故，乃冗然存心于一草木器用之间，此是何学？则如此而望有所得，是炊沙而欲其成饭也。"（《近思录》卷二）若仔细对照朱子此论与阳明格竹之间的扞格，或许更能凸显阳明在陈述其格竹事件时的真实用意。当然，这里的解读只是提供另一种思路而已，非必为确论。

② 章学诚：《章学诚遗书》，文物出版社 1985 年版，第 398 页。

③ 参见梁启超：《梁启超论清学史二种》，复旦大学出版社 1985 年版，第 95—97 页。

④ 在这一点上，台湾学者张丽珠试图分离学术与非学术的观点，只具有相对的意义。参见张丽珠：《清代义理学新貌》，（台湾）里仁书局 1999 年版，第 93 页。

基于这种历史事实，我们绝不能由此就说"文化亡国论"乃是以历史批判代替哲学批判，而是应该看到，儒术与儒学的关联，恰恰反映了历史批判与哲学批判本就不可截然二分的历史事实。这也可以说明，为何明清之际的史学研究竟然呈现出这样的局面："追求明朝灭亡的缘由，是清初学者大量史学著述的重大主题，特别是对万历以来历史经验教训的批判总结，是这时学者们最为关注的，关于这一时期的历史著述也非常丰富。"① 何止明清如此，这种历史总结与学术归因相并生的现象，在传统社会可以说是屡见不鲜。

与"文化亡国论"相反而相成的"文化救国论"，其实质依然是这一文化逻辑或惯性思维的表现。学界往往以"实学"的兴起来描述明清之际的学术流变，而这种"实学"的兴起就与上述思维逻辑直接相关。② 在当时人看来，宋学的凿空导致了明朝衰亡的结局，正是基于这种学术归因，明清实学家们才会大力倡导崇实黜虚、通经致用，可见这类主张背后的学术因素的运作。由此，一个显见的历史事实乃是：明清之际，崇实黜虚逐渐内化为当时人的文化基因，"以实心励实行，以实学求实用"③ 成为共同诉求，他们或注重实行、实用，或注重实才、实学，处处突出一个"实"字。

据此而言，在实学日益成为人心所向的大背景中，成熟的阳明学在理论上已经难以获得根本性的突破了，其间虽有刘宗周、黄宗羲等心学派人物试图力挽狂澜，对心学进行务实性的纠偏与修正，但为了针砭心学末流之时弊，他们的这类修正却不得不或多或少地蕴含着某种"反动性"或"革命性"。如黄宗羲对于"虞廷十六字"之态度的先后转变，就是一个有力例证。最初"黄太冲谓圣人之言不在文词而在义理。义理无疵则文词不害其为异。如《大禹谟》'人心'、'道心'之言，此岂三代以下可伪为者哉！"然而，时移世易，在读了阎若璩的《尚书古文疏证》之后，黄氏态度发生骤变，据阎若璩回忆，梨洲"晚而序余《疏证》两卷则谓'人心'、

---

① 陈其泰、李廷勇：《中国学术通史》（清代卷），人民出版社 2004 年版，第 19 页。
② 对于"实学"是否可以作为学术专有名称，姜广辉的几个质疑不容绕过。参见姜广辉：《"实学"考辨》，载《实学文化与当代思潮》，首都师范大学 2002 年版，第 379—402 页。
③ 纪昀：《纪晓岚文集》（第二册），河北教育出版社 1995 年版，第 410 页。

‘道心’本之《荀子》，正是荀子性恶宗旨；又谓此十六字为‘理学之蠹’，最甚何相反也”①。十六字心传是理学的根基所在，它的动摇对于理学的颠覆性是显而易见的。所以，梁启超说，黄宗羲对于阳明学既有修正（当然也有继承），又是反动。其实何止黄宗羲如此，即便是阎若璩本人也是理学中的一员，但从其孜孜于力辩《古文尚书》之伪来看，当时学界对理学的反动性修正乃属于一般情形，并非孤例。所以梁启超认为，清初学者虽厌恶阳明学，但“他们自身，却都是——也许他们自己不认——从‘阳明学派’这位母亲的怀里哺养出来”②。这也就表明，所谓反动说、反理学，并不是如余英时所说的“只是外缘论的一种伸延”③，而实则亦是从思想史本身的内在发展而得出的结论。

就有清一代的学术整体状况来看，心学一派最终只是在务实的方向上有所调整，但是其理论体系却并没有什么明显的提升或突破。不过，当年心学代理学而兴，现如今心学虽然风光不再了，而理学亦是逐渐暗淡，非但不能重新振兴，甚至逐步走入了死胡同，其境况之困顿不堪，或许就像所谓“清代理学之言，竭而无余华”④。那么，这又是怎样的一种情形呢？其究竟的原因又是什么？

这里尝试从两个方面来分析。第一，就学术层面而言。如前所论，我们只是笼统地说宋学的果实成熟了，但进一步来讲，这种成熟的具体所指却需要分辨。比如，它是说宋学全面成熟了，抑或只是说宋学中陆王之学的成熟？比如，虽然梁启超、钱穆都曾借用此喻，但二人的理解却需细

---

① 阎若璩：《尚书古文疏证》，上海古籍出版社 1987 年版，第 1178 页。

② 学界在将梁氏的反动说与钱穆的继承说（即每转益进说）相对照时，往往认为梁氏此论表明了他承认学术流变可以以截然断裂的形式发生。其实，梁氏不仅没有无视学术间的继承性，其论点恰恰体现出了一定的辩证性。凡此，可参见梁启超：《梁启超论清学史二种》，复旦大学出版社 1985 年版，第 16、105、106、138、152 等页。依此来讲，当余英时批评梁氏，认为“如果说整个清代三百年的思想都从反抗理学而来，恐怕也不容易讲得通。我们很难想象，只是反，便可以反出整个清代一套的学术思想来”，似未能辩证地看待梁氏的反动说。参见余英时：《论戴震与章学诚》，生活·读书·新知三联书店 2000 年版，第 326 页。

③ 余英时：《论戴震与章学诚》，生活·读书·新知三联书店 2000 年版，第 355 页。

④ 章太炎：《清儒（一）》，载徐亮工编校：《中国近三百年学术史》，上海古籍出版社 2006 年版，第 5 页。

加分辨。梁氏虽然并非无视学术继承，但其反动说仍表明宋学在明清之际已经整体熟透，清初"犹为程、朱、陆、王守残垒者，……然皆硁硁自守，所学遂不克光大"①。也就是说，因而宋学在清代只是抱残守缺而已，其发展自然不甚乐观。

与此相比，钱穆否认了清学的独立性，将之仅仅视为对宋学的"接着讲"，甚至只是对宋学的"照着讲"，认为清学能够在经学方面对宋学有所补益，这无疑表明，在钱氏看来，业已进入成熟期的理学恰恰是通过清学的拓展（虽然是片面发展）才最终走向熟透；然而，钱氏另一方面却又与章太炎、梁启超等人做同调之鸣，在他看来，就清代而言，宋学虽有些许进展，但其整体毫无疑问地在走下坡路。在他看来，先秦百家之于两汉经学，汉唐经学、魏晋以来佛学之于宋明理学，可谓后出者包孕前者而表现为"每转益进"。但是，对于清学之于宋明理学这一段，钱氏则认为，乾嘉不如清初之明遗，道咸同光又不如乾嘉，如此一来，清代三百年的学术史进程就不是益进而是益退了。不过，这并不意味着其每转益进说就不自洽了。因为他取消了清学的独立性，而将之整个放在理学的范围内，认为清代乃是承继理学而来，并使得理学在某些方面（如经学对理学的支撑性）进一步完善化了。简言之，清学的倒退只是局部的，而学术在整体上仍旧是进步的，而"每转益进说"的有效性，正是建立在继清学之后新产生的学术，按照钱氏的想法，新学术应该是包孕理学、西学在内的进步学术。由此而言，钱氏乃是在牺牲清学之独立性、经学之独立性（将二者均纳入理学或宋学）的基础上，从更大的范围内来建构其"每转益进说"，并希望由此消解清学对于理学的反动性冲击，从而实现对梁启超的批判。综上所论，在钱氏看来，理学在清代之前就已基本成熟，但只是到了清代才最终走向熟透。因此，在他看来，虽然清学能够在某些方面接续乃至补益宋学之不足，然而毕竟难掩清学之全面退化的窘境，其言曰："清儒理学既无主峰可指……亦无大脉络大条理可寻。"②

① 梁启超：《清代学术概论》，上海古籍出版社1998年版，第67页。
② 钱穆：《〈清儒学案〉序》，《中国学术思想史论丛》（八），安徽教育出版社2004年版，第362页。

简言之，从清代宋学的整体发展来讲，梁氏、钱氏在价值判断上虽然给出了不同的乃至对立的论点，然而如上文所分析的那样，从事实判断上讲，梁氏、钱氏论点上的这种差别仍只是相对的，他们之间亦有共享的一些结论，比如，至少他们都认为清代理学的发展空间有限，且可取之处不多。而这就意味着，他们的见解其实并未超出章太炎的上述论断。

那么，政治层面上的理学发展又如何呢？自清初以来，官方就已有意识地提倡理学，顺治、康熙、雍正、乾隆等更是亲自纂定理学著作如《周易述义》、《周易折中》、《诗经传说汇纂》、《书经传说汇纂》等。自康熙时，程朱理学被立为官学，且注意招揽、重用理学大师。但吊诡的是，官方赋予的这份尊崇并没有让理学重掌学术话语权，反而使得理学不堪重负，进一步压缩了理学的发展空间，乃至加剧了理学的式微。那么，清代理学既然享有如此尊位，为何反而日渐不堪？根本原因何在？在章太炎看来，首要的就是由当时的高压与愚民等政治因素所导致的。与章氏的这一主张相呼应，朱维铮亦指出，恰恰是康熙帝及其子孙才使得清代理学丧失了最后一点生气。① 那么，事实又是怎样的呢？

康熙有言："惟宋儒朱子，注释群经，阐发道理。凡所著作及编纂之书，皆明白精确，归于大中至正，经今五百余年，学者无敢疵议。"② 可见，在康熙看来，从理论上讲，程朱之学无疑是一套已经非常完善或健全的真理体系。不过，理论是否成熟是一方面，而该理论能否被相应地加以落实却又是一方面。更何况，这种理论已经被彻底政治化、实用化了。如康熙曾与近臣多次言及"真假理学论"的问题。不过，君臣们毫无例外地均持有这种论断：理学之真伪取决于能否在实际行为中体现出来。简言之，实学取决于实行。因为既然真理早被朱子讲得如此透彻、完善，那么，理论上的推进不仅没有必要，而且甚至变得不再可能了，或者说，真理已被道尽。由此而言，判定一个人是否为真道学，唯一的标准就在于他能否将之落实到具体的行动上。基于这种认识，官方明确将学统与治统混而为一，所谓"四子之书得五经之经意而为言者也……道统在是，治统亦

---

① 参见朱维铮：《求索真文明》，上海古籍出版社 1996 年版，"题记"第 2 页。
② 《清圣祖实录》卷二四九，康熙五十一年正月丁巳条。

在是矣"①，他们并不是真正信仰理学，而主要是基于政治考量所做的实用性解读。

与此相应，"假道学"、"冒名道学"几乎成了康熙指斥那些虽标榜理学而实则言不顾行者的惯用语。② 如当时以理学名世的熊赐履、魏象枢、汤斌、崔蔚林、张伯行等人，皆有被康熙申饬的经历。不惟如此，康熙还专门以"理学真伪论"为题来测试儒臣，可见其反对伪道学之心。不过，上述理学名士之所以遭受如此评判，不仅是官方的政治考量，从人数如此之众来看，实则亦折射出当时理学自身在收拾人心上的不堪表现了，因而其中亦饱含道德审判的意味。如当时李光地乃是清廷尊朱的有力推动者，他提出了"一曰存实心，二曰明实理，三曰行实事"③的三大为学纲领，然在其母病逝时，李氏并未向朝廷请求丁忧，因而引起朝臣们的谴责；康熙更是亲自召集翰林谴责伪道学。

此外，官方虽立理学为政统哲学，明言"夫治统源于道统，学不正则道不明"④，然而却利用文字狱、科举等政治或文化手段，牢牢把控道统的主导权，挤压学统阐发义理的空间而使之偏执于道德践履一端，但同时又坚决打击那些"动辄以道学自居"的汉族高官或知识分子，认为"此等人不行惩治，则汉官孰知畏惧"⑤。如此一来，学林士子更是不敢以道统对抗治统。凡此种种，都对宋学的发展带来了致命伤。

在政统凌驭道统、学统的意识形态下，学人们自是要抛却所谓以德抗位、以学犯政之心而专意于另寻自保之途了。诚如所谓"中国之学术思想，常随政治为转移"⑥，政统对学统的影响可见一斑，如清代宋学家往往属意于对宋学进行务实性的修正，而清代宋学在总体上也烙上了这样一种务实性的印迹，相关的佐证材料在在而有。⑦ 究其原因，固然与清代理学

---

① 康熙：《康熙政要》卷一七《刊刻日讲〈四书解义〉御制序》。

② 参见陈祖武：《清代学术源流》，北京师范大学出版社 2012 年版，第 20 页。

③ 李光地：《榕村语录榕村续语录》，中华书局 1995 年版，第 409 页。

④ 《清高宗实录》卷一二八"乾隆五年十月乙酉"条。

⑤ 《康熙起居注》（第二册），中华书局 1984 年版，第 1134 页。

⑥ 梁启超：《论中国学术思想变迁之大势》，上海古籍出版社 2001 年版，第 51 页。

⑦ 宋学所具有的这种务实性色彩相当浓厚，对此的描述不时见于《清代理学史》的相关撰述之中。参见阁龚书铎主编：《清代理学史》（上、中、下），广东教育出版社 2007 年版。

家对宋学末流之弊的学术性纠偏，但从政治方面看，这种修正、纠偏又与官方的这类政治化解读与实用性倡导大有关联，如朱维铮甚至认为，"清代所谓'理学名臣'，原指由历届政府特许从祀孔庙的人物，衡量尺度唯在'躬行践履'，与其在理学上是否有造诣无关"①。由此，学理上或道统上的理学不再受重视，甚至被刻意抑制，而与此相反，理学的治世功能却被突出强调。在官方如此立场的引导下，再加上科举时文的滥觞，程朱之学基本上变成了科举之学与道德教条，如艾尔曼指出："到1750年，理学正统经注（仍然是科举考试的必备读本）只是一套世所认可、但气息奄奄的道德训诫，已不再为多数士子（包括考据学者）顶礼膜拜。"② 理学亦由此耗尽了最后一丝活力，甚至成了束缚时人的东西而招致越来越多的质疑与反抗。

综上所述，宋学这个果实至此已最终熟透落地，崇实黜虚成为当时人心之所向，即便有清政府的大力提倡，亦难挽宋学话语之颓势，在此情形下，学术转向已是一项紧迫的任务了。③

第二节　汉宋易帜：官民回归经学的二重奏

明清之际，对晚明危机及明亡教训的反省，对空言之弊的警惕、纠偏乃至反动，以及西方科学（实学）方法东传的外在示范性刺激，使得

---

① 朱维铮：《求索真文明》，上海古籍出版社1996年版，第39页。

② 艾尔曼：《从理学到朴学》，江苏人民出版社1997年版，第38页。

③ 需要注意，所谓"理学的失势"，主要是指理学作为学术话语权的失势，尤其是相对于崛起的清代汉学而言，但理学在清代的地位与作用不容小觑。胡适曾说，汉学家们"尽管辛苦殷勤的做去，而在社会的生活思想上几乎全不发生影响。他们自以为打倒了宋学，然而全国的学校里读的书仍旧是朱熹的《四书集注》、《诗集传》、《易本义》等书。他们自以为打倒了伪《古文尚书》，然而全国村学堂里的学究仍旧继续用蔡沈的《书集传》。三百年第一流的精力，二千四百三十卷的《经解》，仍旧不能替换朱熹一个人的几部启蒙的小书！"[胡适：《整理国学的三条途径》，载许啸天编：《国故学讨论集》（第一集），上海书店出版社1991年版，第111页] 理学仍是官方哲学，仍是科举的必考科目，即便汉学家也不能完全无视理学，这才是汉宋之争的最大根源，而汉宋关系亦由此成为清学研究的一个重要课题。

崇实黜虚、"回归经学"日益成为当时学人们的集体自觉。如钱谦益提出"学者之治经也，必以汉人为宗主"[1]；费密鉴于"舍汉唐注疏，论人心道心，致成虚浮"而倡导"专守古经，从实志道"[2]；顾炎武认为"人苟遍读五经，略通史鉴，天下之事，自可洞然"[3]；王船山更是以堂联"六经责我开生面"来自励、自许。《四库全书总目提要》曾追溯这一回归经学之取向的传承脉络，其言曰："明之中叶，以博洽著称者杨慎……次则焦竑，亦喜考证。……惟以智崛起崇祯中，考据精核，迥出其上。风气既开，国初顾炎武、阎若璩、朱彝尊沿波而起，始一扫悬揣之空谈。"[4] 然而，或许是基于政治因素的考虑，这一线索有意避开了明清之际社集的经学活动，而实际上绝不应忽略那些以"尊经"、"昌古"、"经社"命名的社集所标识的文化倾向及其带来社会或学术影响力。[5] 面对内忧外患的社会格局，这一群体以"尊经复古"为学术宗旨，试图摒弃宋学，主张重回汉代经学，强调经术经世，从而有力地促进了明清之际回归经学、复兴汉学之学术大势的形成。

在崇实黜虚的价值导引下，回归经学并不是少数学者的学术判断，而是群体性的共识。总体讲，此时回归经学的主流倾向，主要表现在如下两个方面：其一是"求实用"，鉴于宋学的虚妄不实之弊，力求重回通经致用的传统；其二是"求实证"，鉴于宋学的脱落经书之弊，力主恢复经书的权威性。当然，此二者又紧密相关，回归经书、求实证乃是就其治学之方法或手段而言，但就其治学之目的而言，则最终乃是为了求致用、求实用。也就是说，当时人实乃是遵循由求实证来求实用的逻辑、程序或步骤，而这也正是他们不断强化经书考证之重要性的根本原因。

不过，通过回归经学来求实证、求实用，并非是要彻底打倒或舍弃宋学；恰恰相反，这种回归实乃有着浓厚的宋学背景，或者说，其动机或

---

① 钱谦益：《牧斋初学集》，上海古籍出版社 1985 年版，第 1706 页。

② 费密：《弘道书》，《续修四库全书》（第 946 册），上海古籍出版社 2002 年版，第 42、45 页。

③ 顾炎武：《顾亭林诗文集》，中华书局 1959 年版，第 139 页。

④ 《四库全书总目提要》，河北人民出版社 2000 年版，第 3083 页。

⑤ 参见陈居渊：《汉学更新运动研究》，凤凰出版社 2013 年版，第 31—62 页。

动力仍源于宋学的识断，宋学仍是支配考证的决定性力量。简言之，经学考证实则是要"以经学之实，济理学之虚"，亦即用经学辅翼宋学。如梁启超就指出，顺治康熙之际的学者们，探讨的仍旧是程朱陆王的历史遗留问题，就此而言，清初学术仍可谓理学的直接沿续。① 钱穆也说："清代经学，亦依然沿续宋元以来，而不过切磋琢磨之益精益纯而已。理学本包孕经学为再生，则清代乾嘉经学考据之盛，亦理学进展中应有之一节目，岂得据是而谓清代乃理学之衰世哉？"② 钱氏将经学完全纳入理学范畴，认为清代经学考证的兴盛恰恰表明理学在清代仍旧是每转益进的，这种推论无视清代经学的独立性，其结论未免有点想当然了。与钱穆不同，余英时反而更接近梁启超的路子。余氏指出：

> 清代经学考证直承宋明理学的内部争辨而起，……一个人究竟选择某一部经典来作为考证的对象往往有意无意是受他的理学背景支配的。③

在余氏看来，宋学内部朱陆之争焦点的转移，直接导致了清初回归经学的必然趋向，朱陆义理上的孰是孰非最终仍需由经典来决定，义理之争由此转入文本之争，亦即由尊德性（义理）转向道问学（考据）。换句话说，明末清初的学人们之所以将回归经学视为治学求道的不二法门，主要就是因为当时抽象玄虚的主观思辨已经难以收拾人心（其实，这里还应

---

① 参见梁启超：《论中国学术思想变迁之大势》，上海古籍出版社 2001 年版，第 133 页。由此而论，学界常认为梁启超的反动说无视学术史的连续性，这种论调颇可商榷。且不说此处所引的梁氏早时之观点，即便是他此后在《清代学术概论》、《中国近三百年学术史》中所阐发的反动说，也不是完全无视学术间的承继性。（详后）其实，对于学术史的变革因循，梁氏的反动说不应被理解为单纯否定，而更应理解为对理学的辩证修订。因此，梁启超与钱穆、余英时对清学史的解读，各自的着眼点、着重点虽大有不同，但也并非完全针锋相对。如钱穆亦有"反动"之论，所谓"晚明诸遗老对宋明儒的态度尚属批评，而乾嘉则几乎近似反动。晚明诸遗老多半尚是批评陆王，乾嘉则排斥程朱"。参见钱穆：《中国学术史思想论丛》（八），安徽教育出版社 2004 年版，第 7—8 页。

② 钱穆：《中国学术史思想论丛》（八），安徽教育出版社 2004 年版，第 357 页。

③ 余英时：《论戴震与章学诚》，生活·读书·新知三联书店 2000 年版，第 346 页。

充分考虑到王朝兴衰更替等外部因素），由此就有必要寻求文本上的客观实据。而这也就表明，回归经学最初主要是理学自我调整的一种必然举措。

其实，无论是宋学还是心学，倘若仍以孔孟之道为皈依，或者只要承认儒家道统一说，则势必不废经书（孔孟之道的载体），且争端越激进，援引经书、回归经学之势越强烈。清初回归经学的主流是宗宋采汉，因为经学家都有其理学背景或立场。如黄宗羲虽承续心学一脉，但却痛斥时人袖手从事于游谈，主张"说经则宗汉儒，立身则宗宋学"①。再如顾炎武虽接续朱子，但亦反对"以明心见性之空言，代修己治人之实学"②，主张"舍经学无理学"，实际上仍是汉宋兼采。可见，此二者虽然都以宋学为宗主，然而却又都希望恢复经书的基础性地位。基于此，黄、顾又多被学界奉为清学之开山人物。但在江藩看来，黄、顾"两家之学皆深入宋儒之室，但以汉学为不可废耳。多骑墙之见，依违之言，岂真知灼见者"③，基于此，江氏起初甚至没有将二人收入其所精心撰辑的《国朝汉学师承记》中，后只是因为友人的劝解才将二人附在此书的最后。然而，江氏此论其实并不成立，因为他所认可的清学开山——阎若璩、胡渭等——并不是纯粹的汉学家，而亦是主张"以近代理明义精之学，用汉儒博物考古之功"④的兼采汉宋之人。⑤ 由此，江氏的理由实际上未必准确，如皮锡瑞

---

① 江藩：《国朝汉学师承记》，中华书局 1983 年版，第 127 页。

② 顾炎武：《日知录集释》，上海古籍出版社 2006 年版，第 402 页。

③ 江藩：《国朝汉学师承记》，中华书局 1983 年版，第 133 页。

④ 阎若璩：《潜邱札记》，《文渊阁影印四库全书》第 859 册，第 413 页。

⑤ 关于清代汉学的开山，历来争议较大。余英时认为，阎若璩、胡渭等人之所以考证经书，实际上仍是为了佐证宋学。至于江藩何以视阎、胡为开山，徐复观、朱维铮、漆永祥均有所论，但漆氏说较为合理。此外，梁启超虽不认可阎、胡为清学开山，但亦十分看重此二人，如梁氏认为，就对思想界的影响而言，"顾、戴之外，独推阎、胡"。漆氏所论，与梁氏之所以看重阎、胡的原因，虽不尽同，但亦有一致之处。以上诸论，参见余英时：《清代思想史的一个新解释》，载《中国思想传统的现代诠释》，江苏人民出版社 1989 年版，第 172—173 页；徐复观：《"清代汉学"衡论》，载《中国思想史论集续篇》，上海书店出版社 2004 年版，第 338—339 页；朱维铮：《求索真文明》，上海古籍出版社 1996 年版，第 19—23 页；漆永祥：《江藩与〈汉学师承记〉研究》，上海古籍出版社 2006 年版，第 385—389 页；梁启超：《清代学术概论》，上海古籍出版社1998 年版，第 13 页。

就质疑说："窃谓如江氏说，国初诸儒无一真知灼见者矣，岂独黄、顾二公。"[1] 这些恰恰说明清初并没有纯粹的汉学家，或者说，清初汉学家多少都会与宋学有所瓜葛。

不过，一般来讲，汉宋兼采可以划分为宗汉采宋与宗宋采汉两个不同的类型或方向，且二者不宜混淆；否则判定一个人是汉学家还是宋学家，就会变得异常困难，而这也是学界在判定某人的汉宋归属时常常出现争论的原因。当说一个人主张汉宋兼采时，这仍只是一种笼统的说法，由此尚不足以判定此人到底是宋学家还是汉学家。同样是汉宋兼采，但在汉宋之间却有一个主次或主从的问题需要进一步理清，而这种不同才是判定某人是汉学家还是宋学家的唯一标准，同时也是促使汉宋之争进一步激化的一个重要原因。[2] 比如，依此而言，江藩之所以否认黄、顾二人享有汉学开山的学术地位，就是因为他对黄顾之类宗宋采汉者的强烈不满。其实，江氏对宋学亦有认可之处，他不仅编撰出了《国朝宋学渊源记》，且明言要为学尊汉、为行尊宋，由此可以说江氏本人也是一个汉宋兼采者，然而，若进一步分析，就会发现严格谨守汉学门户的江氏明确主张的乃是对于宋学的兼采必须以宗汉为前提，亦即应该以汉学为主而辅之以宋学，而绝不能以宋学为主而辅之以汉学。[3] 其实，江氏的这种心迹与行为，恰恰反映出当时学术重心已经由清初之宗宋采汉转换至乾嘉之宗汉采宋的事实。

那么，时风的这种变换因何而生？前文已论，仅从学术发展的内在理路上讲，明清之际宋学内部争论的焦点已经由义理之争转向考据（文

---

[1]　皮锡瑞：《经学历史》，中华书局 2008 年版，第 307 页。

[2]　一方面，理学是清代官方哲学，且在民间影响甚大；另一方面，明清以来修正乃至反对理学、回归经学之势，日渐滋长发展，并最终亦受到清代官方的认可与崇奖，清代汉学由此登上学术舞台的中心。由此，汉宋交织纵贯有清一代，成为学界关注的焦点问题。但对汉宋关系本身的看法，历来争议也大。比如，部分学者认为清代有汉宋之争，但也有部分学者否认汉宋之争的存在；再如，有些学者认为汉宋之争并不是清代汉宋关系的主流，而汉宋调和才是主流；等等。本书认为，若是以宗主观念与门户之见的有无作为衡量标准，就可以将汉宋关系大致划分为有宗有门、有宗无门、无宗无门三种类型。而若是由此标准与划分出发，即便采用学界常用的汉宋之争、汉宋持平等划分概念，对以上分歧也能有个比较清晰的理解。

[3]　参见江藩：《国朝汉学师承记》，中华书局 1983 年版，第 153—154 页。

本）之争。如清初三大家顾、黄、王的思想倾向，就可大致划分为"顾炎武反对陆、王，修正程、朱，黄宗羲修正陆、王，反对程、朱，王夫之则宗师张载，修正程、朱，反对陆、王"①。然而，在回归经书、考镜源流的过程中，诸家之争必然聚焦于对方的理论基石，宋学的一些基础性命题由此被推上审判台而接受来自经学的检验。宗王学者如黄宗羲、黄宗炎、胡渭等人，之所以选择《周易》作为考察对象，就是想借此攻击程朱派的学理基础——"太极图说"之伪；与此相类，宗程朱者如顾炎武、阎若璩等人，之所以选择《古文尚书》作为考证对象，其目的也是要印证王学派的学理基石——"虞廷传心"之伪。②在这种交互攻讦中，朱陆双方各自的基础理论均受到质疑乃至否定，各自的理论大厦亦由此遭到根本性的破坏，从而造成了一种玉石俱焚的后果，宋学之全体亦由此而日益走入穷途末路。对此，梁启超评论说，明清以来朱王两派之间的争论，"引起一般人讨厌，两派同归于尽。乾嘉以后，'汉学家'这面招牌出来，将所有的宋明学一齐打倒，就是为此"③。宗宋者（朱陆派学人）之所以兼采汉学、回归经学，本意是为了纠治宋学空虚的倾向，不想却使得汉学发皇张大，"鹬蚌相争，渔翁得利"，汉学找到了突破口。此外，如前所述，在传统儒学框架下，宋学自身业已发展成熟，再加上官方政治化的实用性解读，以至于清初以及清代的宋学家，很难取得理论突破而自我更新。上述种种，最终都促成了汉学逐步摆脱宋学之藩篱而日益壮大。

经学、汉学的发展，引发了官方文化政策的调整。早在康熙时，就有"自汉唐儒者专用力于经学，以为立身致用之本，而道学即在其中"④的判定，因此，"治天下以人心风俗为本，欲正人心、厚风俗，必崇尚经学"⑤。对康熙倡导汉学之功，后世有汉学家甚是感怀："圣祖崇朴学，教化

---

① 孙钦善：《中国古文献学史》（下册），中华书局1994年版，第886页。
② 余英时：《论戴震与章学诚》，生活·读书·新知三联书店2000年版，第347页。
③ 梁启超：《梁启超论清学史二种》，复旦大学出版社1985年版，第209—210页。由经书辨伪到整个理学的根基被动摇，此间的具体情形，可参阅张丽珠：《清代新义理学——传统与现代的交会》，（台湾）里仁出版社2003年版，第67—72、129、162等页。
④ 《康熙起居注》"二十一年八月初八日"条。
⑤ 《清圣祖实录》卷二一六"康熙四十三年六月丁酉"条。

海内。一时朝野诸老宿，痛惩前代空疏文巧之佛、老。吾道而力挽回之，事必求是，言必求诚，支离惝悦之习扫弃净尽。于是汉学大明，六经之义若揭日月。"① 不过，这一缅怀未必确当，因为其后的乾隆帝，最初对考据倾向仍抱有不太信任之心，并警醒士子仍当以宋学为尊而不能妄议，其言曰："今之说经者，间或援引汉唐笺疏之说。夫典章制度，汉唐诸儒有所传述，考据固不可废。而经术之精微，必得宋儒参考而阐发之，然后圣人之微言大义，如揭日月而行也。惟是讲学指认，有诚有伪，诚者不可多得，而伪者托于道德性命之说，欺世盗名，渐启标榜门户之害。此朕所深知，亦朕所深恶。然不可以伪托者获罪于名教，遂置理学于不事，此何异于因噎而废食乎！"② 又说："从来读书学道之人，贵乎躬行实践，不再语言文字之间辨别异同。况古人著述既多，岂无一二可指摘之处？以后人而议论前人，无论所见未必即当，即云当矣，试问于己之身心，有何益哉！况我圣祖将朱子升配十哲之列，最为尊崇，天下士子，莫不奉为准绳。"③ 乾隆甚至颁谕提倡读宋儒书，其推崇宋学之心在在可表。然而，尽管如此，成效始终并不明显。尤其是理学自身的状况，仍难以满足乾隆的政治预期。科举虽以宋学取士，然所取之士虽饱读宋学，但其中言行不一之人不在少数，如当时的宋学名臣，无论宗朱的方苞，还是宗王的李绂，仍是伪道学。如此不堪之现状，甚至影响到乾隆本人对朱子学的态度发生了变化，如在乾隆朝的历次经筵中，高宗最初尊崇朱子之念坚实笃定，然时至乾隆二十一年，高宗第一次提出质疑，而"其后，在迄于乾隆六十年的32次经筵讲学中，明显地向朱子学提出质疑竟达17次之多"④。

与此恰成鲜明对照，汉学的发展却日益引起高宗关注，早在乾隆二年三月，高宗即命儒臣每日进呈经师奏疏。三年十月，又号召天下士子"究心经学，以为明道经世之本"，"学问必有根柢，方为实学"。⑤ 尤其是，

---

① 郑珍：《巢经巢文集》卷三，《遵义郑征君遗著》，香山黄氏古愚室1949年影印本，第21页。
② 《清高宗实录》卷一二八"乾隆五年十月乙酉"条。
③ 《清高宗实录》卷一五一"乾隆六年九月丁亥"条。
④ 参见陈祖武：《清代学术源流》，北京师范大学出版社2012年版，第195页。
⑤ 《清高宗实录》卷七九"乾隆三年十月辛丑"条。

乾隆十年调整取士标准，既穷究性理，亦崇尚经术，在殿试时增加经史方面的内容。乾隆十六年正月，清高宗首次南巡。此时江南以汉学考证为胜，引领四方学风，高宗有感于江南经学稽古之风，遂效法其祖父康熙，同以"理学真伪论"为题，测验进献诗赋士子。在汉学兴盛的江南来辨析理学之真伪，其中深意颇可玩味。乾隆二十一年之后，与高宗对程朱之学的态度转换相呼应，科举试题中经史所占比重越来越大，理学信徒的入仕途径受到限制，而一批经史研究有成者被吸纳到官学中来，"几乎包括了乾嘉学派的骨干"。① 对此，王鸣盛回忆说："今天子金声玉振，以实学为海内倡，更定取士令式。丁丑，礼部试贡士，首以'循名责实'发题。盖欲学者削繁除滥，崇雅黜浮，由记由词章而徐进于研经穷理之地，皇极之敷言垂训，深切如此。"② 由此，在官方的大力倡导与科举取士的刺激下，"天下后世闻风兴起，为人之祖父者，孰不思以一经教其子孙；为人子孙者，孰不思以朴学显其祖、父"③。

综上所论，理学的不振与理学诸臣的言行不堪，与经学的起兴与饱学之士的精校博考，恰成鲜明对照，并最终促成高宗从提倡理学一转而至崇奖经学："夫政事与学问非二途，稽古与通今乃一致"，昭示天下士子"将欲为良臣，舍穷经无他术"、"笃志研经，敦崇实学"，"夫穷经不如敦行，然知务本，则于躬行为近。崇尚经术，良有关世道人心"。④ 其中，清廷开设四库馆，积极网络一大批汉学家，这种风向标的强力引导作用，最终促使汉学走向学术舞台的中心，成为清学发展的一个里程碑事件。⑤ 乾隆三十八年，四库馆成立，戴震、任大椿、王念孙等一批汉学家进入四库馆，经史考据由此蔚然成风。汉学家群体入主四库馆，尤其是总撰官纪昀

① 参见李帆：《清代理学史》（中卷），广东教育出版社 2007 年版，第 24 页。
② 王鸣盛：《西庄居士始存稿》，《续修四库全书》（第 1434 册），上海古籍出版社 2002 年版，第 332 页。
③ 何焯：《义门先生集》，《续修四库全书》（第 1420 册），上海古籍出版社 2002 年版，第 258 页。
④ 《清高宗圣训》，《大清十朝圣训》卷三，燕山出版社 1998 年版，第 1577 页。
⑤ 关于清廷开设四库馆的动机，也有争议。如有学者认为，清之所以开设四库馆，目的就是"寓禁于征"，是蓄意的篡改和阉割。但亦有学者认为这种说法与事实不符。参见漆永祥：《乾嘉考据学研究》，中国社会科学出版社 1998 年版，第 69 页。

即为宗汉学者，因而在编撰体例上，汉学的原则与方法受到了特别关注。如《四库全书·凡例》所定下基调乃是"率以考证精核、辩论明确为主"，理由则是"说经主于明义理，然不得其文字之训诂，则义理何自而推？论史主于示褒贬，然不得其事迹之本来，则褒贬何据而定？"由此，不难想象置身于四库馆的那些以宋学为宗者的尴尬处境。如宗宋学者姚鼐，就遭遇了这种不堪与尴尬。在四库馆运作的早期阶段，作为纂修官的姚氏所撰之提要常常被批评乃至根本不被采纳，无奈之下只能挂冠而去，这就表明四库馆明显偏于宗汉的整体取向。四库馆的开设及经书之编纂，以及邵晋涵、戴震等人入选四库馆，对社会文化风气的影响甚大，于此可见。如洪亮吉说："今之经学昌明，上之自圣天子启之，下之即谓出于君与戴君讲明切究之力，无不可也"，"向之空谈性命及从事帖括者，始骎骎然趋实学矣"。①

此外，还有两个重要因素有助于理解汉宋彼此消长的紧密关联。第一个是西学因素。乾嘉时期，学者们普遍重视天文、历算之学，但此举虽有利于推进汉学，却对宋学不利。据学者统计，从清朝开国到王引之为止，有18人写了72部关于数学和天文学的书，"这些著作的影响，不仅仅局限于天文、数学本身，而且改变了中国学术界提问题的方法和解决问题的方法"②。在研治西学时，其天文、历算之学在逻辑方法上的示范性，对训练思维能力、提升方法意识具有良好作用，由此可以提升汉学考据的严谨性与有效性。有学者甚至认为，乾嘉学潮"无论在古文献的考订、辨伪、辑佚方面，还是在古代数学、天文、地理、医学、农学等自然科学史料的整理、汇编方面，都处处表现出受到了西方逻辑方法和科学思想的影响"③。此论或许有点过强，但无论如何，绝不应忽略西学对于汉学的刺激作用。比如，当时官方与民间均对修习西学者有所批评，而力持"西学中源"一说，嘉庆帝甚至明确警告那些沉迷于西学者务必自重："我大清亿万年颁朔之法必当问之于欧罗巴乎？此必不然也，精算之士，当知所自

---

① 洪亮吉：《卷施阁集》，《续修四库全书》（第1467册），上海古籍出版社2002年版，第324页。

② 陈其泰、李廷勇：《中国学术通史》（清代卷），人民出版社2004年版，第481页。

③ 萧萐父：《吹沙集》，巴蜀书社1991年版，第41页。

重矣。"① 但这恰恰可以反证西学之影响已引起较为广泛的关注。第二个是书院因素。原本是服务于科举而成为理学大本营的书院，却渐渐转化为汉学家培养后学、切磋学问的主阵地，"尤其是南方各地书院，已成为与京师四库全书馆并峙共盛的考据学之大本营"②。其学运之转换如此，不可不察。

综上所论，在崇实黜虚的时代背景下，凡有利于汉学者，皆有悖于宋学；汉学主攻而宋学难守，汉学之兴与理学之衰，于此恰成鲜明对比。此长彼消，人心向背，于此间颇可玩味。

第三节 鉴古训今：河间献王作为
乾嘉汉学兴起的标杆

重汉学而逐步偏离宋学，进而脱离宋学而以汉学为宗，这种汉宋之间的演替带来了学术范式的转换，乾嘉时期与明清之际的不同也得以彰显。清初借助经学来修正、补益宋学，然而在诸多因素的作用下，这种治学取向却最终逐渐偏离了既定的轨道，不再沿着最初预想的由通经进而致用的路径来走，而是将通经与致用打作两截，仅以训诂通经为志向，却有意无意地淡化了致用的诉求。在此导向下，随着汉学群体对宋学不断的批判性反思，以及实证性方法论意识的觉醒与强化对汉学考据的支撑作用，宋学的地位更是岌岌可危，而部分学人也不再以辅翼宋学为掩护，而是明确地转向至以复兴汉学为宗。于是乎，在官方与民间的共同努力下，乾嘉汉学最终脱颖而出，从理学牢笼中成功突围而获得独立发展。③ 在这个过

---

① 颙琰：《仁宗睿皇帝圣训》卷四十五。

② 参见李帆：《清代理学史》（中卷），广东教育出版社 2007 年版，第 305 页；漆永祥：《乾嘉考据学研究》，中国社会科学出版社 1998 年版，第 64 页。

③ 在乾嘉时期，"宋学"的概念尤为复杂。这一点在上文关于汉宋关系的研究综述中已有交代。大体讲，乾嘉汉学话语中的"宋学"具体包括如下不同含义：广义宋学、狭义宋学、尊德性（相对于道问学）、义理（相对于训诂考据）、躬行（相对于知）、蹈空（相对于实学），等等。对此，本书第三章第一节中的"门户之辨：宋学的三个不同面向"有详细展开，此处不再赘述。

程中，被班固称许为"实事求是"的河间献王，被汉学家们有意识地打造为"经学复盛时代"① 的一个鲜明的标杆而备受尊崇。据《汉书》记载：

> 河间献王德以孝景前二年立，修学好古，实事求是。从民得善书，必为好写与之，留其真，加金帛赐以招之。繇是四方道术之人不远千里，或有先祖旧书，多奉以奏献王者，故得书多，与汉朝等。是时，淮南王安亦好书，所招致率多浮辩。献王所得书皆古文先秦旧书，《周官》、《尚书》、《礼》、《礼记》、《孟子》、《老子》之属，皆经传说记，七十子之徒所论。其学举六艺，立《毛氏诗》、《左氏春秋》博士。修礼乐，被服儒术，造次必于儒者。山东诸儒多从而游。……武帝时献王来朝，献雅乐，对三雍宫及诏策所问三十余事。其对推道术而言，得事之中，文约指明。②

秦始皇焚书坑儒，致使之前的文献经受重创。西汉初年，官方虽有心复原经学文献，但其时也只有今文经学因能口耳相传而不受文本限制，进而得以传世，故而西汉初年的五经博士也只为今文经学而设。至汉武帝时，广开献书之路，搜罗先秦旧籍。在这种情势下，藩王们皆投入其中，竞相以辑佚旧籍为要事，一时成为官方与民间的人心所向。据《汉书》所载，在西汉儒学复兴初期，献王刘德贡献甚大，他一方面致力于搜集与整理古籍（"所得书皆古文先秦旧书"），另一方面则身体力行地推崇与践履儒学。尤其值得一提的是，献王比照经文经学博士的设置情况，尝试在其封地还设立古文经学方面的博士，首倡之功，善莫大焉。凡此种种，汉学家戴震著有《河间先王传经考》，专门梳理了献王整理古文经、设立古文经博士等方面的情况。戴震认为，河间所传之经包括：《周官》、《尚书》、《毛诗》、《左氏春秋》、《礼》、《礼记》、《孟子》、《老子》；而大、小戴《仪礼》、《礼记》，多采自献王之《古文礼》与《记》。③ 据此可见，刘德与河

---

① 皮锡瑞：《经学历史》，中华书局 2008 年版，第 295 页。
② 班固：《汉书》，中华书局 1962 年版，第 2410—2411 页。
③ 参见戴震：《戴震文集》，中华书局 1980 年版，第 1 页。

间儒者在复兴古文上的诸多努力，为其后古文经学的勃兴打下了坚实的文献基础；否则，何谈古文经大兴于东汉？

当时，淮南王刘安与河间献王刘德皆致力于搜求古籍，对比二者，则可知何以献王被乾嘉汉学家视为西汉古文经学之标杆。班固指出，与献王求书皆为古文先秦旧书不同，淮南王安所招致率多浮辩。何谓"浮辩"呢？高诱《淮南鸿烈序》有言："安为辨达，善属文，……其旨近老子淡泊无为、蹈虚守静，出入道经。言其大也则焘天载地，说其细也则沦于无垠，及古今治乱，存亡祸福，世间诡异瑰奇之事。"① 依此可见，淮南王更近于道家一脉，这就与河间献王那种"修礼乐，被服儒术，造次必于儒者"的治学取向大相径庭了。

在《河间献王刘德传》中，班固所描述的刘德治学的主要举措与基本精神，实际上就是在表彰古文经学家的此类取向。不过，尽管河间儒学在义理阐发上有所发明，但后世对以献王为首的河间儒学的赞誉，更主要是针对其传经之功。司马光在《传家集·河间献王赞》中表彰说："噫！微献王六艺其遂殪乎！故其功烈至今赖之。"朱熹评论道："自汉以来，凡天子之礼，皆是将士礼来增加为之。河间献王所得《礼》五十六篇，却有天子、诸侯之礼，故班固谓'愈于推士礼以为天子、诸侯之礼者'。"② 唐世隆于《修河间献王陵庙碑记》中亦有赞言："天不丧斯文，乃有河间献王德者，修学好古，被服儒术，招集四方文学之士，购求遗书，献雅乐，补《周礼》，慨然以斯道为己任焉。"与上述评价不同，康有为提出"刘歆造伪说"，认为"史迁仅言献王'好儒学'，歆即云'修学好古'，以其伪作古文伏之矣；以己之处于欺也，则云'实事求是'矣。国朝经学家动引河间之'实事求是'，而不知为歆谩语也"③。康氏此说旨在为其今文主张开路，遂完全否认了古文经的理论基石，对于古文经无疑釜底抽薪，但后经钱穆《刘向歆父子年谱》之批驳，可知康氏此说不足为信。其实，康氏故意曲为之说，其用意不言自明，但就学理上言，信奉此说者并不多见，

① 高诱：《淮南子注》，上海书店 1986 年版，第 1 页。
② 黎靖德：《朱子语类》，中华书局 1986 年版，第 2193 页。
③ 康有为：《新学伪经考》，中华书局 2012 年版，第 123 页。

比如刘师培仍坚持认为："齐学昌明，则由秦末儒生抱残守阙，鲁学昌明则由河间献王、刘歆之提倡。"[1] 在刘氏看来，河间献王对于恢复鲁学或古文经学的贡献是绝不能抹杀的事实。

值得一提的是，宋明至清初，雕版刻书兴盛，刻书数量多，古籍错讹现象严重，由此而催生出大规模整理古籍的强烈愿望，"这种客观需求与乾嘉学者的自觉活动合而为一，遂成为乾嘉考据学发达的重要原因之一"[2]。想当年，河间献王因挽秦火之害而搜求古籍，现如今，乾嘉汉学家面临着古文典籍经"秦火之所未亡，而亡于监刻"[3] 的同类窘况。此情此景之下，乾嘉汉学有意效法河间献王整理古籍之"实事求是"的精神，亦由此多了一层现实性的关联。于是乎，历史与现实的交织，竟使得鉴古训今显得尤为必要、迫切。

因此，乾嘉汉学家以"实事求是"作为治学乃至行事的精神纲领或精神标识，这种作为包含着两层用意，既是为了从精神上远绍河间献王的"实事求是"之风，更主要的则是借此而为当下复兴古文经学提供合法性上的支撑。对此，被视为乾嘉汉学殿军的阮元，就明确地将清学与汉儒之学直接联系起来，其言曰："我朝儒者束身修行，好古敏求，不立门户，不涉二氏，似有合于实事求是之教。"[4] 在阮氏看来，清学完全承继了河间献王的"实事求是之教"，从中折射出汉学家群体对河间献王治经为学之精神的自觉的归属意识。不过，为了凸显清学相对于宋学的优越性与独立性，阮氏有意凸显出清学务实求真的一面。但若说清学（至阮氏之时的清代儒学）完全是在务实求真则未必尽然，且不说清学中亦有宋学，单就前述清初与乾嘉之学风的不同来看，亦可表明阮氏实则是夸大了清学与宋学之间的差别，此中虽有基于其官方身份而为官方立场代言的一面，亦有出于其宗汉心理而有意卫护或倡导汉学的一面。换言之，阮氏此说兼有政统

① 刘师培：《国学发微》，《刘申叔遗书》（第 13 册），宁武南氏排印本 1936 年版。一般而言，鲁学之风近于古文经，而齐学之风近于今文经。但这种以地域界定学风的局限十分明显。参见王兴国：《实事求是论》，湖南人民出版社 1998 年版，第 15—17 页。

② 漆永祥：《乾嘉考据学研究》，中国社会科学出版社 1998 年版，第 24 页。

③ 顾炎武：《日知录集释》，上海古籍出版社 2006 年版，第 1031 页。

④ 阮元：《揅经室三集》，商务印书馆 1937 年版，第 639 页。

与学统上的考量,因而不足为信。

第四节 实事求是:乾嘉汉学主盟学坛的就职宣言

汉学最初虽有兴盛之势,但毕竟是民间之学,而如今在上有官方之庇佑表彰,在下有饱学名士之矢志经学,上下交相呼应,终使得汉学飞上枝头而能与宋学争席,且敢与宋学争胜。[①] 如章学诚观察到如下现象:"四方才略之士,挟策来京师者,莫不斐然有天禄石渠、句坟抉索之思;而投卷于公卿间者,多易其诗赋举子艺业,而为名物考订,与夫声音文字之标,盖骎骎乎移风俗矣。"[②] 由此观之,科举之业虽已有对于经史的些许关照,但士子们似乎更倾向于在科举之外追求"纯粹"汉学这一新时尚、新风俗了,或可说,在学风所向上,这一现象正可谓汉学取代科举宋学而走向学术中心的一个特写。

乾嘉汉学从边缘走到中心,而其高举的学术旗帜或共奉的精神纲领就是献王所践履的"实事求是"。在这种学术共识中,出于崇实黜虚的基本要求,汉学家将是否"合于实事求是之教"视为检验真理的唯一切实可行的学术标准。由此,"实事求是"逐步掌控了乾嘉学术的话语权,"成为乾嘉学派的基本理念"[③]。

乾嘉汉学家群体对"实事求是"一词尤为钟情,与此相应,"实事求

① 清代理学的失势与汉学的兴起,是两个互相牵连的问题,对二者的理解都要充分注意到政治因素的作用。如艾尔曼认为,"18世纪的文字狱只是清代文化教育政策的阴暗一面,这项政策还包括经费支持、学校奖助、官方对学术的认可、强化教育特定作用、对学术发展鼓励。事实上,没有清朝文化政策为考据学发展规范化提供先决的社会条件,考据学研究就无法大规模地展开"。(艾尔曼:《从理学到朴学》,江苏人民出版社1997年版,第13页)围绕这一主题,还可参见陈祖武、朱彤窗:《乾嘉学派研究》,河北人民出版社2005年版,第1—68页;王俊义、黄爱平:《清代学术与文化》,辽宁教育出版社1993年版,第276页;夏长朴:《乾隆皇帝与汉宋之学》,载《清代经学与文化》,北京大学出版社2005年版,第156—192页。
② 章学诚:《章学诚遗书》,文物出版社1985年版,第181页。
③ 罗检秋:《嘉庆以来汉学传统的衍变与传承》,中国人民大学出版社2006年版,第364页。

是"还经常简化或变身为"求是"、"求其是"、"求真"等习惯用语，足可见汉学家对"实事求是"精神的持守。为此，特详引下述诸例，以示其情形如此。

汪中直接申明为学之原则：

> 为考古之学，惟实事求是，不尚墨守。①

吴派奠基者惠士奇借以论学：

> 愚以《左氏传》中之经正经文之误，非舍经而从传。实事求是，正所以尊经。②

钱大昕倡导为学之基点：

> 通儒之学，必自实事求是始。③

时人盛赞钱大昕及其门人之为学：

> 公在紫阳最久，自己酉至甲子，凡十有六年，一时贤士受业于门下者，不下二千人，悉皆精研古学，实事求是。④

在《揅经室集》自序中，阮元自况其治经之准则：

> 余之说经，推明古训，实事求是而已，非敢立异也。⑤

---

① 汪中：《汪中集》，（台湾）"中央研究院"中国文哲研究所筹备处 2000 年版，第 286 页。
② 惠士奇：《春秋说》，文渊阁四库全书本（第 178 册），（台湾）商务印书馆 1975 年版，第 768 页。
③ 钱大昕：《潜研堂集》，上海古籍出版社 2009 年版，第 421 页。
④ 陈祖武、朱彤窗：《乾嘉学术编年》，河北人民出版社 2005 年版，第 465 页。
⑤ 阮元：《揅经室集·自序》，商务印书馆 1937 年版，第 1 页。

而在《揅经室续集》自序中，阮元不再以"实事求是"自许，足见此词之分量，阮氏自谦道：

> 前集所自守者，"实事求是"四字。此续者虽亦实求其是，而无才可矜，无气可使，无学可当考据之目，欲然退然，自命为"卑无高论"四字而已。①

龚自珍为《阮元年谱》撰序（时称"天下第一序"），将阮元之学详加分类，并分别说明其特色所在，其中有言：

> 莫循空虚，咸就绳墨，实事求是，天下宗之，是公典章制度之学。②

钱大昕表彰邵晋涵之学行：

> 于四部七录，无不研究，而非法之书，弗陈于侧。……君所著又有《孟子述义》、《穀梁正义》、《韩诗内传考》、《皇朝大臣谥迹录》、《輏轩日记》，皆实事求是，有益于学者。③

由上可见，通过引入"实事求是"或"求其是"等此类术语，汉学家们或借以往来论学，或借以自勉励人，或借以品评人物，或借以命名（如胡承珙的"求是堂"、汪廷珍的"实事求是斋"），从中尽显汉学在学术舞台上的独特风貌。如果说汉学由此正式登上了学术舞台的中心，那么"实事求是"实可谓乾嘉汉学主盟学坛的"就职宣言"。

对于乾嘉汉学而言，就如学界常常所说的那样，"实事求是"既是汉学家们治经的理念（态度或宗旨），又被当作治经的方法（技艺或手段），

---

① 阮元：《揅经室续集·自序》，商务印书馆 1937 年版，第 1 页。
② 龚自珍：《龚自珍全集》，（台北）河洛图书出版社 1976 年版，第 193 页。
③ 钱大昕：《邵君墓志铭》，《嘉定钱大昕全集》（九），江苏古籍出版社 1997 年版，第 743 页。

但此二者彼此兼容：治经之方法乃是对治经之理念的落实，而治经之理念则决定治经方法的采用。如对于上引诸例，既可将"实事求是"解释为理念，亦可理解为方法。

不过，假如仅仅从理念或观念的角度来理解"实事求是"，则汉学与宋学之间的不同就无法明确标识出来。这是因为理念人人可有，每个人均可说自己遵循了"实事求是"的理念，但这样一来就无从判别孰是孰非了。因此，鉴于宋学之弊，乾嘉汉学家不仅会强调"实事求是"中的那种务实的精神取向，更会有意把"实事求是"凸显为一种具有可操作性的实用方法，如所谓"其治学根本方法，在'实事求是'、'无征不信'"①。迄今为止，学界也基本是从精神与方法两个层面来理解乾嘉汉学的"实事求是"。

从方法上讲，乾嘉汉学"实事求是"的表现就是强调经验实证，凸显从"实事"出发的重要性，而所谓回归经书，就是要讲求经书上的证据，避免空发议论，乃至于尽量做到"言言有据，字字有考"②，有似于胡适当年所提倡的有一分证据方能讲一分话。对于这种学风与方法上的特色，梁启超曾专门将其归纳为十个方面，尤可注意者，梁氏有意识地将能否贯彻这种方法与学术道德相关联，如指出汉学家乃至将"隐匿证据或曲解证据，皆认为不德"等视为严格的学术规范。③ 这实则是尊德性在道问学中的一种表现，或者说，此时的尊德性更应看作是道问学中的某种知识性话语的一种表现了（详后）。在梁氏看来，汉学家治学严格遵循学术规范，有明确的方法依托，因而可与科学精神相比拟。对于这种治学方法，吴莱借用狱法之喻来评点汉学家治学的审慎态度与方法意识。在此基础上，章太炎更是将"实事求是"之法概括为如下的具体方法，此即："审名实，一也；重佐证，二也；戒妄牵，三也；守凡例，四也；断情感，五也；汰华辞，六也。六者不具，而能成经师者，天下无

---

① 梁启超：《清代学术概论》，上海古籍出版社 1998 年版，第 5 页。不过，这种对方法的片面强化，很容易导致偏执方法而遗弃理念，乾嘉汉学之所以多遭诟病，梁启超之所以多受批评，皆由此引发，后文有论。

② 方东树：《汉学商兑》，商务印书馆 1937 年版，第 39 页。

③ 梁启超：《清代学术概论》，上海古籍出版社 1998 年版，第 47 页。

有。"① 很显然，梁启超、章太炎对于汉学"实事求是"之方法的具体梳理大同小异。

尤其是，这种"实事求是"的方法一定程度上超出了经书考证的范围，而被提升为一般的认识论或方法论。在解读这一方法的重要意义时，凌廷堪的一番言论颇具代表性，其言曰：

> 昔河间献王实事求是。夫实事在前，吾所谓是者，人不能强辞而非之，吾所谓非者，人不能强辞而是之也，如六书九数及典章制度之学是也。虚理在前，吾所谓是者，人既可别持一说以为非，吾所谓非者，人亦可别持一说以为是也，如理义之学是也。②

凌氏认为，河间献王"实事求是之教"的一个很重要启示就在于，"实事"而非"虚理"才是判定学术是非的有效标准。比如，若是在"六书九数及典章制度之学"中，从学之人就可在始点上基于"实事"来展开相关评述，凡事由此就可在某种既定的规范内研判，此即治学上的言之有据的标准。与此不同，宋学家倡言理义之学，主张凡事首先应以是否合乎义理之需求为断（即所谓"虚理在前"），并不是从"实事"出发，"实事求是"的标准很容易被弃之不顾，以致人人皆可空凭胸臆为断，孰是孰非也就无从判定了。在凌氏看来，戴震的《孟子字义疏证》"开篇先辨理字"，实则无异于"虚理在前"的宋学，因而仍是误入歧途的表现。与此不同，凌氏坚持走实证路线，以"实事"为第一原则，力倡"以礼代理"，亦即以实礼代虚理，寄希望于由此求取客观之"是"。

可以说，凌氏此论实际上表达出了当时汉学家的共同识见。但问题是，就像"实事求是"并非在清初就掌控了话语权，将"实事求是"作为客观的学术标准也并不是早在清初就已确立。如若是依前引阮元所说"我朝儒者……似有合于实事求是之教"，似乎清初就已确立"实事求是"的

---

① 章太炎：《说林》（下），载徐亮工编校：《中国近三百年学术史论》，上海古籍出版社2006年版，第24页。

② 凌廷堪：《校礼堂文集》，中华书局1998年版，第317页。

标准，但前文业已指出阮氏的这种认定其实并不准确。对此，刘师培的解释或许更为合乎学术进展之实情，其言曰："康、雍之间，为士者虽崇实学，然多逞空辩，与实事求是者不同。"①刘氏特意对康雍之间的"为士者"与乾隆时期的"实事求是者"相区分，二者虽皆崇实学，但后者却能不逞空辩，更合乎"实事求是"的标准。简言之，刘氏言中的"实事求是者"专指乾嘉汉学家，而这就表明，在刘氏看来，乾嘉与清初的学风之"不同"，就在于乾嘉明确提出了"实事求是"的话语，更能践履"实事求是"的精神。如前所述，清初回归经学，终究是以佐证理学为目的，或者说，清初学术实乃以经学济理学，如刘师培所说，这种回归虽有崇实取向，但为了明"理"难免又要空辩义理，也有重蹈宋学旧弊之嫌疑。简言之，清初学术大体上终究未脱宋学藩篱。之所以如此，除了考经仍是为了讲"理"之外，亦是由于其他原因综合而成，尤其是当时考经方法并不完善，兼采或回归汉学虽是一时风尚，但对于如何兼采或回归等方法层面上的问题，尚未形成基本的共识。与此恰成鲜明对比的是，乾嘉汉学之所以能够拔宋旗而立汉帜，实则主要是源于经过此前的经验积累，这时的学人们已经具有了鲜明的治学理念与方法论意识，乃至有了一整套治学的具体方法，因而已非清初之学可比了。②

通过分析阮元、凌廷堪、刘师培等人的相关言论，我们可以看出，三者对于"实事求是"的理解其实并没有本质上的差别，他们都是从认识论或方法论的层次上将之视为一种治学的精神或方法，而这也是学界的一种习见性的结论。但其中也有一点不同，如前所述，刘师培所说的"实事求是者"乃是明确地表彰或指代乾嘉汉学，而并非像阮元、凌廷堪那样泛指清代汉学。

①　刘师培：《近代汉学变迁论》，载徐亮工编校：《中国近三百年学术史论》，上海古籍出版社 2006 年版，第 166 页。

②　梁启超亦提到政治因素的影响。他认为，清初学者做学问本为求政治实用，可惜政治条件不允许，而他们又不愿与清廷合作，以致他们宁可把"经世致用之学"托诸空言，但求改变学风以收将来的效果。参见梁启超：《梁启超论清学史二种》，复旦大学出版社 1985 年版，第 106 页。

第三章 "实事求是"作为经
学解释命题的展开

龚自珍有言："孔门之道，尊德性，道问学，二大端而已矣。……入我朝，儒术博矣，然其运实为道问学。"[1] 在龚氏看来，孔孟之道本应兼具尊德性与道问学，而清学却偏执于道问学一端，所以，他批评这种取向是有文无质、有博无约。若断言说清学没有尊德性的一面，恐有争议，但龚氏所揭明的这一道问学的学运转向却是既成事实，对于宏观理解清学，尤其是乾嘉汉学至为关键。

如章学诚曾撰有《朱陆》、《书朱陆篇后》、《浙东学术》等篇章，从学术谱系上勾勒出朱陆如下的传承脉络：南宋之朱子、象山→清初之亭林、梨洲→乾隆时之东原、实斋。章氏这一推衍虽是主观推断，但若仔细分辨，就会发现章氏之所以偏重于从"道问学"上重构朱陆源流，实则是折射出了其时学运已从"尊德性"转至"道问学"的大势，因此，不能将章氏此举仅仅视为其晚年追认而轻易放过。基于此，余英时认为，章氏的朱陆论具有重要的思想史意义，甚至断言此论乃是"清代儒家智识主义兴起的最有力说明"[2]。余氏此论虽有启发，但在以"道问学"为取向的学术大势中，若是从观念或理念上讲，"实事求是"成为公共话语这一事件，才堪称是清儒智识主义的"最有力说明"，而章氏此论只是"实事求是"话

---

[1] 龚自珍：《龚自珍全集》（上册），中华书局1959年版，第193页。

[2] 余英时：《论戴震与章学诚》，生活·读书·新知三联书店2012年版，第62页。余氏说："我个人重新整理清代思想史，主要也还是靠实斋现身说法时提供的线索。"（第350页）

语的一个显著例证而已。

在道问学或智识主义当令之时，汉学家"实事求是"的最重要举措就是回归经学，表现出一种与宋明理学之泛道德主义倾向明显不同的知性真诚。但是，另一方面，辨伪经书虽已为学人所喜闻乐见，但经书之尊位却一仍其旧，这就使得汉学家的"实事求是"终究不能一以贯之。

在传统儒学中，经书的地位无与伦比，诚如所谓"王教之典籍，先圣所以明天道，正人伦，致至治之成法也"①。即便是阳明详于尊德性而略于道问学，但其护惜经学之心仍斑斑可见："呜呼！六经之学，其不明于世，非一朝一夕之故矣。尚功利，崇邪说，是谓乱经；习训诂，传记诵，没溺于浅闻小见以涂天下之耳目，是谓侮经；侈淫辞，竞诡辩，饰奸心，道行逐世，垄断而犹自以为通经，是谓贼经。"② 问题在于：到底是谁在乱经、侮经、贼经呢？历来难有定论。因为，圣人之道载于六经，但圣人之道具体是怎样的，却并不是全由解读经书就能径直达成共识，这牵涉到经典解释的一系列问题。比如仅就宋学内部来讲，程朱从理学阐发经书，陆王则从心学阐发经书，同样都是解读经书，但程朱陆王之争足以说明道虽在六经，但六经之道毕竟不是现成的对象，换言之，经书之道是什么总需要不断被重新解读，因为经书与现实之间往往存在着不一致，而这就使得经书之文本（作为"一"）总要适时回应解经者当下的问题意识或现实关怀（作为"多"），但这之中已经包含了解经者的亲身"参与"。也就是说，虽然同样是从经书出发，但解经者对经书的理解总会基于不同的解释学前见或解释学处境，由此，经书总是道说出了不同的东西，而绝不会是一成不变的。

从解释学上讲，汉学、宋学面对同样的经书，得到的只是不同的解释，双方恰恰就是基于不同的解释学前见而形成了两种不同的解经模式。宋学家们在诠解经义时，虽然亦有强调义理源于经书的相关言论，并由此而表现出某种归属于经学的诉求与自觉，但毋庸置疑的是，他们更看重言之成理或六经注我之类的哲学路线，乃至表现出以哲学代经学的倾向。然

---

① 司马迁：《汉书》，中华书局 1962 年版，第 3589 页。

② 王阳明：《王阳明全集》，上海古籍出版社 1992 年版，第 255 页。

而，在汉学家看来，圣人之道既然在六经（宋学无疑也承认这一前提），那么，宋学就应该持守经学立场，但实际上，宋学虽然看似在推阐经学，但其对哲学的希冀却使得宋学家们常常自逞胸臆，枵腹空谈，经书的权威性没有得到尊重，以致其所阐发的义理因无法从经书得到验证而失去了合法性。在此立场下，乾嘉汉学对宋儒之经学多持拒斥态度。如戴震就说：

> 数百年以降，说经之弊，善凿空而已矣。凿空之弊有二：其一，缘词生训也；其一，守讹传谬也。缘词生训者，所释之义，非其本义。守讹传谬者，所据之经，并非其本经。①

虽然汉学家与宋学家的治学取向不同，但从二者皆有研治经学的一面看，以戴震为代表的汉学家质疑宋学家的经学研究，自在情理之中。戴氏认为，宋学的凿空之弊主要有两个不良表现，那就是宋学既不遵从本经（"非其本经"），亦难以合乎本义（"非其本义"）。宋儒的这类行为，成为汉学家对宋学深恶痛绝的口实与把柄。如钱大昕批评说，宋儒喜顿悟、笑学问、师心自用，甚至是"以俚俗之言，诠说经典"，凡此做法势必破坏通经明道本身的严肃性。② 宋人舍经而空恃胸臆，在合法性上颇成问题，如此所得之义理只能是独断性的诠释。为此，乾嘉汉学才希望通过采用一整套严肃的方法回归汉学，借以恢复经书的基础性地位，还原圣贤之道或经义的本来面貌。

这样一来，汉学家的任务也就不言而喻了。但问题是，怎样才能恢复经书的原文与原义呢？在汉学家看来，回归汉学的首要工作就是要回归经书，而回归经书首先又要保证经文的正确性，因为经文才是阐发经义的基础。对于此中的逻辑（虽然这种逻辑大有问题，但却为大多数汉学家所遵循），段玉裁的观点颇具代表性，其言曰：

> 校书之难，非照本改字不伪不漏之难也，定其是非之难。是非

---

① 戴震：《戴震文集》，中华书局 1980 年版，第 145 页。

② 钱大昕：《潜研堂文集》，中华书局 2009 年版，第 392 页。

有二。曰：底本之是非，曰：立说之是非。必先定其底本之是非，而后可断其立说之是非。①

依段氏所言，底本即所谓原文，立说即所谓原义，而原义之是非取决于原文之是非。由此，汉学家之所以精校博考、孜孜于校书活动，就在于他们想拿出一套可以如实判定是非的标准来，而这个标准就是本书与本义（"实事"），且首要的乃是确定经书的本书或原文究竟如何。

基于此，我们就能明了汉学家之"实事求是"的具体指向。梁启超说："'求真'两字——即前清乾嘉诸老所提倡之'实事求是'主义是也。"② 在梁氏看来，汉学家的"实事求是"就是"求真"，而依照上述分析可知，此"真"既可指涉本文，亦可指涉本义。所以，乾嘉汉学倡导"实事求是"，孜孜于辑佚书、精校勘、通小学，无非是要还原经书的初始状态，或者说，根本上乃是对原文与原义的追求，从而集中体现着汉学家的解释学理念、原则与方法，因而"实事求是"实则是一个典型的经学解释学命题。本章的主要任务，就是尝试展开这一命题，具体而言，就是依照"实事求是"所包含的"实事求是者"、"实事"、"求"、"是"几个要素来依次进行。

第一节 "实事求是者"：乾嘉汉学的解释主体

阮元一向被尊为乾嘉汉学的殿军，其言论中不时有对乾嘉汉学进行总结的意味，如所谓"《汉书》云：修学好古，实事求是。后儒之自循于虚而争是非于不可究诘之境也，岂河间献王竟逆料而知之乎？我朝儒者束身修行，好古敏求，不立门户，不涉二氏，似有合于实事求是之教"③。依阮氏所言，一个人是否合乎"实事求是之教"，主要取决于他能否坚

---

① 段玉裁：《经韵楼集》，上海古籍出版社 2008 年版，第 332 页。
② 梁启超：《中国历史研究法》，东方出版社 1996 年版，第 119 页。
③ 阮元：《研经室三集》，商务印书馆 1937 年版，第 639 页。

持"束身修行"、"好古敏求"、"不立门户"、"不涉二氏"等几个标准。也就是说，一个所谓的"实事求是者"，应至少满足上述四个条件，或者说，具有上述四个方面的表现。由此来检视"我朝儒者"，结果又当如何？且不论"我朝儒者"中的宋学家，单就乾嘉汉学家而言，这一论断是否成立？

就乾嘉汉学家自身而言，他们无疑是以"实事求是者"来寻求自我定位或自我期许的。在诠解经书的具体过程中，这一定位或期许，使得汉学家一方面将解释对象锁定在文本与文字本身，因为"文字的特殊弱点，亦即文字相对于生动的谈话更加需要帮助这种弱点……使得进行理解的读者重新成为它的真理要求的辩护人"[①]；另一方面，汉学家亦注重从道问学上对自身提出严格要求，不断进行自我反省或群体省察，因为汉学家作为有志于"求真"的"实事求是者"，面对宋学的刺激与挑战，他们无疑将自己摆放在辩护人的位置上，寄希望于由此来卫护经学之合法性与权威性，如此一来，这一辩护人自身的资格如何、能力怎样，直接关乎通经明道大业的成败。基于此，本节将着力审视这一辩护人自身的资质问题。

一、知行二分：为学尊汉、为行尊宋

与陆王偏重于尊德性相比，朱子虽更重视道问学，但朱子亦明言："学问，就自家身己上切要处理会方是，那读书底已是第二义"[②]，可见，朱子仍以尊德性为鹄的，学问只是手段而已。由此，若只是固守在理学框架下，知终归不过是通达行的"第二义"而已，而知（道问学）的独立性就不会受重视，汉学自身的正当性也就无从谈起。汉学的日益昌盛，越发引起汉学家寻求自我定位的迫切要求。由此，打破理学框架，分立知行，分离道问学与尊德性，进而将重心转换至知、道问学这一面，成为汉学家寻求自身之独立性与正当性的突破口。

① 伽达默尔：《真理与方法》，上海译文出版社 2004 年版，第 509—510 页。
② 朱熹：《朱子语类》（第一册），中华书局 1986 年版，第 161 页。

从象山的"既不知尊德性，焉有所谓道问学"①，到戴震的"然舍夫道问学，则恶可命之尊德性乎"②以及钱大昕的"知德性之当尊，于是有问学之功……天下岂有遗弃学问而别为尊德性之功者哉"③，这种转换表明汉学与宋学在知行问题上的理解差异。若仅就知与行之间的对立来看，宋学无疑更偏重于探讨德行或德性，其内部朱陆两派尽管有争论，然二者皆是以尊德性为目标，其不同主要在于通达这一目标之取经上的差别。与这种内部之争不同，乾嘉汉学与宋学之间在治学的目标乃至如何实现目标等问题上，似乎都有较大的差别，甚至可以说是两种不同的类型，如学界一般就将二者视为诠解经学的不同范式。对于宋学家而言，德性为知识奠基，因而德性问题更为重要，而其所谓知识主要也是指道德知识；与此恰恰相反，对于汉学家而言，知识问题无疑更为重要，他们给予知识以某种摆脱道德的相对独立性，也变相地间接引出了道德的有限独立性，这也就意味着汉学家割裂了知识与道德的关联。或可说，宋学家更在意道德知识的先验合法性以及道德的有用性或有效性，比较而言，汉学家对知识的经验合法性更为关心，即便是对于道德问题的探讨，也倾向于从知识论取向上进行智性分析。

然而，无论汉学家如何突出知或道问学一端的重要性，置身于传统儒学或经学的思维框架中，他们必然不会彻底抛却尊德性或行一端的诉求。基于此，其考证之学若要获得独立性、正当性，就有必要将知与行分作两截，使得汉宋各得其所，更准确地讲，汉学家兼采宋学的背后，实则是寻求汉学之合法性的良苦用心。由此，为学尊汉、为行尊宋，亦即在知行上各有宗主的汉宋分治，成了汉学家的普遍主张与希望。如沈垚所言："谓形声训诂非君子进德修己之学则可，谓穷经而可不先从事于形声训诂则不可"④，这就表明，汉学在形声训诂层面上有了用武之地（汉学的独立性与正当性），而宋学虽然在穷经上丧失了地盘，但却在进德修己的层面找到

---

① 陆九渊：《陆九渊集》，中华书局 1980 年版，第 400 页。
② 戴震：《戴震文集》，中华书局 1980 年版，第 141 页。
③ 钱大昕：《钱大昕全集》（第九册），江苏古籍出版社 1997 年版，第 267 页。
④ 沈垚：《落帆楼文集》，《续修四库全书》（第 1525 册），上海古籍出版社 2002 年版，第468 页。

了自己的生存空间，汉宋由此就可以在汉学家这里并行不悖、相携共生。

不过，这种分离并非理念上某种空洞的宣言而已，而是基于乾嘉时期汉学家实际的言行。① 其实，早在明清之际，知行分治（兼采汉宋、汉宋分治）的现象就已存在。如蔡世远的"汉儒有传经之功，宋儒有体道之实"②，或许是清初学界最早会通汉宋关系的倡议。再如黄宗羲力行"教学者说经则宗汉儒，立身则宗宋学"③，顾炎武提倡"愚所谓圣人之道者如之何？曰'博学于文'，曰'行己有耻'"，对乾嘉汉学产生了巨大影响。顾氏此言虽并非刻意将知（"博学"）行（"行己"）分离，但毕竟已有分离二者的倾向。如亭林本是以此语与友人张尔岐（嵩菴）论学，但张氏虽然认为亭林专意提出博文、行己有助于针砭时弊，但也明确指出这种做法有割裂知行之嫌："如谓于学人分上了无交涉，是将格尽天下之理，而反遗身以内之理也。"④ 言下之意，为学而无关乎为人，博学而无关乎行己，则此人为何学、此学又为何人？但嵩菴无疑仍是在传统经学之学以致用的框架内的质疑。钱穆也是如此，认为亭林虽源于朱学却似是而非，分治学行实际上背离了朱学精神，其言曰："亭林此言，实为两无所据"，"亭林则只以知耻立行，而别标博学于文，将学、行分为两橛说，博学遂与心性不涉，自与朱子分途"；与钱氏不同，余英时虽然亦指出，亭林此论实是对知行的割裂，但却认为知识（道问学）的相对独立反而是儒学的进步，所谓亭林"无意之中将知识与道德划为两个互相独立的领域，这在儒学传统上是一重大突破"。但钱氏、余氏均又认为乾嘉汉学之所以分离知行，其实就是源于亭林的这一主张，并可与亭林"经学即理学"之论相互发明，只是钱氏仍主要是从否定的一面来看待这一主张及其影响，认为汉学家之

① 朱维铮认为，这种分离乃是清政府的文化分裂政策所导致的，并将之视为学与术的分离。（参见朱维铮：《求索真文明》，上海古籍出版社1996年版，"题记"第2—3页）但问题在于，将这种分离完全政治化、外缘化，或有将问题简单化之嫌。朱氏观点或直接采自朱一新，后者有明确的谈及朴学是学而非术的话，且朱维铮对朱一新颇为熟悉，参见其文《康有为与朱一新》，收入朱维铮《音调未定的传统》，浙江大学出版社2011年版。

② 蔡世远：《二希堂文集》卷一《历代名儒传序》，清乾隆四十八年漳浦蔡氏刊本。

③ 江藩：《国朝汉学师承记》，中华书局1983年版，第127页。

④ 张尔岐：《答顾宁人书》，《魏源全集》（第十三册），岳麓书社2004年版，第67页。

推崇亭林,乃是因为"惟亭林之判心性与学问为二途者,为可以安身而藏迹",而余氏则继续从肯定的方向上指出,亭林的这种突破延至戴震才得到了更充分的展开,至此学运已彻底从尊德性转向道问学。①

但如前所述,这种分离显然并非某一个人的主张就能形成潮流,而更应视为时代风气所引发的学术转向的一个表现。在当时的学术转向中,这种知行分治的主张,与汉学的进一步发展交互作用,终于在乾嘉时期转化成汉学家的为学理念与行为准则。如王昶"治经与惠栋同深汉儒之学……言性道则尊朱子"②;即便是视"宋学之祸,甚于秦灰"的惠栋,亦认为"汉人经术,宋人理学,兼之者乃为大儒"。基于惠氏"章句训诂,知也;洒扫应对,行也。二者废其一,非学也"的论断,这里的"宋人理学",应是指修身之学。惠氏主张将宋儒立身之学与汉儒训诂之学统一起来,遵从"六经尊服郑,百行法程朱"的原则。③ 即便是谨守汉学门户的江藩,也承认宋学有正心诚意、立身致行之功④,且江氏明确宣称这一观念乃是渊源有自,"本朝为汉学者,始于元和惠氏,红豆山房半农人手书楹贴云'六经尊服、郑,百行法程、朱',不以为非,且以为法,为汉学者背其师承何哉! 藩为是记,实本师说"⑤。据此而言,分离汉宋,谋求知

---

① 参见钱穆:《国学概论》,商务印书馆 1997 年版,第 251—252、267—268 页;余英时:《中国思想传统的现代诠释》,江苏人民出版社 2006 年版,第 211—212 页。

② 阮元:《研经室二集》,上海古籍出版社 1937 年版,第 396 页。

③ 围绕此联的争论比较多,如在此联出自何人的问题上,江藩、皮锡瑞认为是出自惠栋,钱穆、张舜徽认为出自惠栋之父惠士奇,亦有学者认为并非出自惠氏父子。再如在此联的具体内容上,王昶写为"六经师郑服"(《春融堂集》,上海文化出版社 2013 年版,第 450 页);而皮锡瑞更是将"六经尊服郑"写为"六经宗孔孟",不知是有意还是无意?(参见皮锡瑞:《经学历史》,中华书局 2008 年版,第 313 页)孔孟之学不唯汉学,若以此来解释惠氏为学宗汉的一面,于理不通。

④ 参见江藩:《国朝汉学师承记》,中华书局 1983 年版,第 4 页。

⑤ 江藩:《国朝汉学师承记》,中华书局 1983 年版,第 154 页。但据漆永祥考证,江氏此说可能是受教于王昶,参见漆永祥:《江藩与〈汉学师承记〉研究》,上海古籍出版社 2006 年版,第 379 页。依照此段意,江藩之所以作《宋学渊源记》,似乎也是为了在治经与修身之间寻求平衡。但也有学者认为,江氏乃是为了缓和宋学家对《汉学师承记》的反对,"不得不略示退让,撰《国朝宋学渊源记》以调停"。参见李帆:《清代理学史》(中卷),广东教育出版社 2007 年版,第 363 页。

相对于行的独立性，已逐步成为汉学家群体的共识，诚如学者所说："治经宗汉，制行宗宋，这是当时许多汉学家奉行的宗旨。"①

显而易见，对于汉学家而言，所谓宗汉与宗宋显然并不是在同一层面上的主张，汉学家只是凸显在治经上的宗宋，但却并不否认在制行上宗宋的必要性。由此而言，汉宋分治是学、行两个领域或两个层面的划分，这就意味着，当说汉学家持有汉宋兼采的主张时，并不是说他们在治经上兼采汉宋，亦不是说他们在制行上兼采汉宋，而是针对不同层面的兼采。这一点必须严格区分，而不能将二者混淆来笼统地谈论汉宋兼采的问题。此外，值得我们注意的是，在汉学家这一分治汉宋或兼采汉宋的过程中，宋学的地位无疑被大大压缩了，以致这类兼采上的不同，有时甚至异化出极度分裂的意味。如在为刘台拱作传时，江藩称许刘氏："深研程朱之行，以圣贤之道自绳；然与人游处，未尝一字及道学也。"②学行二分，看似并行不悖，自然从容，然其间却透露出些许严守汉宋门户、强而为之的心迹。但从另一方面看，这已说明汉宋兼采与汉宋之争并不矛盾，二者乃是乾嘉时期并存的现象。由此可见，汉学家的为学宗汉、为行宗宋，这种兼采并不只是兼用考证与义理的方法论主张。③

据上所述，汉学家将宋学从其历史脉络中抽离出来，有意无意地将宋学的治学与制行打成两截，否认宋学的义理研究对于制行的学理性支撑，从而导致宋学所遵循的从经学至义理之学乃至躬行之学的逻辑链条被割裂开来，由此，经学研究既可以无关乎义理，亦可以无关乎躬行。这种分化宋学的做法，一方面固然是汉学家对宋学的界定或重构，但另一方面也反映出汉学家试图为汉学争正统的用心。

---

① 史革新：《清代理学史》（上卷），广东教育出版社 2007 年版，第 20 页。

② 江藩：《国朝汉学师承记》，中华书局 1983 年版，第 116 页。据漆永祥考证，江氏出于尊汉抑宋的旨归，对此处所引述之材料作了有意篡改。参见漆永祥：《江藩与〈汉学师承记〉研究》，上海古籍出版社 2006 年版，第 376—377 页。

③ 就此而言，周积明所作出的汉宋之融合或兼采表现在方法论上的论断，就有点不够全面。参见周积明：《乾嘉时期的汉宋之"不争"与"相争"》，《清史研究》2004 年第 4 期。

二、知先行后：汉宋分治引发的问题

汉学家努力争取道问学的相对独立性，企图借此来争夺经学之正统地位，但与此同时，他们仍肯定宋学在制行上的效用或优越性。然而，这种肯定更多的只是一种惯性或习见的道德主张，而并非是出于对宋学深层次的道德认同。道德成了无源之水，他们是从日用道德的必要性来反向肯定宋学的有效性，认同宋学之躬行实践仍然值得效法。虽然有少部分汉学家致力于寻求道德问题的知识论基础，但大多数汉学家却有意或无意地回避对道德问题的探究，这就意味着，宋学的道德框架仍在实际地发挥着作用。更何况，在尊德性问题上，宋学所提供的道德资源无疑展示了其无与伦比的丰富性与优越性，而只要汉学家承认尊德性、道德不可或缺的重要性（尽管不一定就有现实的践履），那么，他们自然就不会否认宋学实有可取之处。

不过，对于汉学家而言，宋学的这种可取与诸多不可取相比，明显失衡了，尤其是汉学家兼采宋学，不过是想借此划定或限制宋学的适用范围，因而可以将之视为汉学家确立汉学正统地位过程中的一个环节而已。虽然这是必经的一个环节，但是，宋学的地位与作用却无疑受到了明确的限制，而他们对宋学的取舍必然不会背离其尊崇汉学的总体目标，或者说，汉学家乃是在宗汉而采宋，以汉学为主而以宋学为辅，这种主次是绝不能颠倒的。由此，汉宋分治、知行分离，亦即从尊德性转向道问学，都是汉学家从其务实的立场出发而作出的相关举措，此中之尊汉抑宋的意味自不必言，不过，在这种学术转向以及由此而来的经验后果中，有些问题却需要认真回应。大体讲，可以将之归结为重知轻行的现实性问题与知而难行的理论性问题。

1. 重知轻行：道德与经世的淡漠

在汉学家那里，宋学话语的整体失势，必然导致德性或德行问题受到轻视。其实，宗汉采宋、知先行后的研判，本就附带着重知轻行的厚重意味。

大体而言，与理学家相反，汉学家不再孜孜以求于成就圣人这一道德理想。虽然他们在观念上承续了希圣希贤的儒学传统，也知晓穷经致圣的道德路径，如程廷柞就说"窃谓儒者之业，以希圣希贤为本，欲求进于是，为穷经近之，此经学所以为众学之本也"①，然而，汉学家的这种道德自觉与其客观影响毕竟不同。在汉学家中，从未有哪一个是反对成德之人，但在崇实黜虚的风气驱使下，忌惮于重蹈宋学空谈心性之弊，汉学家自然会尽量避开体悟之类的悬谈。而这种做法最明显的客观影响，就是汉学家对于德行或德行的理解与践履均难以深化，这是因为这类问题更依赖于个人超经验的切己感受，而汉学家虽依习惯而可守某种规矩，但他们的精神关注却主要是针对经验事物，却弱化了内在的真切体悟。对此，劳思光指出："乾嘉学风此种影响，遂使治学之最初之目的暗暗失落。注疏考证，补史释文，其成绩虽大有可观，然内不涉德性，外不关治乱，纯成为书斋中之游戏矣。"② 朱子有言："读书，不可只专就纸上求理，须反来就自家身上推究。秦汉以后无人说到此，亦只是一向去书册上求，不就自家身上理会。"③ 若以此观照汉学家的考证之繁与体悟之少，岂不正被朱子言中？

依现代学术眼光看，汉学家分离知行的一个客观效果就是学或知获得了相对独立性，所以学界不少人都认为汉学有"为学术而学术"的一面。如日本学者山口久和就指出，汉学家不再是传统意义上的儒者（经世家）了，而应被称为学者；④ 钱穆也认为，汉学家身上体现的乃是学究气，却不是儒生气。⑤ 这类论断是有一定道理的。汉学家虽以回归经学、回归汉儒之学乃至孔子为志向，但他们并不是纯粹的复古主义者，并不主张凡古皆好之类的盲信。相反，由于汉学家们尊奉"实事求是"的精神，他们中的大多数所愿意持守的原则或目的并不是求古，而是求是存真，虽然他们事实上未必能够做到这一点。

但是，随着汉学家在学识上的日益壮大，他们在躬行上的问题越来越突出。而汉学家的行为修养问题，随之成为宋学家攻击的标靶。如方东

---

① 程廷柞：《清溪集》卷九《与家鱼门书》，蒋氏慎修书屋校印。
② 参见劳思光：《新编中国哲学史》（下），广西师范大学出版社 2005 年版，第 611 页。
③ 朱熹：《朱子语类》（第一册），中华书局 1986 年版，第 181 页。
④ 参见山口久和：《章学诚的知识论》，上海古籍出版社 2006 年版，第 26 页。
⑤ 参见钱穆：《中国学术思想史论丛》（卷八），安徽教育出版社 2004 年版，第 3 页。

树批评道："汉学诸人，言言有据，字字有考，只向纸上与古人争训诂形点传注驳杂，援据群籍千条，反之身己心行，推之民人家国，了无益处，徒使人狂惑失守，不得所用。"又说："近世汉学家又全不用心于内，全不向身心上做工夫。……讲经与躬行心得，判而为二，无一人一事可比禅德尊宿，则知其志虑，必不能闲邪卫道，忧在万世。"① 既然学识可以无关乎道德，那么汉学家为汉学争正统之心就昭然若揭，以致姚鼐甚至不惜向毛奇龄、戴震等人大发诛心之论，认为汉学家乃是一群"生平不能为程、朱之行，而其意乃欲与程、朱争名"之人。② 这样说未免过当，但如余英时、山口久和所说，就多数汉学家来看，尊德性的主张并不总是能够导引出现实生活中的亲身践履。换言之，汉学家只是把尊德性挂在口头，或者即便是心存此念，但已有心无力了，由此而言，此时的尊德性只是他们的一种"口头禅"或"门面语"。③

这一缺憾亦可从汉学家的自我批判中得到印证。如姚文田认为："近世称通士……各务其所近，相谤相师，没齿不倦，至于孝悌，人之根本，则阙焉不讲，故常有恃才傲物，甚或是非谬于圣人，而核其生平行事不无遗议者，为其溺于词章训诂之学而不免丧其志也。"钱仪吉亦批评说："徒驰务于闻见之博，不暇求理义之悦心，观其言行与其所记诵，判然为二事。"④ 其实，如前所述，在汉学家群体内，像阮元、钱大昕等汉学名家，对这一道德不足问题已有足够反省。

然而，内外虽皆有所批评，但在汉学如日中天的情形下，知先行后、重知轻行终至泛滥，其实际的后果必然是知不顾行、知而不行。明清之际，学人们"经世致用"的取向，逐步转换为"通经致用"的学术追求，至乾嘉时却异化为客观的经史考证而已无力回应经世致用的初衷了，穷经与致用终被折为两截。汉学家们究心于书本上的"实事求是"，而考证方法在道德问题上的施展空间毕竟有限。因为修身重视体验，而体验却不能

① 方东树：《汉学商兑》，商务印书馆 1937 年版，第 39、154 页。
② 参见姚鼐：《惜抱轩诗文集》，上海古籍出版社 1992 年版，第 102 页。
③ 参见山口久和：《章学诚的知识论》，上海古籍出版社 2006 年版，第 13 页；余英时：《中国思想传统的现代诠释》，江苏人民出版社 2006 年版，第 181—182 页。
④ 钱仪古：《衍石斋记事稿》卷一《新修句容县学宫记》，清道光十四年钱氏刻本。

经由训诂考证得到证实，以致经典考证取代道德自省。这种方法上的局限性也限制了汉学家的研究视野，一方面促使汉学家主动或被动地将立身领域交付宋学；另一方面却淡化了汉学家对道德话题的关注，即便是探讨道德问题，也尽力采用训诂学手段，而不是体验或讲学，以致将德性视为智性之附庸，德性问题最终转化为考证中的一个副现象。

汉学对德行或经世问题的忽视，乾嘉学人就已提出强烈质疑，而随着清代汉学日过中兴，以及清王朝渐露衰落之象，汉学之弊亦由此越来越引起学人们的反省与批判，乃至被放大为某种不可饶恕的罪恶之源。如晚清的夏炘、朱一新、唐鉴、徐桐、陈澧、方宗诚、左宗棠、曾国藩等人，纷纷指责汉学有害于学术与治世。如朱一新说："自嘉道后求一二名臣、名儒而不可得，乃以琐琐者当之。经学虽盛，亦复得失参半。学术之衰熄，人才之消乏，汉学诸公不得辞其咎也。"① 沈垚也说："乾隆中叶后，士人习气，考证于不必考之地，上下务为相蒙，学术衰而人才坏。"② 但也像方东树、姚莹等人甚至把鸦片战争的失败归咎于汉学，孙鼎臣更是将太平天国起义的原因归咎于汉学。这类批评虽未免责备太过，但犹如明末清初的那种"文化归咎论"一样，清末的这类批评亦并非全是不实之言，汉学之弊毕竟在其效果历史上与此类问题或多或少有所关联。

那么，自乾嘉以来，汉学为何招致如此之多的批评？梁启超认为，"嘉道以还，积威日驰，人心已渐获解放，……咸知大乱之将至。追寻根原，归咎于学非所用，则最尊严之学阀，自不得不首当其冲"③。梁氏此言甚是。不可否认，汉学家并非不讲道德，亦并非不讲致用，如钱大昕的"儒者之学，在乎明体以致用"④、汪中的"有志于用世，而耻为无用之学"⑤ 之类，但是这部分汉学家毕竟为数不多，而从汉学群体的实际表现来看，由学行分治所导致的道德与经世的冷漠症，乃是无可否认的事实。

① 朱一新：《佩弦斋杂存》卷下《评谋生论科举》，清光绪二十二年顺德龙氏葆真堂刻本。
② 沈垚：《落帆楼文集》，《续修四库全书》（第 1525 册），上海古籍出版社 2002 年版，第 466 页。
③ 梁启超：《清代学术概论》，上海古籍出版社 1998 年版。
④ 钱大昕：《潜研堂集》，上海古籍出版社 2009 年版，第 422 页。
⑤ 汪中：《汪中集》，（台湾）"中央研究院"中国文哲研究所筹备处 2000 年版，第 291 页。

2. 知而难行：汉宋分治的理论困境

在汉宋分流、学行分治之主张的实际运行中，汉学家们在学与行之间的具体作为，造成了一种具有强烈对比的后果，此即：为学上的显著成就，为行上的日益淡漠。换句话说，汉学家的汉宋分流、学行二分的主张，造成了这一群体重汉轻宋、重学轻行的现实后果。这种明显差距及其带来的种种弊端，尤其是汉学家群体在行或经世一面的弱化，就会促使当时的学人反思这种二分的主张本身是否合理，乃至将汉学家在为行上的问题尽皆归为他们对宋学的忽视。既然汉宋二分造成了学行上的差距，那么，在传统的经学思维框架下，汉宋二分的主张必然遭受质疑。这种思维方式对于当时的宋学家是一个自然而然的惯性推论。其实，何止宋学家，即便是汉学家在解释当时的道德沦丧或经世乏力之类的现象时，仍未能脱离这种逻辑。在这种逻辑主导下，在汉学家内部，有人转而倡言或强调宗汉而采宋的主张。也就是说，汉学家仍旧主张汉宋分治、以汉为宗而兼采宋学，强调不以宋学为宗并不等同于轻视宋学。然而，就理论层面看，汉学家宗汉采宋的此类主张本身就面临着一系列问题。

比如，江藩虽然力主汉学门户，但在其所著《国朝宋学渊源记》中，江氏开篇就表明了汉宋兼采的姿态，如所谓"儒生读圣人书，期于明道，明道在修身，无他，身体力行而已"[1]。观此，可见江氏依旧遵循传统的经学思维，汉学、宋学由此顺利实现对接而不再扞格不通，也就是说，在这种思维模式中，学行之间本应遵循如下逻辑，此即：通经（为学）→明道→修身（为行）。这种逻辑初看似乎并没有什么值得大惊小怪的，然而，吊诡之处在于，江藩等汉学家毕竟分离了学行，尤其是他们将为行这一面尽皆划归宋学管制，如此一来，学行之间的逻辑就无疑转换为：通经（汉学）→明道→修身（为宋）。再如，惠栋宣称"章句训诂，知也；洒扫应对，行也。二者废一，非学也"，若遵照经学传统中知行合一的逻辑，这里似乎也不存在什么问题，然而，在汉宋二分、汉宋分治之后，就要反思这样的问题：汉之知（章句训诂）与宋之行（洒扫应对）如何合一？简言之，汉学如何顺利转化出宋学？汉学与宋学的关系究竟如何处理？这些问

---

[1] 江藩：《国朝汉学师承记》，中华书局 1983 年版，第 153 页。

题却多能引发汉学家为学乃至为行上的一系列尴尬。

综言之，在分立与分治学行之时，倘若江藩、惠栋等汉学家仍以通经明道、学以致用为鹄的，则必然遭遇如下质疑：

第一，传统儒学或传统经学一向以明经致用为目的，那么，在这种传统中，宋学无疑偏重于为行、致用的一面，而汉学无疑偏重于为学、明经的一面。但这样一来，若是像汉学家那样为学尊汉、为行尊宋，且若如江藩所说通经仍是为了明道修身，或者说，学经最终仍是以行身为鹄的，那么，这无异于说汉学家之为学只有在以宋学为目标时才是正确的治学路径。然而，汉学若是以宋学为旨归，那么，汉学自身的合法性、独立性就会遭到重大质疑。既然汉宋双方一旦有所交涉，就必然会面临理论推导上的不自洽，那么，为了避免这样的内在紧张，汉学家们自然就不会止步于汉宋二分，而是会进一步有意分治汉宋、强分汉宋，尽量使得汉宋双方不相关涉，而这必然会使得他们有意无意地去重知轻行、崇汉抑宋。因为不这样，就谈不上为汉学争正统，回归汉学也就会无从谈起。然而，宗汉采宋若是针对重知轻行、崇汉抑宋的问题而发，那么，这种兼采主张势必难以得到普遍的认同与推扩。其实，这种困境已变相表明，在传统经学框架中，汉宋循环而治的模式已经走入穷途末路，从而不得不为近代学术转型埋下伏笔。

第二，尤其是，在传统儒学框架下，无法反驳这样的逻辑："古人穷经足以致用，凡不能致用者，不可谓之穷经。然穷经而不能求其切于身心伦物者，亦必不能致用。"[1] 遵照这样的逻辑，汉学家们如果是将通经与致用（行）打为两截，承认致行（采宋）可以脱离通经而自立，那么，这就意味着通经并不是致用的必经途径，甚至根本就不必或不能通向致用（否则，就无异于承认汉学仍将以宋学为目的），但是，这样一来，岂不反而会造成对传统儒学或经学系统的解构？据此而言，就可理解为何当时就有学人径直责难汉学家"鼓弄是非，名为尊圣而圣不加尊，名欲护儒而儒不加护"[2]。

第三，在汉宋分治中，汉学家限定了宋学发挥作用的空间，或者说

---

[1] 李帆：《清代理学史》（中卷），广东教育出版社 2007 年版，第 46 页。

[2] 彭绍升：《二林居》卷四《与大绅书》。

对宋学的有效性做了范围上的限制，但若是尽皆将德性或德行的一面交付宋学，那么，汉学家无论是主张学行分治，还是倡导汉宋兼采，都无异于承认了自己在建构道德问题上的不足。且不说汉学家的这种自我定位在传统经学框架下会面对怎样的压力，单就他们将宋学等同于道德学说进而主张宗汉采宋时，那么，就无法回避这样一个悖谬的问题，此即：倘若唯有宋学才能弥补汉学的道德乏力，或者说，只有宋学才有致用之效，那么，又如何从价值上定位汉学家的考据大业呢？余英时认为，汉学家所面对并关切的问题，乃是如何处理儒学中的知识传统，但这毕竟是用现代的眼光来反观汉学家的成就，然而，汉学家若仍然以通经明道为鹄的，就难免仍自限于传统的经学框架内。如此一来，就会遭到这样的质疑："古未有不躬行实践而可为学者，亦未有不坐言起行而可谓之学者。……汉学家乃分穷经致用为二事，浅学所未闻也。"① 由此，问题仍然是：汉学家所做的穷经工作或知识探究，究竟何为？

第四，在汉学家群体内，宋学的完整性（广义宋学）被进一步分裂，其生存空间或存在的意义，几乎被完全导入行的一面。如邵晋涵所言："宋人门户之习，语录庸陋之风，诚可鄙也。然其立身制行，出于伦常日用，何可废耶？"② 再如程晋芳亦说："宋儒讲太极、河洛，牵入麻衣希夷之说，又以郑卫为淫诗。其它小误处间亦有之，大者止如是。至于天道、人伦、节心、制行，务为有用之学，百世师之可也。"③ 宋学虽然出于日用伦常、可为百世之师，但终归被限定在了有限的层面上，看似尊宋，实则亦有扬汉抑宋的意味。比如，从顾炎武的论学大旨"博学于文、行己有耻"，到惠士奇、惠栋、江藩、王昶等人所奉守的"六经尊服郑、百行法程朱"，都是将"学"放在"行"之前，其知先行后的重知倾向不言而喻，但问题是，如果斩断对德行有支撑作用的德性之学，宋学之行岂不成了无源之水、无本之木了吗？更有甚者，汉学家还试图置换掉行在宋学中的道德基础，这样一来，从新土壤中生长出来的行，是否还是宋

---

① 朱一新：《无邪堂答问》卷一，光绪二十一年广雅书局刊本。

② 章学诚：《章学诚遗书》，文物出版社 1985 年版，第 177 页。

③ 翁方纲：《翰林院编修程君晋芳墓志铭》，《清代碑传全集》（上册），上海古籍出版社 1987 年版，第 264 页。

学之行呢?

第五,如果将行的一面归为宋学,承认宋学实有可取,那么,明末清初以来对于宋学的种种批判,尤其是说宋学导致了明亡的教训,又何从谈起?汉学家不认可宋学中的经学成就,那么,若仅由宋儒脱落经书而难以致用,进而导致有明一代没落,如此汉学家虽然没有脱落经书,但毕竟割裂了为学与为行之间的关联,如此又如何回应汉学家之为学到底有何用之类的问题(如清中叶以来对汉学家为学之无用的质疑)?此外,宋学若仅在为行上承认宋学,其实就无疑割裂了宋学层面知行合一的关联,如此一来,宋学内部的理学与心学之争因何而有就成了一个无从解答的问题了。仅就汉学家割裂知行而言,若在宋学或知行合一的传统思维模式下,又如何应对日用伦常中的道德说教?或者说,汉学家如何才能使其德说教建立在坚实的基础之上,亦即如何回应道德之合法性与有效性,而并非简单地从常识道德的基础上来认识道德问题,因为如果没有学理式的探究,就不可能带来对于道德的深度认同。

第六,戴震主张"德性资于学问,进而圣智",试图以此为德性寻求知识论基础,但这是否混淆了"是什么"(学统、学、通经、证经、恢复经典)与"应当如何"(道统、行、致用、义理、德行)之间的不同?在德性问题上,即便汉学找到了与宋学不同的经验论基础,但"进而圣智"的推断,仍面临着从"是"到"应该"的非因果性难题。

这类背谬的根源就在于,一面试图学行分立、分治,另一面却仍坚持学行(知行)合一。如果不分离学行,汉学家就无法为考据工作寻求独立性与正当性,而一旦分离学行,又必然引起与知行合一之思维模式的冲突,尤其是当汉学家出现言不顾行或无关于经世之类的倾向或事实时,这种冲突就更为凸显。由此,汉学家的内在紧张可想而知。而也正是为了避免这类纠缠,多数汉学家对上述问题并不重视乃至根本上就不以为意,与宋学致力于理论建构而言,他们更重视的乃是那些经验实证性的知识。尤其是,基于对宋学空言义理的过度警惕,不少汉学家甚至认为义理阐发有害而无益,如所谓"盖学问之道,求于虚不如求于实,议论褒贬皆虚文耳"①。由此

---

① 王鸣盛:《十七史商榷·序》,上海古籍出版社 2013 年版,第 1 页。

而言，大部分汉学家缺少超越冲动，他们乃是为了考证而考证。①

可见，汉学家的学行二分，不仅是理念，更是事实。分离学行，虽然并不意味着汉学家本人就一定缺乏道德或经世践履，但学行分离却很难实现学行分治，而更多的则是学治而行不治。如王鸣盛一面说"大凡人学问精实者必谦退，虚伪者必骄矜。生古人后，但当为古人考误订疑，若凿空翻案，动思掩盖古人以自为功，其情最为可恶"，"君子不以己之所能者病人，不以人之所不能者愧人"②，但另一面却恃才傲物，言不符实。有学者评价道："王西庄好骂人，昔贤每遭其轻薄，如谓刘向西汉俗儒；谓李延寿学浅识陋，才短位卑；谓杜元凯剽窃；蔡九峰妄谬；又谓陈振孙为宋南渡后微末小儒；王应麟茫无定见。其于时贤如顾亭林、戴东原，亦力斥之，又谓朱竹垞学识不高，皆见其所著《蛾术篇》及《十七史商榷》。盖其天性如此，又乏修养，自以为是，而不知人之窃笑之也。"③ 王氏甚至明目张胆地说，"贪鄙不过一时之嘲，学问乃是千古之业"④，将学问之业与贪鄙之行打做两截，使二者互不相关，虽意在为其不齿之行寻求托辞，但其却足以反映出其割裂知行的心理与观念。当然，这只是一个特例，但汉学家群体对尊德性的不重视却不容否认。当时无论是宋学家还是汉学家，都明确意识到分离知行所带来的危险，而寄希望于从宋学中找寻一些应急的道德资源。不过，需要反思之处在于，汉学家的德行之弊怎么会是因宋学的缺失所引发的呢？或者说，德行问题必然与宋学有关吗？事实上，学问做得好坏与道德的兴衰，或者，讲不讲宋学与能否把学问

---

① 余英时认为，"考证学家的学术的始点与终点都在考证，他们根本没有'超越的冲动'；他们纵使讨论到义理的问题，其讨论的层次也是考证的，而非义理的"。考证层次上的义理如何是"非义理的"。（参见余英时：《论戴震与章学诚》，生活·读书·新知三联书店2000年版，第148页）此引文表明余氏似乎并不赞成考证学家有义理可言，但在此书的序言中，余氏却又直言不讳地说，清儒被一种新的义理所支配，反对认为清儒没有思想的说法。不过，张丽珠在批评余氏的内在理路说时，也是依据她认为余氏仅认为只有宋儒一种义理形态来立论的。除非，我们把这里的超越与义理都理解为宋儒意义上的，否则余氏之说难以自洽。

② 王鸣盛：《十七史商榷》，上海古籍出版社2013年版，第608页。

③ 陈垣：《陈垣史源学杂文》，载王鸣盛：《十七史商榷》，上海古籍出版社2013年版，第1552页。

④ 昭梿：《啸亭杂录》，中华书局1980年版，第442页。

做好，二者之间并非因果关系，上述王鸣盛的论调可谓明确例证。这表明汉学家仍旧在传统经学的框架下，他们虽然已经有突破经学藩篱之举动了，但却仍以通经明道、学以致用为理想目标（即便只是口头上的，但毕竟不曾否认这一点），因而就难免自限于这一框架内，比如他们仍自认所从事的乃是经学，且与宋学中的经学相比，自己从事的才是纯正的经学。

或可说，在汉学家看来，宋学的制行经验之所以被肯定，更主要的还是他们基于一种拿来主义的心理而将宋学视为一种应对道德危机的手段罢了。然而，从根本上讲，这种应急却并不足以解决汉学内部进德与修业之间的紧张，承认宋学在进德或道德层面的优长，无异于承认自己的道德乏力，借用宋学来救济汉学（以宋学之虚济汉学之实），不仅加剧了汉学内部的紧张，也使得汉宋之争更为凸显。尤其是，汉学家虽然宣称"实事求是"，但对宋学无疑采用了一种实用主义或拿来主义的态度，将宋学直接拿来作为应对道德危机的有效资源，却不考察这种道德的合法性如何，更缺乏对二者之间契合度的学理性考察。这就表明，汉学家并不像他们宣称的那样始终持守合法性的原则，换句话说，在道德或经世的问题上，汉学家表现出了某种背离"实事求是"的倾向。

第二节 "实事"：乾嘉汉学的解释对象

宋学主于阐发形上义理，具有鲜明的思辨特色，而在汉学家看来，这种取向常常脱落经书而蹈虚，为此之故，汉学家有意凸显"实事"这一始点的极端重要性。依照前文段玉裁的相关论述，我们切不可轻易放过段氏所使用的"必先"一词，借此可知在以段氏为代表的汉学家看来，"定本之是非"乃是能否研判"立说之是非"的先行条件，换句话说，在"实事求是"的活动中，最重要的莫过于从"实事"出发，而"是"必须基于"实事"而发，否则就是空凭胸臆。基于此，在前文考察汉学家（"实事求是者"）这一解释主体之后，就有必要进一步考察汉学家的诠释对象，亦即"实事"，究竟指的是什么？

在学行分离、学行分治的情况下，评论汉学家在道德与经世上的问题，似乎并不能简单照搬"实事求是"的标准。如时人评价卢文弨："笃于内行，服膺宋儒，潜心汉学，实事求是。"①据此而言，只有在汉学内部才谈得上"实事求是"的问题，而宋学（内行）则与"实事求是"毫无关涉，由此，自然就不能用"实事求是"来批评汉学家的躬行问题了。如此一来，如果认为汉学家在制行上背离了"实事求是"的原则，很可能并不会得到汉学家自身的认同。

也就是说，对于汉学家而言，经世与道德脱离了"实事求是"的论域，或者说，现实世界并不是"实事求是"的主要探讨对象。这就意味着，汉学家更倾心于作为虚拟现实的书卷世界，而知识的合法性、有效性，全赖于文献与文义的客观性。梁启超认为，清初"学风既由空返实，于是有从书上求实者，有从事上求实者"②。也就是说，在梁氏看来，汉学家求实的对象主要是"书"与"事"。不可否认，汉学家的求实精神在这两个方面均有表现，如戴震所谓："语道于人，人伦日用，咸道之实事"③，但汉学家终归没有关注太多的人伦日用之"实事"，更没有关涉天下之物的雄心，如凌廷堪所谓"物者，礼之器数仪节也。若泛指天下之物，有终身不能尽识者矣"④。由此，由反对"不读书的空谈"而来的回归经学之取向，使得汉学家"一反明人空疏之习，专从书本上专研考索，想达到他们所谓'实事求是'的目的"⑤。可见，汉学家的"实事求是"，就主要表现为在"书"上求实、求是。那么，汉学家如何定位"实事"这个诠释对象？本节旨在考察这一具体问题。

一、乾嘉汉学解经的纲领："经学即理学"

清初回归经学的取向，在官方政策调整的引导之下，治经的方法论

① 徐世昌：《清儒学案》（第二册），中国书店 1990 年版，第 276 页。

② 梁启超：《清代学术概论》，上海古籍出版社 1998 年版，第 27 页。

③ 戴震：《孟子字义疏证》，中华书局 1982 年版，第 44 页。

④ 凌廷堪：《校礼堂文集》，中华书局 1998 年版，第 221 页。

⑤ 梁启超：《梁启超论清学史二种》，复旦大学出版社 1985 年版，第 98、294 页。

意识逐步明确与成熟，终致汉学成了学术的新风尚。但若是从治学理念或精神纲领的缘起来看，无疑应当归属于明清之际的顾亭林。就回归汉学的学术主张讲，虽然也有学者将梨洲与亭林并称为清学开山，但就乾嘉汉学家群体性认同的层面看，亭林无疑更受青睐与推崇，比如，一个显见的事实是：在回溯其学术脉络时，汉学家们更多的是从清学的发展中抽绎出顾亭林、阎若璩、胡渭这一传承谱系，但却很少会把黄宗羲并列在内。① 由此而言，亭林才是被汉学家公认（亦即被重构）的清学开山。

那么，汉学家为何会有这样的学术认同？或者说，在汉学家这里，亭林的这种开山地位是如何建立起来的呢？对此，我们可以看看，研究清学史的三种典型模式对这一问题的解答是怎样的。梁启超曾从学术风气由主观思辨转向客观认知的角度立论②，将亭林视为清学之"黎明运动"的第一人，认为他在引导清学建构上可谓居功至伟，如亭林所说的"'经学即理学'这句话，成为清代经学家信仰之中心"③。钱穆颇是为梨洲未能与亭林同享开山而抱不平，不过，他虽然认可了亭林的开山地位，但却是从批评汉学的立场来说的，认为汉学家之所以无意阐发义理而仅以考证为要，实源于亭林之学的"误导"所致，其言曰："今综观有清一代学术，则顾氏'经学即理学'一语，不可不谓其主要之标的。"④ 余英时却没有其师的这

---

① 漆永祥指出："清乾嘉时，学界所论清初诸人，多论及顾氏与阎若璩、胡渭诸人，而少论及黄氏。"在具体材料的引证上，参见漆永祥：《汉学师承记笺释》，上海古籍出版社2006年版，第864—865页。

② 梁启超认为，亭林学术的最大特色，就在于反对向内的主观的学问，而提倡向外的客观的学问。参见梁启超：《梁启超论清学史二种》，复旦大学出版社1985年版，第156页。

③ 参见梁启超：《梁启超论清学史二种》，复旦大学出版社1985年版，第7、170页。

④ 参见钱穆：《国学概论》，商务印书馆1997年版，第270、311页。需要指出的是，钱穆对"经学即理学"的评价有不一贯之处。在《国学概论》中，钱氏将此说摆在宋学的对立面，而对之作了否定式的评价。与此不同，在《顾亭林学术》中，钱氏却将此说纳入宋学藩篱，从而对之进行了表彰。（参见钱穆：《中国学术思想史论丛》（卷八），安徽教育出版社2004年版，第54—57页）钱氏后来在台湾讲《经学大要》时，虽然也明确提到了这个不一贯的问题，不过，他强调自己在《顾亭林学术》中所阐发的观点，才是合乎亭林本意的。（参见《钱宾四先生全集》第五十二册，台湾联经出版社1998年版，第850—851页）其实，钱氏立足于宋学范式的理解是否合乎亭林本意，值得商榷。

份悲观，而是从开新的角度出发，将亭林此语视为清学的一条主线，① 认为它开出了儒学发展的崭新方向，成为乾嘉汉学诠解经学的主要范式②。可见，上述三者的考察视角与结论虽有差异，却均明确指出亭林之"经学即理学"所具有的纲领性地位。那么，随之而来的问题就是：亭林此语何以成为乾嘉汉学乃至清学的风向标？

鉴于宋学空疏，亭林主张回归经学。但如前所述，亭林仍旧归心于宋学，只是希望由此修正理学之虚，用经学来补益宋学，或者说，亭林宗宋而不忘采汉，主张调和经学与理学。因此，亭林首先从名实角度出发，分别清理出理学、经学各自的概念，进而阐明二者的内在关联。亭林有言：

> 愚独以为理学之名，自宋人始有之。古之所谓理学，经学也，非数十年不能通也。故曰："君子之于《春秋》，没身而已矣。"今之所谓理学，禅学也，不取之五经而但资之语录，校诸帖括之文而尤易也。又曰："《论语》，圣人之语录也。"舍圣人之语录，而从事于后儒，此之谓不知本矣。③

在分析这段话时，学界并未达成一致，究其原因，主要就是对于此中"理学"的理解出现较大差异。其实，根据语录的名实这一线索，参照亭林的其他相关言论，可做如下推断：一方面，亭林指出："今之言学者必求诸语录，语录之书始于二程，前此未有也。今之语录几于充栋矣。而淫于禅学者实多，然其说盖出于程门"，也就是说，从二程以来，才出现了

---

① 余英时：《论戴震与章学诚》，生活·读书·新知三联书店 2000 年版，第 49 页。在余氏看来，清学有两个最著名的纲领，其一就是顾亭林的"经学即理学"，而另一个纲领则是章学诚的"六经皆史"。乾嘉之际，倡"六经皆史"者，实非章氏一家之言，如钱大昕、袁枚、李保泰等人皆有所论。以此而言，余氏此论不虚。但问题在于，余氏仅就章学诚一人而言，但实际上"章学诚在清代学术界近乎无名之辈"（山口久和：《章学诚的知识论》，上海古籍出版社 2006 年版，第 257 页），若此，余氏此论似有不当。

② 参见余英时：《人文与理性的中国》，上海古籍出版社 2007 年版，第 218 页。

③ 顾炎武：《顾亭林诗文集》，中华书局 1983 年版，第 58 页。

以"语录"来为某种文本命名的事情;① 另一方面，在亭林看来，《论语》其实也是孔子的语录，或者说，《论语》虽然没有以"语录"来命名，但在本质上它仍是语录。这种看似矛盾的现象，恰恰表明亭林对于语录之名实的明确区分，他并不以有无"语录"之名来研判对错，他反对的乃是那些有名而无实的语录，亦即他反对那些与禅学有染的无实语录。

与此相应，亭林同样是从名实层面来分析"理学"的问题。在他看来，理学之"名"出于宋学，但从"实"的一面看却不能以宋学为断。从上述引出古今之理学的对举来看，亭林依旧是在突出经学与禅学之间的对立。在亭林看来，汉代（"非数十年不能通"）之经学虽无理学之名，但其实却是理学。不过，依亭林所论，这种理学（经学）并不以汉代为限，而是源远流长，此所谓"经学自有源流，自汉而六朝而唐而宋，必一一考究，而后及于近儒之所著，然后可以知其异同离合之指"②。观此，亭林所谓唐宋之后的"近儒"，或主要是指明代儒学。这就表明，在亭林这里，就已将宋学进行了分层处理。一方面，亭林认可了（广义）理学或宋学在经学上的贡献，比如他对近儒的传经之功仍是给予了颂扬，不过，虽然亭林明确宗主理学，但对于理学中那些淫于禅学者，亭林却颇有批评。③ 这就表明，亭林是严格区分理学之实与理学之名，绝不将二者相混淆，如此一来，亭林所谓的"古之所谓理学"并不等同于程朱理学，亦不能以宋明时代所流行的理学之名来对应亭林所说的"理学"。

综上而言，所谓"古之所谓理学"乃是亭林的一个理想型观念，在他看来，这种理学（义理学）首要的就是必须具有经学基础。也就是说，亭林之本意绝不是要直接用经学代替理学，他所说的"理学"，并非指代某一具体的理学门类或派别，而主要是指其与治经的关联度而言的，"今之所谓理学"乃是脱离六经而言义理者，而"古之所谓理学"则是基于六经而言义理者。亭林之所以强调义理的经学基础，与其所倡导的救世主张

---

① 顾炎武:《顾亭林诗文集》，中华书局 1983 年版，第 131 页。全祖望在对亭林此处的理论进行概括时，也提到了这一《下学指南》，故而分析亭林的这一思想，这段材料不可或缺。

② 顾炎武:《顾亭林诗文集》，中华书局 1983 年版，第 91 页。

③ 顾炎武:《顾亭林诗文集》，中华书局 1983 年版，第 131 页。

密切相关，此其所谓"君子之为学，以明道也，以救世也"①，而他所批评的那些理学往往与禅学有所瓜葛，甚至成了禅学的异化形式。比如在龚氏看来，此学"以明心见性之空言，代修己治人之实学"②，明显背离了儒学的致用精神。

当然，"经学即理学"这一命题并非由亭林亲自提出，它实是由全祖望根据那封信提炼而来。全氏赞誉亭林："晚益笃志六经，谓古今安得别有所谓理学者，经学即理学也。自有舍经学以言理学者，而邪说以起，不知舍经学则其所谓理学者，禅学也。"③其实，全氏这里所说的"理学"实指义理之学，而不能将之径直理解为宋儒意义上的理学。在他看来，舍经而空阐义理之学，则只有理学之名而并无理学之实。据此来讲，全氏的概括符合亭林的本意。

不过，汉学家之所以将"经学即理学"视为诠释经学的最高纲领，并不仅仅是因为亭林提出了这一口号，更在于亭林提供了落实这一口号的示范性著作与方法。对此，梁启超认为，亭林之所以享有尊位，实是由于他在风气、治学方法与学术门类三个方面均有开创之功，其言曰：

> 要之，亭林在清学界之特别位置，一在开风气，排斥理气性命之玄谈，专从客观方面研察事务条理。二在开治学方法，如勤搜资料，综合研究，如参验耳目闻见以求实证，如力戒雷同剿说，如虚心改订不护前失之类皆是。三曰开学术门类，如参证经训史迹，如讲求音韵，如说述地理，如研精金石之类皆是。④

可见，亭林之所以享有开山地位，实则是因为他给乾嘉汉学的经学诠释树立了新的学术典范。当然，亭林的此类主张并非前无所承，而是有其学术源流的。但是，正如余英时所强调的那样，经学考证虽自有源流，但它只有发展到亭林那样的规模和结构，才促成了革命性的转变。由此，

---

① 顾炎武：《顾亭林诗文集》，中华书局1983年版，第98页。
② 顾炎武：《日知录集释》，上海古籍出版社2006年，第402页。
③ 全祖望：《全祖望集汇校集注》，上海古籍出版社2000年，第227页。
④ 梁启超：《梁启超论清学史二种》，复旦大学出版社1985年版，第165页。

亭林对于汉学家的典范性意义就应该得到充分的肯定。①

不过，亭林虽被汉学家奉为开山之人，然其学术精神却并未被汉学家们完全承继下来，甚至可以说，汉学家恰恰在主要精神方面与亭林之学有明显的不同。在亭林这里，所谓"经学即理学"，虽然有被汉学家认同并自觉承继的求实取向，但其中更主要的却是致用的精神诉求，但这种诉求却多被汉学家们有意无意地舍弃了。对于此中曲折，梁启超、钱穆、张舜徽等人，均有类似评论。②迄今为止，在论及这一学术传承时，学界几乎都认为乾嘉汉学割裂了亭林原有的治经方法与治经目的之间的关联。不过，问题也可以这么看，亭林被推为开山，只是乾嘉学人的一种回溯重构，在这个过程中，汉学家更为看重亭林的为学之形式与方法，而不是其为学之目的。就此而言，亭林的学术史意义，恰恰是被汉学家的择取或重构决定的。

但乾嘉汉学家对亭林的认同毕竟打了折扣。山口久和认为，"自从顾炎武提出'经学即理学也'的命题之后，一味以无主观的态度面对文本被认为才是学术的应有态度"③。但这只是问题的一个方面而已。其实，亭林之学仍是归本宋学，更准确地讲，乃是归属于朱学一脉，且其仍以传统儒学所倡导的通经致用为鹄的。与亭林相比，乾嘉汉学却淡化了这种传统，客观上却反而使得他们在治经时更能深入贯彻这一"无主观的态度"，一种常被后人所赞赏的科学态度。

---

① 余英时：《论戴震与章学诚》，生活·读书·新知三联书店 2000 年版，第 345 页。

② 梁启超不无遗憾地说："后来的古典考证家，只算学得'半个亭林'罢了。"而钱穆更不客气，在早期的《国学概论》中，钱氏认为"经学即理学"一语合乎后来汉学家之脾胃，但他们不过只是借着亭林这一话柄，一味究心于名物训诂证礼考史，此外不复知有学术矣。在随后的《中国近三百年学术史》中，钱氏进一步批评说："若论亭林本意，则显然以讲治道救世为主。故后之学亭林者，忘其'行己'之教，而师其'博文'之训，已为得半而失半。又于其所以为博文者，弃其研治道、论救世，而专趋于讲经术、务博闻，则半之中又失其半焉。"张舜辉也有类似评论。参见梁启超：《梁启超论清学史二种》，复旦大学出版社 1985 年版，第 160 页；钱穆：《中国近三百年学术史》，商务印书馆 1997 年版，第 161 页；钱穆：《国学概论》，商务印书馆 1997 年版，第 268—270 页；张舜辉：《清代扬州学记·顾亭林学记》，华中师范大学出版社 2005 版，第 312 页。

③ 山口久和：《章学诚的知识论》，上海古籍出版社 2006 年版，第 173—174 页。

不过，汉学家的务实性取向并非总是那么客观，而是面临着根本的制约性。梁启超虽然认同汉学有科学精神的一面，但也看到汉学家的局限性，并将这种局限性上溯至亭林的"经学即理学"。在梁氏看来，亭林的这一主张带来了两个不好的倾向，其一乃是"以经学代理学，是推翻一偶像而别供一偶像"①。如前所论，亭林的这一主张只是希望兼采经学来补益理学，或者说，亭林只是借此来凸显理学应具备经学基础，而并非是对宋学的反动，因此，梁氏将之解读为"以经学代理学"显然并不严格，并不合乎亭林的本意。大体来讲，亭林仍属于朱学系统，只是亭林更为强调朱子的经学成就。这就意味着，亭林绝不是要推翻朱学这一偶像。不过，汉学家们虽然接着亭林讲，但与亭林折中于程朱恰成对比，他们乃是明确以汉学为宗主，甚至提"宋"色变，必欲反之而后快（此即梁氏所谓"以经学代理学"），由此而言，梁氏此言并不适合用来指涉亭林，而应指汉学家。那么，在汉学家群体中，有没有这种偶像意识呢？他们有意推翻程朱乃至宋学这一偶像，进而主张重塑汉学权威，那么，这是不是一种偶像意识？梁氏的这种以偶像之转换来指涉汉学代理学而兴，是否合乎历史实情？

二、"超接道统"：知识与信仰的纠葛

近年来，从解释学角度来分析古代经学的相关研究，逐步成为一股较为流行的做法。从广义的解释学概念来看，此类研究其实也是对中国古典解释学的回溯性建构。在这种梳理或建构的过程中，学者们的意见往往难以一致，比如，台湾学者黄俊杰就将朱子划入作为诠释者心路历程表述的解释学，而将戴震划入护教学的解释学。② 与之不同，陈少明将东汉古文学（包含清代汉学）划入语言—历史解经学，而将宋学划入宗教—哲学解经学。③ 黄氏的划分主要基于解释主体，而陈氏则是从解释对象的角度

---

① 梁启超：《清代学术概论》，上海古籍出版社 1998 年版，第 10 页。
② 黄俊杰：《中国孟学诠释史》，社会科学文献出版社 2004 年版，第 413 页。
③ 参见陈少明：《汉宋学术与现代思想》，广东人民出版社 1998 年版，第 19 页。

来给出区别。这两种划分虽然所依据的标准不同，但却都能从特定的视角揭示出其中的隐曲与特色，因而对我们都能有所启示。但黄氏、陈氏的结论中也有某种共通之处，他们都提出了护教的解释类型，不同之处在于陈氏认为宋学才是护教，而黄氏则认为戴震才是护教，那么，二人的差别为何如此之大？尤其是，汉学家戴氏为何竟然是护教的解释学？

乾嘉汉学家归宗亭林之学，亦自觉拥护亭林"经学即理学"之主张，尤其是他们将经书视为首要的乃至唯一的解释对象，并以阐发经义为旨归，而不再像亭林那样以宋学为鹄的。不过，汉学家虽然倡导从"实事"出发来求"是"，但由于他们所说的"实事"主要是指经书，而非客观的社会现实或物质性的活动，因而他们就无法摆脱传统的经学思维，比如，他们至少在观念上仍未脱离传统经学之藩篱，不少汉学家甚至明确在儒学道统（意味着正统）的层面上来解释治经工作的重要性，借以维护经学的至上尊严。如下引诸例：

> "六经者，道义之宗，而神明之府也。"①
> "圣人之道，在六经而已矣。……六经以外，别无所谓道也。"②
> "尝闻六经者，圣人之道之无尽藏。"③

如前所述，汉学家秉承顾亭林"经学即理学"的主张，将之视为为学之精神纲领，而此语已经暗含着一个重要的前提，此即传统经学中的那种"道在六经"以及由此而来的通经明道等基础性理念。汉学家无疑仍持有这种牢不可破之经学观念，比如，他们之所以严厉斥责宋儒脱落经书、乱经非圣、离经叛道，就表明他们仍是在传统经学的框架中思考问题，而他们孜孜以求于考证经书原貌与原意，其旨归仍可说是为了守护道统之尊严。

不过，相比于宋学，汉学家观念或话语中的所谓道统已经发生了显著的变化，这就意味着，汉学家试图"革新"宋学道统，不管这种"革

① 戴震：《戴震文集》，中华书局 1980 年版，第 145 页。
② 崔述：《崔东壁遗书》，上海古籍出版社 1983 年版，第 10 页。
③ 段玉裁：《经韵楼集》，上海古籍出版社 2008 年版，第 125 页。

新"是有意识还是无意识，其中的"反动性"在实际效果上的确引起了宋学家的警惕乃至强烈不满。比如，当时的宋学家方东树就敏锐地指出汉学家的实际用意，其言曰："今汉学宗旨，必谓经义不外于小学，第当专治小学，不当空言义理，以此欲蓦过宋儒而蔑之，超接道统。"① 一句"超接道统"，道尽其中隐曲，足以说明汉学家对于研治经学的最终指向。在反击江藩的《汉学师承记》时，方氏为了突出汉学家"超接道统"的这种真实意图，在措辞上有意常常使用"务"、"私"、"忌"等字眼，如所谓"汉学家宗旨议论，千端万变，务破义理之学，祧宋儒之统而已"，再如所谓"汉学考证家所以悖妄如彼之故，其本病在务攻朱子以为名"，等等。② 此类论断虽有诛心之嫌，但亦不无道理，因为汉学一方的确有意气之争者。如江藩本人就批评说，即便是对汉学一知半解之人，也常常依凭当时考据大兴的背景而动辄痛诋宋学③，可见，在批评宋学时，有些人的意气成分是自不必言的。其实，这些人何止对汉学缺乏透彻了解，即便对于宋学这个他们竞相批评的对象，他们也未必真有什么深入了解。简言之，他们既不真正了解汉学，亦不真正了解宋学，由此而言，这种认知水平下的苛责与跟风，若想要完全摆脱意气之争，谈何容易？当然，在汉宋之争中，双方阵营中都难免出现这类现象，诚如纪昀所说："然攻汉学者，意不尽在经义，务胜汉儒而已；伸汉学者，意亦不尽在于经义，愤宋儒之诋汉儒而已。"④ 由纪氏所使用的"务"、"愤"等字眼可知，可见方氏对于汉学一方的意气的描绘也有写实的一面，并非只是徒逞私意。

不过，汉宋虽然都有意气用事之处，但我们应审慎地察看潜藏在这种意气之后的观念。经典或经书的神圣性，必然导致解经的排他性。汉学家既然不认同宋学，必然会立意（"务"）去另择他途（"超接道统"），而

① 方东树：《汉学商兑》，商务印书馆 1937 年版，第 98—99 页。

② 参见方东树：《汉学商兑》，商务印书馆 1937 年版，第 134、42、13、68 等页。不过，需要注意的是，方氏同时又认为汉学家并不是为了真正维护道统，而只是逞私意或为私利，其言曰："通观近人所著书……千条万端，皆意在朱子而已……大抵出于妒惑、逞私矜名，非真有万不容已卫道忧世之诚也。"（第 2 页）

③ 参见江藩：《国朝汉学师承记》，中华书局 1983 年版，第 154 页。

④ 《四库全书总目》，中华书局 1965 年版，"经部总叙"第 1 页。

这一立意正源于对儒家道统的重构性的认同。也正是从这个意义上讲，余英时指出汉学家仍有某种变相的道统意识，而综观有清一代的汉宋关系也由此而具有另一层意涵，其言曰：

> 汉、宋之辨主要是清儒宗派意识的产物，是否与宋、明以来儒学发展的史实相应，颇成问题。①

余氏的这个看法应该从如下两个方面来分析。首先，余氏认为汉宋之辨源于清儒的宗派意识，这个说法是有一定道理的。如前述江藩、纪昀等汉学阵营的这些领军人物的自我批评，其实也隐含着这样一种隐曲，此即汉学家们并不一定都会如实地看待宋学，而是总会有自己的立场或前见。再如前述汉学家对宋学的兼采，其实也隐含着他们对整体宋学的有意识的裁剪，或者说人为地割裂。简言之，汉学家并不特别关心原本的宋学究竟如何，而更在意以自己所拟构的宋学为敌来推进自我建设，而这就意味着，汉学家在其经学研究中，必然有着对宋学的有意"误读"，而并不一定就是无意的"误解"。或可说，汉学家在进行经学解释时，他们总会感受到某个宋学典范的逼迫，这也是汉学内在紧张的一个表现，而这种紧张又使得汉学家不得不起而应对，甚至不惜违背自己所倡导的"实事求是"的精神（详后）。对此，徐复观甚至认为，汉学家根本不了解宋学，因而其对宋学的批评完全是无效的。② 若如徐氏说汉学家完全不了解宋学，就未免太过了。但必须注意的是，不少具体实例还是向我们表明，汉学家大多不愿认真去读宋学书，其眼中的宋学难免有自造的成分。③

由此，方东树的批评值得深思，他认为，汉学家对宋学的指控，常

---

① 余英时：《中国思想传统的现代诠释》，江苏人民出版社 2006 年版，第 135 页。

② 参见徐复观：《中国思想史论集续篇》，上海书店 2004 年版，第 369—373 页。

③ 参见张循：《论十九世纪的汉宋之争》，复旦大学 2007 年博士论文，第 53 页。比如，余嘉锡曾指出，纪昀"自明汉学，深恶性理，遂峻词丑诋，攻击宋儒，而不肯细读其书"。余英时援引余嘉锡的论点，并指出晓岚排斥程朱，在《提要》中是用明枪，在《阅微草堂笔记》中则专施暗箭，《笔记》中许多讥笑骂"讲学家"的故事都是凭空虚造的。参见余英时：《论戴震与章学诚》，生活·读书·新知三联书店 2000 年版，第 120 页。

常是在宋学家缺席的情况下进行的，这种缺席审判自然是既不合法，亦非有效。方氏进一步指出，汉学家给予宋学的罪名指控本身也不可信，如方氏质问道："试考南宋以来，其治乱政事得失之由，何者是禅学遗之大害，又何者是因程朱言心言理而致，一一无实，而虚构横诬，莫须有三字，何以信天下后世？"为了凸显汉学家指控中的这种虚妄性，方氏在其《汉学商兑》中多次使用"莫须有"一词，意在表明汉学家对宋学的批评实际上并不成立。① 参照前文所论，可以说，方氏的反驳性辩护虽然不尽如实，但亦并非全无所见。

但另一方面，余氏说汉学家可能是在虚构历史，亦即汉宋之辩与宋明以来儒学发展的史实难以呼应，此论就不一定准确了。我们认为，汉学家话语中的宋学必然蕴含着汉学家的选择性释读，也就难免有悖于史实中的宋学形象，但并不能由此就说汉学家在虚构历史，或者简单地将之视为对历史批判与哲学批判的混淆。史实中的宋学到底是什么样子，并非只有一种叙述方式，更何况宋学本身就不是纯粹的知识对象，因而也不可能独立于其历史叙事。依照哲学解释学的观点看，宋学有其自身的效果史，且它也只能在效果史中"作为……"来呈现，比如，在汉学家的语境中，宋学就是作为一种导致明代覆亡的学问而被接受下来的，这种归咎论虽然并不符合逻辑，但却合乎史实，因而无从否认。在这种逻辑或效果史中，汉学家虽然一向以"实事求是"来严肃治学，但其终究无法摆脱对于宋学的这种前见，因为"最先的'有典可稽'的东西，原不过是解释者的不言而喻、无可争议的先入之见"②。考察汉学家的相关言论，不难发现，他们虽然对宋学的前见也有不时修正，如前述汉学家肯定宋学在制行上的贡献，但他们总体上对于宋学与汉学的关联终归不能给予学理性的解答，尤其是他们对于宋学之弊的过度警惕乃是其根深蒂固的解释学前见，以致他们将社会、价值或政治等方面的负面影响，径直归结为宋学的效果史。由此，汉学家才会在治学方向上立意有别于宋学，由此来寻求汉学的独立性与正当性，而这就表明，汉学家对宋学的"误读"或重构并非完全是在意气用

---

① 参见方东树：《汉学商兑》，商务印书馆 1937 年版，第 88、118、125、153 等页。

② 海德格尔：《存在与时间》，生活·读书·新知三联书店 1999 年版，第 176 页。

事或虚构历史。

不过，汉学家虽然也有余英时所说的那种宗派意识，但我们却很少能够在汉学家群体中看到那种宗教性的狂热，因为汉学家倡导从"实事"出发来求"是"，所以，他们又能比宋学家表现出较多的客观实证的精神，或者说，汉学家这里更有一种经学层面上的知识性诉求。这就意味着，汉学家虽然将经书视为神圣不可侵犯之物而表现出明显的宗派意识，但经书无疑又是他们训诂考证的载体，并由此表现出一种客观实证的态度。诚然，如方东树所揭示出的那样，汉学家的确希望重塑道统，但是，与宋学道统的纯道德性的形上建构不同，汉学家的这种道统意识却交织着知识与信仰两种因素。或者说，为有别于宋学，汉学家对道统的这种接续更会集中于知识化进路这一面。但无论如何，汉学家事实上必然置身于信仰与知识的纠葛之中。如崔述致力于上古史研究，遵从"考而后信"，对秦汉以后各种关于上古史的说法分别加以考察，有别于当时泥古崇汉的学术风气；然而崔氏仍旧卫护道统，心中还是的"尊经"、"卫圣"成见，认为"尧舜者，道统之祖，法治之祖，而亦文章之祖也"，明显与其"考而后信"的态度自相矛盾，限制了他的经学研究，如他相信仓颉造字，认为尧时已有史书，这些都是明显的错误理解了。①

于是，对于汉学家而言，知识与信仰的关系问题，仍是一个难题。但从事实上讲，汉学家并未意识到这是一个难题。余英时认为，"乾、嘉之际，儒家统一性的'道'的观念尚未解体。……他们事实上把虔敬上帝的宗教热诚转移到学术研究上面去了"②。如前所述，汉学家无疑仍然有浓厚的尊经观念，这种观念促使或激励汉学家有志于革新宋学而重塑道统，由此，通经明道就不再是宋学意义上的纯粹的成圣成德之学，而是转化为汉学话语中的知识探求。也就是说，尊经观念、道统意识在汉学家这里演变为一种知识层面上的求真务实的精神。

由此，尊德性转化为了道问学的某种精神支撑，变相地内化为道问

---

① 参见陈其泰、李廷勇：《中国学术通史》（清代卷），人民出版社 2004 年版，第 369、372 页。

② 余英时：《论戴震与章学诚》，生活·读书·新知三联书店出版社 2000 年版，第 354 页。

学中的精神动力。也就是说，尊德性在汉学家这里发生了精神转换或移情，而"实事求是"作为一种精神态度与精神信仰，其实就是这种转换或移情的结果。就乾嘉汉学而言，"实事求是"本身既是一种道问学的表现，但从其作为一种精神或态度来看，未尝不是一种尊德性的表现，只是这种意义上的尊德性乃是被置于道问学的层面上而引起重视的，是用尊德性之精神而从事道问学之探求，是尊德性的智识化取向，一种理智化了的情感表现或精神面貌。

大体讲，尊德性转入道问学的这种转化或取向，其主要表现有四：一是转化为自我定位的责任担当与精神寄托。如王鸣盛言道："与夫以予任其劳而使后人受其逸，予居其难而后使后人乐其易，不亦善乎？以予之识暗才懦，碌碌无可自见，猥以校订之役，穿穴故纸堆中，实事求是，庶几启导后人，则予怀其亦可以稍自慰矣。"① 二是转化为乐于求学的知识兴趣。如汪中就深有感受，其言曰："书契之始，有声音而后有语言，有语言而后有文字，故小学必自声音始，而形体训诂次之。……用此求之古人之文，往往有左右逢源之乐。"② 三是转化为一种求真求是的知性真诚。如戴震说道："我辈读书，原非与后儒竞立说，宜平心体会经文，有一字非的解，则于所言之意必差，而道从此失。"③ 四是转化为知识探究中的治学方法与必要环节。如焦循所谓："以己之性灵，合诸古圣贤之性灵，并贯通于千百家著书立言者之性灵。"④ 尤其如章学诚对"辩似"、"史德"、"文德"的强调，亦属于这种方向下的集中表现。章氏有言："临文必敬，非修德之谓也。论古必恕，非宽容之谓也。敬非修德之谓者，气摄而不纵，纵必不能中节也。恕非宽容之谓者，能为古人设身而处地也。"⑤ 敬恕不再是宋学或德性之学上的纯道德探讨，而是寻求正确认识、客观理解的手段与方法，转换成了知识探究上不可或缺的一环。因此，为了求真求是，在道问学中必须讲求尊德性，而这也就意味着，尊德性重新在道问学中找到

---

① 王鸣盛：《十七史商榷·序》，上海古籍出版社 2013 年版，第 3 页。

② 汪中：《新编汪中集》，广陵书社 2005 年版，第 434 页。

③ 戴震：《戴震集》，上海古籍出版社 1980 年版，第 187 页。

④ 焦循：《雕菰集》，商务印书馆 1936 年版，第 213 页。

⑤ 章学诚：《文史通义》，中华书局 1985 年版，第 278 页。

了容身之所。

钱穆认为"治经学必带几许宗教心情与道德情味",并由此批评清儒经学只有学究气而无儒生气。① 其实,这一方面说明汉学家的确有"为知识而知识"的一面,如戴震所谓"今之博雅能文章,善考核者,皆未志乎闻道"的反面说明,又如崔述"理但论是非"的正面陈词;但另一方面,也应看到汉学家之经学仍是带有几许宗教心情与道德情味的,只是这种意味不再是纯道德或泛道德意义上的,而主要是为学品质或学术道德意义上的,更何况,"为知识而知识的求真态度,其本身便是道德精神的一种最高表现呢!"② 事实上,如果不了解这种道问学中的尊德性因素,就无法"同情地"理解汉学家对考据为何会投入如此之多的热诚与信赖。汉学家独特的精神面貌由此塑造,甚至可以说,汉学家突破经学藩篱、为学问而学问之倾向,也正是源自于这种理智情感的精神驱动。

不过,在汉学家这里,知识与信仰的纠缠并非由此就能得到妥善解决。这是因为,在实际的考证或研经活动中,尊经观念、道统意识的影响始终是存在的。而在还原经书之原文时,这种影响或许并不十分明显,但在还原经书之原义时,这种影响却是直接而实的。因为汉学家仍旧诉诸从经书中寻求真理,而这就意味着,"变相的道统意识依然存在于号称'实事求是'的乾嘉学者的心中"③,在这种精神驱动下,经书就不会是一个纯粹的客观对象,而汉学家虽然有求知的兴趣,但并不是纯知识的兴趣。

综上所述,可见汉学家治学精神的两个不同指向:一方面,他们有回归经学的强烈希冀;但另一方面,他们骨子里仍是不忘超接道统的初心。在这种纠葛中,汉学家治学虽然体现出了知识理性、知性真诚的倾向,但这种倾向毕竟是有限的。不过,这种限度并未引起汉学家的重视;相反,他们总抱有一种还原主义的认识论取向。对此,后文将进一步检讨这种取向中的问题究竟何在。

---

① 钱穆:《中国学术思想史论丛》(八),安徽教育出版社 2004 年版,第 3 页。
② 余英时:《中国知识人之史的考察》,广西师范大学出版社 2004 年版,第 158 页。
③ 余英时:《论戴震与章学诚》,生活·读书·新知三联书店出版社 2000 年版,第 177 页。

第三节 "求"：乾嘉汉学的解释方法

虽然"解释学起源于主体间性的断裂"①，但这种断裂却并不一定引发解释学的产生。尤其是作为一种专门的学问，解释学出现的时间更晚。比如，迄今学界对于中国是否存在一个解释学传统仍难以达成一致。不过，尽管在解释学是否存在以及从何时开始存在等问题上有不少争议，但主体间性的断裂却是不可否认的事实，因为这种断裂根源于主体自身的有限性、时间性与历史性。

借用台湾学者黄俊杰的划分，我们可以将这种主体间性的断裂就其具体表现而大致归结为如下两种，即："语言性"断裂与"脉络性"断裂。其中，语言性断裂是指由于时空间隔所造成的古今异言、言语异声、南北异趣、文字异形等现象；而脉络性断裂则是指在历史、文化、思想等方面的脉络中所出现的前后不一致的状况。② 总体讲，二者之间既有区别，亦有紧密关联：一方面，语言性规定着脉络性，因为"理解的进行方式就是解释"③，也就是说，解释是理解的实际运作方式，进一步来讲，语言又是解释之实际运作的载体，解释有赖于语言这一媒介物才能展开，而历史、文化、思想等本身都是对事物进行解释的结果或展现，必然也只能有赖于文本或书写语言才能被固定化下来；另一方面，脉络性也规定着语言性，

---

① 伽达默尔：《哲学解释学》，上海古籍出版社 2004 年版，"编者导言"第 1 页。

② 这两个概念最早是由黄俊杰提出来的，但他并没有明确界定它们的具体内涵。此处的解释乃是根据他在《中国孟学诠释史论》一书中的有关表述概括而来。具体可参见黄俊杰：《中国孟学诠释史论》，社会科学文献出版社 2004 年版，第 7、35、324、412 等页。不过，正如不少学者已明确指出的，"断裂"一词未免过于强烈了，因为某种与我们断裂的东西，总是处在我们的意识之外，并不能被我们经验到。由此而言，断裂就意味着无法跨越，而如何克服断裂就是一个毫无意义的问题了。对此，黄俊杰解释说，他之所以使用断裂一词，主要是出于一种提问的策略，是为了将有关问题凸显出来（"显题化"）。[参见黄俊杰编：《中国经典诠释传统（一）：通论篇》，华东师范大学出版社 2008 年版，第 356—363 页] 这就说明，黄氏所使用的断裂一词，并不是为了突出截然不同，而是为了凸显差异、疏离或异化。鉴于此，本书虽沿用断裂一词，其意义则是指向差异的。

③ 伽达默尔：《真理与方法》，上海译文出版社 2004 年版，第 502 页。

这主要是因为语言不能自在存在，而只能保存在指称性的关系（语言总是言说着某物）之中，也就是说，它只有在关系脉络中才能实现或展现自身，因此，脉络虽然是语言的固化物，但一旦固化下来却又会相应地呈现出一定的独立性，有似于波普尔三个世界理论中的第三世界即"客观知识世界"，因而脉络问题并不能等同或简化为语言问题。由上所述，亦可知这两个概念及其描述的现象有紧密关联，然而二者之间的区分虽然是相对而言，但这种区分对于分析具体事物又是非常必要的。

既然出现了断裂，就需要采取方法来消除断裂，从而获得重新理解。但问题是，消除断裂如何可能，或者说，重新理解如何可能？就经学解释而言，这个问题就转化为怎样才能获得对经书的正确理解？对此，无论是宋学，还是汉学，都提出了自己的解决方案。宋学认为，人具有内在的、先天的同质性（"人同此心、心同此理"），今人可以借助于"以意逆志"等移情式、体验式的方法来上通古人心志，从而跨越时间鸿沟而理解古人之真意。与宋学家的这种形上的精神路线不同，汉学家主要诉诸形下的实证路线，他们主张依赖于外在的、后天的方法论来消除时间间距。二者的不同显而易见，尤其是在汉学家这里，主体间性的理解模式被降格为主客体间的认知模式（详后），他们秉持"实事求是"的精神态度，对经书普遍采取了知识探究的方法，致力于依靠某种客观的方法来"求"取客观的结果。

那么，为何会出现断裂呢？汉学家们普遍认为，解经者与六经之间的断裂源自于"今古悬隔"的历史间距。对此，戴震言道：

> 盖士生三古后，时之相去千百年之久，视夫地之相隔千百里之远无以异。昔之妇孺闻而辄晓者，更经学大师转相讲授，而仍留疑义，则时为之也。[1]

在戴震等汉学家看来，时间间距乃是正确理解必须克服的对象，或者说，时间间距提出了重新理解的任务。比如，汉学家认为，正是因为时

---

[1] 戴震：《戴震文集》，中华书局 1980 年版，第 44 页。

间间距的存在，经书与经义的原貌才会不易被后人辨识。不惟如此，宋学家更是加重了通达正确理解的困难，因为宋儒不仅没能弥合这两种断裂，反而使之进一步加剧了。具体来讲，宋儒治学有两大缺陷，其一是宋儒忽视训诂考证而凭胸臆解经，如汉学家经常批评宋儒缺少训诂功夫，乃至斥责宋学根本不识字，如此一来，宋学势必会使得语言性断裂的问题进一步走向恶化；其二是宋儒虽然力辟佛老，但在汉学家看来，宋儒实质上却是援佛入儒或援引佛老二氏来诠解经书，这样一来，更加模糊了经书的原貌，使得脉络性断裂的问题更为尖锐化了。

由此而言，汉学家不仅面临着由时间间距而来的主体间性断裂，更需廓清宋学的重重迷障。汉学家认为，时间间距以及由此而来的各种断裂都是可以克服的，他们由此十分强调"实事求是"的治学原则，而其中的"求"就是克服断裂的主要方法，其实质就是"通过受控制的、方法论的思想而把一切异化的以及导致误解的东西——由时间距离、语言用法的变化、词义以及思维模式的变化等引起的误解——排除掉"①。

简言之，汉学家的解经方法，主要目的就是为了克服时间间距所带来的语言性断裂与脉络性断裂，借此还原经书之原貌，重塑经书之权威。在本节中我们将会对这种方法进行具体考察。

一、由训诂通义理：弥合"语言性的断裂"

汉学家普遍认为，"数百年以降，说经之弊，善凿空而已矣"②，而究其原因，就是因为宋学对于考据训诂并不重视。在汉学家看来，宋儒这种态度使得他们妄解经义，实际反映了他们不识字的窘况，此所谓"宋以来儒者，以己之见，硬坐为古贤圣立言之意，而语言文字实未之知"③。或可说，宋学正因不受训诂束缚而能畅言义理，但却又因缺乏牢靠根基而

---

① 伽达默尔：《哲学解释学》，上海译文出版社 2004 年版，第 7 页。
② 戴震：《戴震集》，上海古籍出版社 2009 年版，第 191 页。
③ 戴震：《戴震集》，上海古籍出版社 2009 年版，第 187 页。这种批评显然有言过其实之处，如朱子不仅讲求训诂，而且明确提出"字书音韵是经中第一事，先儒多不留意"（《晦庵先生文集》卷四二《答杨之范》）的论断。不过，宋学整体上的确不重训诂

走入了空言义理的歧路。在汉学家看来，宋学轻视训诂致使语言断裂的问题更为尖锐，由此，为了从根本上消除语言断裂所带来的种种问题，首先就要明确地回归经学，回归到通经明道的路子上来，此即由训诂通义理之途。

就清学史的发展而言，由训诂通义理一途，顾亭林已有表述，其言曰："通经自考文始，考文自知音始"①；又说："六经之所传，训诂为之主。仲尼贵多闻，汉人犹近古"②。当然，这条道路并非一人之力，而是时代风气转换下的先后接武、同调之鸣，如阎若璩说："昧以声音训诂，则不识古人之语言文字，而无以得圣人之真意。"③ 臧琳亦有言："不识字，何以读书！不通训诂，何以明经！"④ 由此而言，乾嘉汉学所遵循的由故训以明义理的准则，可以说是对亭林"经学即理学"之精神的具体贯彻，这也表明了汉学家治学方法的日趋成熟。

由训诂通义理之法，建基于六经载道或道在六经等基本前设，而文字训诂则是通达六经之道的唯一的有效途径。如戴震说："惟空凭胸臆之无当于义理，然后求之古经，求之古经而遗文垂绝，今古悬隔，然后求之诂训，训诂明则古经明，而我心所同然之义理乃因之而明。"⑤ 戴氏由此也揭示出汉学家求取大道的基本步骤，可见汉学家从研究对象上是从"实事"（实则主要指经书）出发，但从研究方法上则是从"求"（训诂）入手，由此才能保证经义的明确无误。据此而言，宋学义理自然不足为信，但汉学家却希望借助于训诂考证而有效弥合语言性断裂，这是因为在汉学家看来，小学训诂能够克服时间间距而成为沟通古今的语言之桥。对此，可以参看下引诸例：

"六经者，圣人之言，因其言以求其义，则必自诂训始。"⑥

① 顾炎武：《顾亭林诗文集》，中华书局 1983 年版，第 73 页。
② 顾炎武：《顾亭林诗文集》，中华书局 1983 年版，第 384 页。
③ 臧琳：《经义杂记序》引阎若璩语，清嘉庆四年拜经堂刻本。
④ 江藩：《国朝汉学师承记》，上海古籍出版社 1983 年版，第 11 页。
⑤ 钱大昕：《潜研堂集》，上海古籍出版社 2009 年版，第 710 页。
⑥ 钱大昕：《潜研堂集》，上海古籍出版社 2009 年版，第 391 页。

"圣贤之道存于经，经非诂不明。"①

"训诂声音明而小学明，小学明而经学明。"②

在乾嘉时期，这类表述在在而有。那么，随之而来的问题是：训诂究竟是什么？训诂是否像汉学家所认为的那样能够顺利消除时间间距呢？孔颖达有言："诂者古也，古今异言，通之使人知也；训者道也，道物之貌，以告人也。"③ 黄侃解释说："训诂者，以语言解释语言之谓。"④ 也就是说，训诂的作用就是在不同语言之间进行转换，一如在古今语言之间的翻译行为，王引之有言："夫三代之语言，与今之语言，如燕赵之相语也；吾治小学，吾为之舌人焉。"⑤ 所谓"舌人"，意即翻译者、解说者，可见，小学训诂对于沟通古今（"通古今之邮"）的重要桥梁作用。

由此，借用福柯那里的一个概念，可以说训诂学有似于"知识考古学"，亦即对经书或经文的务实考证。因此，就考古这一层而言，倘若某一个文本距离古代或圣人更近，则其自然就会更值得信赖。汉学家们津津乐道于回归汉儒经学，正是源于汉儒所具有的时代优势，汉儒距古未远、距圣犹近，因而与那些后来者（尤其是宋儒）的解读相比，汉儒对古代先贤的解释无疑更为可信，乃至于汉儒治学传经的所谓"师法"、"家法"等，也因之而颇受乾嘉汉学家的青睐。基于这种时代观念，汉学家甚至抱有越古越可靠的复古逻辑，如阮元有言："后儒说经，每不如前儒说经之确。何者？前儒去古未远，得其真也。故孔、贾虽深于经疏，要不若毛、郑说经之确；毛、郑纵深于《诗》、《礼》，更不若游、夏之亲见闻于圣人矣。予谓《易》、《书》、《诗》皆有古学。古学者何？商周之卿大夫，鲁、邹之诸圣贤，秦、汉之诸儒是也。"⑥ 由于距离古圣的时间间距所造成

---

① 阮元：《揅经室二集》，商务印书馆 1937 年版，第 505 页。

② 王念孙：《王石臞先生遗文》，《续修四库全书》（第 1466 册），上海古籍出版社 2002 年版，第 41 页。

③ 孔颖达：《毛诗正义》，北京大学出版社 1999 年版，第 2 页。

④ 黄侃述，黄焯编：《文字声韵训诂笔记》，上海古籍出版社 1983 年版，第 181 页。

⑤ 龚自珍：《龚自珍全集》，上海古籍出版社 1979 年版，第 147 页。

⑥ 阮元：《小沧浪笔谈》，中华书局 1985 年版。

的"先天不足"，后人总不如前人那么占有先机，因而无论后人治学如何精湛，总应尽量借助于那些更为接近古圣的解释者或文本。也正是在这种时间观念与解经理念的作用下，在汉学家群体内逐步催生出"欲识古训，当于年代相近者求之"①的一般训诂学原则。

其实，乾嘉汉学对训诂能力的信赖，源自于或建基于汉学家对于语言本身的坚定的信赖。如前所述，由训诂通义理蕴含着六经载道的前设，但六经毕竟需要借助于语言才能被保存与流传。由此可见，若要通经明道，最基础的工作就是首先进行文字考辨。然而，在历史流变中，文字本身的形、音、义也经历着复杂的沿革转换，因此，后人在识古字、读古书时，就容易因时代错位而产生误解。为此，汉学家们认为，训释古经必然先在小学上从流变中揭示文字原貌，澄清误解，而这就使得汉学家坚定地从经学跨入小学，努力通过形、音、义上的考据来还原文字。汉学家们或者强调《尔雅》、《说文》的重要性，如王鸣盛所言"《尔雅》与《说文》皆斯文之幸存者，不可驳也"；或者凸显了解古代造字方法的重要性，如戴震所谓"六书也者，文字之钢领，而治经之津涉也。载籍极博，统之不外文字，文字虽广，统之不越六书"；或者突出小学对于经义训诂的重要性，如宋鉴所说"经义不明，小学不讲也。小学不讲，则形声莫辨而训诂无据矣"②；或者揭示由小学而治经的程序或步骤，如段玉裁言道"圣人之制字，有义而后有音，有音而后有形；学者之考字，因形以得其音，因音以得其义……治经莫重乎得义，得义莫切于得音"③。正是汉学家对小学之地位与功夫的重视，清代小学才能从经学框架中脱颖而出，逐渐获得了自身的独立性。

总体看，汉学家在训诂考证上取得了巨大的成功与影响。比如当时宗主宋学的姚鼐、章学诚、袁枚、方东树等人，虽然对汉学家仅以考证为要而不追求大义甚感不满，但却均毫不讳言认同汉学家的考证贡献。不惟如此，其为学也常常引经据典，力求言之有据，如孙星衍在《随园随笔

---

① 卢文弨：《抱经堂文集》，商务印书馆1935年版，第60页。

② 江藩：《国朝汉学师承记》，上海古籍出版社1983年版，第75页。

③ 段玉裁：《经韵楼集》，上海古籍出版社2008年版，第187页。

序》中描述袁枚"弃官山居五十年，实未尝一日废书，手评各史籍，字迹历历犹在，则亦未尝不时时考据"。此外，其著作中亦不乏精良的考据作品，如姚鼐的《左传补注序》、《郡县考》、《辨逸周书》、《孝经刊误书后》等。

汉学家之所以能够在考证领域取得如此令人瞩目的成绩，显然与其所凭借的考证方法不无关联，但同样是受限于这种方法，汉学家的考证总是面临着一种巨大的隐忧，并最终催生出一系列不容回避的问题。不过，方法的限度势必要上溯至观念的限度。比如，对于汉学家而言，我们就要进一步追问，在六经之外是否仍有圣贤之道？而通达圣道的钥匙或途径是否仅有训诂一途？后者乃是要考察方法的限度，而前者则是追问观念的限度。

对于治经之过程或步骤，戴震有言："凡学始乎离词，中乎辨言，终乎闻道。离词则舍小学故训无所藉，辨言则舍其立言之体无从相接以心。"① 钱大昕也说："有文字而后有诂训，有诂训而后有义理。训诂者，义理之所由出，非别有义理出乎训诂之外者也。"② 段玉裁亦有同调之论："《说文》、《尔雅》相为表里。治《说文》而后《尔雅》及传注明，《说文》及《尔雅》传注明而后谓之通小学，而后可通经之大义。"③ 此三者所论可通，这里就以之为线索，简要分析其中的问题。

"离词"是戴震提炼出的"古今治乱之源"，但这个源头上的工夫并不限于小学方面，而是指"由六书、九数、制度、名物，能通乎其词"的复杂过程。④ 当然，由六书来通文字是最为基础的部分，这也是汉学家"文字宜宗许叔重"的原因。通过《说文》、《尔雅》来溯源"本字"、"本

---

① 戴震：《戴震文集》，上海古籍出版社 1980 年版，第 165 页。
② 钱大昕：《潜研堂集》，上海古籍出版社 2009 年版，第 392 页。
③ 段玉裁：《说文解字注·许慎叙注》，上海古籍出版社 1981 年版，第 784 页。
④ 有人批判说，汉学家只是小学工夫。这种论断值得商榷。如焦循所说："经学者，以经文为主，以百家子史、天文、术算、阴阳、五行、六书、七音等为之辅，汇而通之，析而辨之，求其训故，核其制度，明其道义，得圣贤立言之指，以正立身经世之法，以己之性灵，合诸古圣贤之性灵，并贯通于千百家著书立言者之性灵。"（焦循：《雕菰集》，商务印书馆 1936 年版，第 213 页）观此，可知汉学家研治范围之广，远非小学所能涵盖。

训"、"本义"，是汉学家极其看重的为学发端，其训诂考证由此带有古朴、切实之风，且成就显著。但太执着了，也有弊端。今天来看，汉学家在形音义的研究上确有不足，但这只是现代文字学或语言学之上的考量，我们更关注的则是这种"始乎"、"之源"的思维方式问题，换句话说，这种出发点本身是否可靠呢？

汉学家认为识字才能读经，故而推崇《说文》。然而，虽然《说文》为理解古书提供了便利，但"《说文》之字非必即同孔子之经也，……必谓《说文》之文，本即孔子之书，用以释经，且以绳诸家之谬，已恐未然，况许氏之文又为徐氏所乱乎？"① 既然《说文》毕竟不同于《论语》，那么，《说文》就不一定就是理解《论语》的必经路径，至少不是唯一路径。"学者，学孔子者也；学汉人之学者，以汉人能述孔子也，乃舍孔子而述汉儒，汉儒之学，果即孔子否邪？"② 本是要学孔子，却要经过汉儒来学孔子，那么，汉儒对孔子的释读是否就是对原样的完好保存？汉学家大多认为汉儒做到了这一点，主要原因就是汉儒在时空距孔子最近，因而更为可信。可见，汉学家对训诂的信赖，实则源自对克服时间距离的自信。且不论时间距离是否可以克服，单就以时间先后来研判义理的可操作性而言，我们试以孔子为节点，来看看其身前身后的实情如何。就其身前而言，孔子之学出于《诗》、《书》，但《诗》、《书》之学又缘何而来？"若必以最先之古训为贵，则推溯古训来源，必有穷极。且何以最先之古训，即为最真之久理乎？此尤无说以自解者。而义理自古训中来之意见即无形摧破。"③ 那么，就其身后而言又如何呢？孔子之后，儒分为八，这八家无疑距孔子更近，但其义却已多样，哪一个才是真正承继了孔子？如此一来，谈论汉儒之学是否保存了原本的孔子之学，就更为困难了。尤其是，汉儒之学本身也是不纯粹的，如崔述批评道："周道既衰，异端并起，杨、墨、名、法、纵横、阴阳诸家莫不造言设事以诬圣贤。汉儒习闻其说而不加察，遂以为其事固然，而载之传记。若《尚书大传》《韩诗外传》《史记》

① 王昶：《春融堂集》，上海文化出版社 2013 年版，第 622 页。
② 焦循：《雕菰集》，商务印书馆 1936 年版，第 105 页。
③ 钱穆：《中国近三百年学术史》，商务印书馆 1997 年版，第 533 页。

《戴记》《说苑》《新序》之属，率皆旁采卮言，真伪相淆。继是复有谶纬之术，其说益陋，而刘歆、郑康成咸用之以说经。流传既久，学者习熟见闻，不复考其所本，而但以为汉儒近古，其言必有所传，非妄撰者。"① 崔氏认为，汉儒之学本就是复合物，若要从中剥离出汉儒之学的真相根本不可能，更不用说乾嘉汉学家还要再借道汉儒来理解孔子、六经了。由此来看，以时空距离之远近或时代之先后为断，实则是缺乏历史意识的表现，因而"去古未远"更多的只是一种经验常识性的判定，却未必就是可靠的解经学原则。

当然，汉学家普遍存有"文字宜宗许叔重，经义宜宗郑康成，此金科玉条，断然不可改移者也"② 的信念，在诸多汉儒之中主要择取许、郑两家。可见，这种选择性承认本来也不能完全理解为以时间为断，但与其他汉儒之学相比，这种选择的合法性与优越性在哪里呢？这就需要回到汉学家自身的解释学处境以及在此基础上所形成的解释学前见上了。不过，这样一来，何种选择才是正确的，仍会有很大的争议。

比如汉宋双方乃是基于不同的解释学处境与前见，作出了不同的选择。由此而言，借用刘笑敢的文本定向与自我表达定向这一对概念③，我们大致可以得出这样的推论：客观上讲，汉宋双方在经典诠释上其实都有当下的、现实的取向，不过，从偏重区分汉宋的角度看，乾嘉汉学家更多的是采取历史的、文本的取向（文本定向），而宋儒则主要采取当下的、现实的取向（自我表达定向）；在主观意识上二者选取的方向明显不同，但就双方各自的解释学处境而言，二者却又都有可被后人同情理解的一面，孰是孰非，不可一概而定。问题是，当汉学家从其选择的文本性定向来审视宋学的自我表现性定向时，就是对不同取向或不同层面的评判，虽然也能指出宋学中的不少问题，但也难免会有不太同情的误解与批评了。借古鉴今与复古信古大有不同，但在实际考证中，汉学家却又不太容易摆脱此中纠缠。

---

① 崔述：《崔东壁遗书》，上海古籍出版社 1981 年版，第 3 页。

② 王鸣盛：《仪礼管见序》，转引自陈祖武、朱彤窗：《乾嘉学术编年》，河北人民出版社 2005 年版，第 341 页。

③ 参见刘笑敢：《诠释与定向》，商务印书馆 2009 年版，第 136 页。

其实，单就汉学家的文本定向而言，事实上也面临着很多困难。如方东树反驳道："如《考工》车制，江氏有考，戴氏有图，阮氏、金氏、程氏、钱氏皆言车制，同时著述，言人人殊，迄不知谁为定论。他如蔡氏赋役，沈氏禄田，任氏、江氏、盛氏、张氏宫室，黄氏、江氏、任氏、戴氏衣服冕弁，各自专门，亦互相驳斥，不知谁为真知定见，庄子所谓有待而定者邪！"① 考证同一对象，汉学家竟然也是众说纷纭，试问哪一个才是真的？这一质疑看似有力，但是，方东树还是混淆了能不能考证出原典与应不应该考证原典这两个不同的问题。比如，汉学家完全可以反驳说，考证不出某一典章制度的原貌，只是限于目前采用的方法不对或材料缺乏，但并不代表不应该追求原貌。这样一来，方东树的问题就会被消解掉。

那么，应不应该追求原貌呢？当然应该，这属于原材料上的无可厚非的客观性，虽然这之中有诸多困难，但这只是能不能层面的问题，不应由此否认应不应该的问题。不过，当汉学家在求取原材料（且不论结果如何）的基础上，试图进一步阐发义理时，那么，材料相同能否确保义理相同？答案有两个：一是材料同，则义理同。但如此一来，义理自古至今固定不变，成了僵化的东西，一味强调经学的经验实证性，致使经学的阐发空间十分有限，经学由此必然走向死胡同，乾嘉汉学后期之所以出现经文经学、宋学的复萌，应该也有这个方面的原因。二是材料同，但义理不同。事实也是这样（详后），那么，问题仍然是：哪一种义理才是正确的？标准在哪？再次回到材料？但在材料那里还是会引出上述两个答案，这岂不是陷入了恶性循环？问题出在哪呢？对此，方东树颇有所见，其言曰："如杨墨佛老皆非由文字训诂而致误也。而如汉儒许郑诸君及近人之讲文字训诂者，可为门径不误矣，而升堂入室者谁乎？"② 方氏的这个质疑十分有力，杨墨佛老之学，并不是文字训诂上的错误所导致的，它们乃是某种基于自我表达定向下的义理需求，而这也就表明，门径不误并不一定就能登堂入室，因为义理有时实在于语言文字之外也，此所谓"夫训诂未明，

---

① 方东树：《汉学商兑》，商务印书馆1937年版，第165页。
② 方东树：《汉学商兑》，商务印书馆1937年版，第90页。

当求之小学,是也;若大义未明,则实非小学所能尽"①。因此,在求取义理的门径上,是否必须始于"离词"还是有争议,不可绝对化。如针对戴震的"圣人之道必由典制名物得之"之论,翁方纲连发六问:"试问周易卦爻、家象、乘承、比应之义谓必由典制名物以见之可乎?春秋比事属辞之旨谓必由典制名物以见之可乎?既尚书具四代政典有漠训、浩誓之法戒存焉,而必处处由典制名物求之可乎?即诗具征鸟兽草木而有忠孝之大义,劝惩之大防必尽由典制名物求之可乎?圣门垂教《论语》其正经也,《论语》《孟子》必以典制名物求之可乎?《孝经》以典制名物求之可乎?"②章学诚也有类似批评:"然以此概人,谓必如其所举,始许诵经,则是数端皆出专门绝业,古今寥寥不数人耳,犹复此纠彼讼,未能一定,将遂古今无诵五经之人,岂不诬乎!"③

其实,所谓经书之外有没有义理,在汉学家这里,主要就是针对那些脱离文字来空谈义理的现象而言的。不过,汉学家乐观地认为,经书之义理或大道虽然遭到宋学的曲解,但它仍被完整地保存于经书之中。因此,绕过宋学(宋儒经学),进而通过"实事求是"地回归经书,就能顺利地实现通经明道,揭示出古圣贤的原意所在。这样一来,就可以明白汉学家之所以如此看重小学工夫,就是想借此确保翻译行为的可靠性。然而,汉学家、宋学家既然都是经书的翻译者,那么,为何两家的理解竟然有如此大的差别呢?汉学家常常批评宋学家因脱落训诂而致误,但反观擅长于考据的汉学家又如何呢?事实上,在汉学家群体内,也很少能够达成相同的翻译或理解(详后)。从根本上讲,这是因为"语言本质地具有的无数未说出的东西不能被简化成命题,亦即简化成仅仅现成的东西,因为每一种新的解释都带来了一种新的'未被表达的圆圈'"④。也就是说,任何翻译或理解都不能穷尽语言或文本的意义,尤其是,即便是翻译或理解本身也总是要不断地被翻译或被理解,这就意味着,理解总是重新理解。

---

① 方东树:《汉学商兑》,商务印书馆 1937 年版,第 98 页。

② 翁方纲:《复初斋文集》,《续修四库全书》(第 1455 册),上海古籍出版社 2002 年版,第 419 页。

③ 章学诚:《章学诚遗书》,文物出版社 1985 年版,第 337 页。

④ 伽达默尔:《哲学解释学》,上海译文出版社 2004 年版,"编者导言"第 25 页。

而这种存在论事实,汉学家已有这方面的认知,无论是他们将"发前人所未发"作为一种激赏的评议标准时①,还是他们坦承清代汉学与汉儒之学之间的不同,汉学家自身切实地经验到了"翻译所涉及的是解释,而不只是重现"②的事实。然而,汉学家并未由此就认识到训诂之法的有限性。汉学家不仅寻求像作者或前人那样好的理解,甚至亦追求比作者或前人更好的理解("发前人所未发"),而这实际上恰恰证明了汉学家并非什么复古主义者,而是一个真正的"实事求是者",从中体现出的乃是一种客观的"求是"(而非"求古")的精神。比如,在胡适、梁启超等人的解读中,汉学家的这种精神就被视为一种类科学精神。也就是说,面对新发现或新意,汉学家并未由此反向思考训诂通经之法的局限性,而是顺向地仍旧将之纳入"实事求是"的认识论框架中,借以消解其中的矛盾与紧张。

然而,将文字训诂视为诠解义理的必经之路,容易造成如下三个负面影响:

第一,固守所谓"训诂之外别无义理",显然是针对宋学凿空之弊,但如上所论,回归经学、通经致用在汉学家这里却变异为训诂通经,他们将"实事"多限于经史训诂之上,以经证经,以经解经,其实证精神很少能够投向社会或自然领域,限制了汉学家的研究领域。

第二,坚持"有训诂而后有义理",无异于变相地(甚至可以说是明确地)承认了训诂先于义理的治学程序,但这样一来,训诂、义理就会被割裂为两个相互独立的步骤,乃至于被截然二分为两个毫无关涉的层面,汉学家常以训诂为要事,而对义理却是望而却步。如王引之所谓:"吾之学,于百家未暇治,独治经。吾治经,于大道不敢承,独好小学。……吾治小学,吾为之舌人焉。其大归曰:用小学说经,用小学校经而已矣。"③所谓"独好小学",一语道破其中隐曲。用小学校经、说经,此外别无他

---

① 艾尔曼提到,学术上有无发明或心得,既是四库馆臣推崇的学术评价标准之一,也是阮元编纂《皇清经解》而对汉学著述进行甄选的一个原则。参见艾尔曼:《从理学到朴学》,江苏人民出版社1997年版,第46、62、142等页。

② 伽达默尔:《真理与方法》,上海译文出版社2004年版,第498页。

③ 龚自珍:《龚自珍全集》,上海古籍出版社1979年版,第147页。

求，由此，原本在为学程序上后于小学的义理诉求，现在却被完全排除在了治学的领域之外。从"渐求义理"到"独好小学"（无异于"不求义理"）的转换，透漏出汉学家治学的心路历程。对此，许宗彦批评说："考证、训诂、名物，不务高远，是知有下学，不知有上达，其究琐屑散乱，无所统纪。圣贤之学，不若是矣。"①偏执训诂而不求义理，知下学而不知上达，如此一来，汉学家治学的合法性就难免要受质疑了。

第三，"训诂明则古经明"的观念，使得不少汉学家认为训诂通则义理自明，如钱大昕所谓"据事直书，是非自见"②，又如王鸣盛所谓"正文字，辨音读，释训诂，通传注，则义理自见而道在其中"③；乃至将训诂直接等同于义理，以训诂代义理，把思想性问题视为文字学研究的放大，甚至以文字研究代替经学研究，如凌廷堪就曾指责当时学风："挟许慎一编，置《九经》而不习；忆《说文》数字，改六籍而不疑。不明千古学术之源流，而但以讥弹宋儒为能事，所谓天下不见学术之异，其弊将有不可胜言者。"④综而言之，"训诂之外别无义理"、"有训诂而后又义理"与"训诂明则古经明"，其实乃是汉学家思维模式的三位一体，代表着汉学家在治经路径上的一贯立场，此即：由训诂通义理是治经的必然路径，只要训诂功夫做扎实了，则义理自会呈现，或者说，训诂明则义理明，乃水到渠成、顺其自然之事，不必于训诂之外强求义理。显而易见，汉学家未免太过乐观，或者说，有些过于想当然了。

就"义理可以徐定"⑤、"义理可以渐求"等观念来看，汉学家主要遵循的乃是由训诂通义理的顺向诠释路径，至少他们在主观上更为倾向于这种取向。但是，这种取向却只是诠释路向中的一个方面而已。钱钟书认为，"乾嘉'朴学'教人，必知字之诂，而后识句之意，识句之意，而后通全篇之义，进而窥全书之指"，但这只是解释的一个走向，或只是其

---

①　许宗彦：《鉴止水斋集》，《续修四库全书》（第 1492 册），上海古籍出版社 2002 年版，第 445 页。

②　钱大昕：《十驾斋养新录》，上海书店出版社 2011 年版，第 254 页。

③　王鸣盛：《十七史商榷·序》，上海古籍出版社 2013 年版，第 2 页。

④　凌廷堪：《校礼堂文集》，中华书局 1998 年版，第 206 页。

⑤　段玉裁：《经韵楼集》，上海古籍出版社 2008 年版，第 336 页。

中的一段工作而已，因为接下来的工作才是最终目的之所在。钱氏进而指出：

> 复须解全篇之义乃至全书之指（"志"），庶得以定某句之意（"词"），解全句之意，庶得以定某字之诂（"文"）；或并须晓会作者立言之宗尚、当时流行之文风、以及修词异宜之著述体裁，方概知全篇或全书之指归。积小以明大，而又举大以贯小；推末以至本，而又探本以穷末；交互往复，庶几乎义解圆足而免于偏枯，所谓"阐释之循环"者是矣。①

汉学家无疑只是迈出了解释工作的第一步，在钱氏看来，汉学家的训诂解经之法只是单向性的或直线式的解释方式，而完全的理解却应该是一个循环的、交互的过程。钱氏此论虽有启发，但其中也有不当之处。一则，若说汉学家普遍缺乏阐释之循环的观念，则有一定道理，但这并不意味着汉学家实际背离了这种循环，而只是说他们缺乏这方面的方法论自觉。因为这种阐释循环或解释学循环是一种存在论上的事实，也许汉学家并没有对此的明确认知，但却不能脱离这一循环，否则任何的解释都是不可能的（详后）。而依钱氏所论，无疑混淆了观念与事实两个层面。二则，其实钱氏所持有的只是施莱尔马赫意义上的那种解释学循环的概念与理解，且只是从文本内部循环的意义上来批评汉学家的解释学观念，而若是从哲学解释学的层面看，汉学家不仅缺乏内部解释学循环的方法论自觉（当然，这也只是相对而言），且尤其缺少文本外部循环的解释学观念。出于一种朴素的考证理想，汉学家致力于从语言层面恢复原始文本，专门在文字、音韵、训诂等层面展开探究，认为由此就能给出治学的边界。然而，汉学家只是希望从文本到文本，或者在文本内部寻求客观真理，但他们只是看到了文本对于经学解释的根本制约性，却没有看到解释者本人（解经者、"实事求是者"）之能力的有限性。这一缺憾使得少数汉学家即便注意到了文本的内部循环，却依旧看不到经书文本与解经者及其解释学

---

① 钱钟书：《管锥编》（第1册），中华书局1986年版，第171页。

处境之间的"外部"循环。当然，这种内外之分，只是相对于经书而言，而事实上，并没有什么内外，一切都在解释学处境中。而一个在处境之外的东西，我们根本就不会对它有任何意识（意识总有意向性，也就是说，意识总是对某物的意识），因而也是无从理解的。

在推衍本字或本义时，汉学家并不是仅以《说文》为依据，如戴震所谓"一字之义，当贯群经、本六书，然后为定"①。由此而言，判定一个字是否是本字，一个义是否是本义，也要通过审查文字（六书、部分）与文本（群经、整体）之间的复杂关联才能研判，这就引出了超出文字考证之外的解释学循环的问题。在治经的入手处，一般应以文字切入，但又不能仅就文字来谈文字，而必须将文字置入句子、段落、单个文本乃至多个文本之中，部分与整体应相互关照，此段玉裁所谓"训诂必就其原文而后不以字妨经；必就其字之声类而后不以经妨字。不以字妨经，不以经妨字，而后经明。经明而后圣人之道明"。但这还只是方法论解释学意义上的循环问题，从本体论上讲，汉学家受限于传统的经学框架，其考证虽基于文字，但观念上却仍是被先行的圣人之道所限定。当戴震说"中乎辨言"而"辨言则舍其立言之体无从相接以心"时，其中的所谓"立言之体"，就是尊经意识与道体观念的表现。也就是说，考字、辨言都必须或应该置于"闻道"的视域之中，"所谓十分之见，必征之古而靡不条贯，合诸道而不留余议，巨细毕究，本末兼察"②。不过，无论汉学家是否有求义闻道的实行，其观念上都早已受到这种道体意识的先行引导或约束。但需要注意的是，由于道体本身仍有赖于汉学家的解读或重构，如汉学家对新义理或新道统的阐发，因而，这种先行的整体的道统意识其实并不是固定的、现成的，这就表明，无论是方法论意义上的解释学循环，还是本体论意义上的解释学循环，其中的整体、部分都不是现成的客观对象。也就是说，汉学家对本字或本义的追求，并不完全就是客观的还原。当然，这只是解释学分析，并不代表汉学家对此已有明确的意识。尽管汉学家本身遵循着本体论意义上的循环，但就其自觉性而言，除戴震、段玉裁等少数

---

① 戴震：《戴震文集》，上海古籍出版社 2009 年版，第 183 页。

② 戴震：《戴震文集》，中华书局 1980 年版，第 141 页。

人之外，他们普遍缺乏这种解释学循环的意识，这突出表现在他们对于方法论解释学循环的人为割裂。

简言之，汉学家虽然倡导由训诂通义理，但由于将训诂与义理认为割裂，乃至在义理面前退却，终致汉学家详于考据而略于义理。在评点汉儒之学时，皮锡瑞曾批评他们"多详章句训诂，章句训诂不能尽餍学者之心，于是宋儒起而言义理，此汉、宋之经学所以分也"。[①] 汉儒之弊如此，反观乾嘉汉学，岂不亦有此弊？汉学家倡导回归汉儒之学，但却不仅未能吸取其经验教训，反而更将训诂一途走向极端。汉学家指责宋学"摆落汉唐，独研义理"[②]，但问题是，宋儒何以至此呢？汉学家主要是从宋学杂染于佛老二氏来解释，却缺少更深层次的反思，以致最终陷入了与汉唐经学类似的迷途之中。因此，当时游走于汉宋两家的翁方纲才殷殷寄言："吾劝同志者，深以考订为务，而考订必以义理为主。"[③] 在翁氏看来，正确的为学之道既要重视考订，又要以义理为归。

汉学家对训诂方法的执着，使得他们的初衷虽是以语言学的观点来解决思想上的问题，然而最终却导致他们以语言问题取代了思想问题。汉学家认为，经书文本可以通过训诂考证而得以还原，进而通过文本解读就可完全揭示经书的意义。归纳法是汉学家常常倚重的一种方法，在他们看来，将同一文字的不同使用互相参照，就能揭示这一文字的本义。然而，语言文字与其表述的意义之间并非只有一种关联，因为同一意义可以由不同文字来表达，同样的，同一文字亦可表达复数的意义内容。当然，汉学既并不是想当然地认为每一个文字均只有一种意义，而是说他们认为文字的意义虽可以多样，但总体是相对固定的。然而，在实际的经学诠释中，对于"一字之义，当贯群经"的持守，使得汉学家更倾向于将语言视为是在唯一地或单一地表述意义的，以至于这种固定文义或生硬理解的做法，常常引起增字解经、强经就我等穿凿之弊。如在《论语论仁论》中，阮元以相人偶来解读"仁"字，并将之视为仁之本义，但夏炘却不无讽刺地批

① 皮锡瑞：《经学历史》，中华书局 2008 年版，第 90 页。

② 《四库全书总目提要》，中华书局 1965 年版，"经部总叙"第 1 页。

③ 翁方纲：《复初斋文集》，《续修四库全书》（第 1455 册），上海古籍出版社 2002 年版，第 420 页。

评说："果如此书之说：必有二人，而仁乃见。则颜子三月不违仁，是颜子之心三月不违于相人偶矣"，"求仁而得仁，是求相人偶而即得之，杀身以成仁，是杀人以成人偶也。其可通乎？其不可通乎"。[①] 汉学家对不少经学概念重新做了解读，如格物、一贯、仁、礼等，其目的就是要还原本义，然而其结果仍有不少值得商榷之处。

总体讲，汉学家力图寻求文字或义理的确定性。然而，完全的翻译或理解总是不可能的，因为义理总是会发生变化。即便是在古圣人那里，经书的义理也没有凝结为某种现成的客观化物，由此，所谓"去圣未远"、"去古未远"的理念难免就有某种教条主义的意味了。事实上，解经者总是处于相对于传统的隶属性与间距性、熟悉性与陌生性之间，而汉学家更多地强调时间距离的消极意义，却没意识到时间距离恰恰是翻译者进行翻译的不可或缺的因素。由此可言，义理并非尽在训诂之中，尤其是，即便对于那些训诂之内的义理，也不会随着训诂的完成而必然得到揭示，这是因为每个翻译总是不同的，如汉宋双方就因突出不同取向而给出了不同的翻译。也就是说，文本的言意之间并不总是一致的，甚至可以说，言不尽意或意在言外乃是存在论上的无可否认的事实，如此一来，"对文本的语言表现寄予全面信赖的文献实证主义，即清代考证学，就不能不说是建立在过于脆弱的方法论之上"[②]。

综言之，汉学家虽然坚信训诂通义理之法的合法性与有效性，然而，这种方法却不是一种自洽的方法。因而，汉学家寄希望由此来消解时间间距、弥合语言性断裂，虽然取得了一定的成绩，但并不能完全见效。

二、剥皮主义：弥合"脉络性断裂"

在汉学家看来，宋学之所以空说义理、误入歧途，实乃由其援佛老二氏之说入儒所致。换句话说，宋学虽然一向以应对佛老挑战、卫护儒家道统为己任，但由于宋学在方法或观念上借鉴佛老，不仅不能实现原初设

---

① 夏炘：《景紫堂文集》卷十一《与友人论论语论仁论书》，清同治景紫堂全书本。

② 山口久和：《章学诚的知识论》，上海古籍出版社 2006 年版，第 97 页。

定的目标，反而导致儒家的历史文化脉络由此中断不继。如凌廷堪有言："自宋以来，儒者多剽窃释氏之言之精者，以说吾圣人之遗经。其所谓学，不求之于经，而但求之于理；不求之于故训典章制度，而但求之于心。"① 基于此，是否援佛老入儒，甚至转化为了汉学家判别某种学术是否承继经学正统的唯一标准，也成了他们捍卫经学之纯洁性的基本原则，而汉学家们之所以坚定地回归汉儒之学，秉承献王的"实事求是之教"，也是基于这种原则而来。对此，阮元的说法极具代表性，其言曰："两汉经学所以当遵行者，为其去圣贤最近，而二氏之说尚未起也。"②

既然宋学之弊是由误入佛老所致，那么，清除宋学之弊、回归儒学原始脉络的必然路径，就是清理宋学核心概念的来龙去脉。早在清初，已有学者对宋学作出溯源性的脉络性考察。如在宋学中，河图、洛书、先后天太极图都是其理论建构中的核心要素，而清初学者通过考察，指出这些学说实乃从道教中吸纳进儒学脉络中来的。再如陆王心学以"十六字传心"为精神纲领，而清初学者则指出，这种传心之法门不过是心学堕入禅学所致，而在这种精神引导下，宋学焉能不有踏虚？不过，前文已经指出，清初学者的学理清算，只是为了修正宋学，是宗宋而采汉，是以经学济理学。与此不同，乾嘉汉学家以汉学为宗，他们对宋学的反宋意识更为明确，因而无论是在深度还是广度上，他们都将清初的学理式辨伪进一步推向前进，力图由此彻底清算佛老二氏的影响，从而为重返纯粹的儒学脉络扫除障碍。

对于宋学的基础性概念或观念，汉学家都专门作出梳理。如程朱以"理"为基础来构建其庞大的理学体系，影响深远。但戴震却通过脉络上的仔细考辨，肃清了其由来，指出程朱这一观念"不过就老、庄、释氏所谓'真宰'、'真空'者转之以言夫理，就老庄释氏之言转而为六经、孔、孟之言"③。程朱以佛老释儒，借用佛老的"真宰"、"真空"来解读孔孟，结果就是将佛老的禁欲、无欲等学说引入儒学，引申出"存天理、灭人

---

① 凌廷堪：《校礼堂文集》，中华书局 1998 年版，第 312 页。
② 阮元：《揅经室一集》，商务印书馆 1937 年版，第 224 页。
③ 戴震：《孟子字义疏证》，中华书局 1982 年版，第 11 页。

欲"的一套说辞，其至异化出"以理杀人"的种种不堪。在戴氏看来，必须肃清这种理论及其恶劣影响，首要的就是要认清儒学与佛老之学的根本边界到底在哪里。一般来看，佛老之学与儒学貌同而实异，但戴氏则认为即便是儒佛之貌也是不同的，而宋学的问题就是因受皮相之蔽而引发。戴氏明确表示，他之所以撰写《孟子字义疏证》，就是为了"破图貌之误，以正吾宗而保吾族"①。

然而，戴震虽然旨在清算佛老对于儒学脉络的干扰，但这种努力在汉学家群体内部并未引起共鸣。如凌廷堪私淑戴震，算是戴氏后学，但他却认为戴氏《孟子字义疏证》开篇先辨"理"字，这就表明戴氏实际上仍处在佛老的脉络中而未能真正超脱出来，这是因为戴氏陷入了与宋学同样的陷阱而不自知。凌氏指出，若从字源上溯源，可知"《论语》及《大学》皆未尝有'理'字"，而宋学家们之所以大谈特谈所谓天理，实则只是"徒因释氏以理事为法界，遂援之而成此新义"②。在凌氏看来，理事、体用等概念都是宋儒从佛老那里转用而来，因此，戴氏本意虽是要破图貌之蔽而正宗保族，但结果却只能是事与愿违，其考辨工作无异于"开门揖盗，反藉揖者而驱除之"③。

在这个方面，阮元之学尤其值得关注。阮氏借助于归纳法，在具体考证儒学中的核心字眼时，往往是以戴震"一字之义，当贯群经"为解释原则，把不同古经中的这个字放在一起进行考察，借以辨识儒学与佛老之不同，进而在尽力剥离佛老影响的过程中，逐步还原六经的原始脉络。这里试以阮元对"性命"的分析为例，简述如何还原儒学的历史脉络。阮氏之所以大肆批驳李翱的复性说，一个主要的原因就是"发明性字误入老释

① 戴震：《戴震文集》，上海古籍出版社 2009 年版，第 168 页。

② 凌廷堪：《校礼堂文集》，中华书局 1998 年版，第 142 页。此外，凌廷堪又说："至于《原善》三篇，《孟子字义疏证》三卷，皆标举古义，以刊正宋儒，所谓由训诂而明理义者，盖先生至道之书也。……而理义固先生晚年极精之诣，非造其境者，亦无由知其是非。"（第 316 页）据此可见，凌氏两处对东原的义理学评价明显不一。依张寿安的解释，凌氏早年私淑东原，对戴氏顶礼有加。与东原义理虽未加赞誉，但毕竟持肯定态度。然晚年凌氏礼学思想成熟后，则对东原义理全面否定之。参见张寿安：《以礼代理》，河北教育出版社 2001 年版，第 34 页。

③ 凌廷堪：《校礼堂文集》，中华书局 1998 年版，第 144 页。

之故"。一般而言，将宋学的远源溯至韩愈、李翱，几成学界共识，但阮氏批评韩愈较少，这主要是因为在他看来韩愈"不似李习之之悖于诸经"，而是否悖于诸经，仍以是否羼杂了佛老为标准。阮氏痛责说："六朝人不阴释而阳儒，阴释而阳儒，唐李翱为始。"佛教以其心性论建构了一整套成佛的方法，而为了重塑儒家的身份认同，韩愈也意识到了在心性论上回应佛教的重要性，进而提出以原道来应对佛老心性论的挑战。但是，韩愈性三品的理论建构难以自洽，且难以付诸实践，以致他本人最终还是把争夺话语权的希望诉诸"人其人，火其书，庐其居"的强制性手段。受韩愈影响，李翱也意识到建构儒家心性论的重要性，不过与韩愈不同，李翱注重取法佛老，依托于性与情（欲）的对立模式，明确提出了息情复性的性命观，从而为宋学奠定了坚实的心性论基础。当然，这在阮氏看来恰恰是引儒学入歧途，他认为，李翱借鉴佛老心术的做法本身就不可取。为此，阮氏在其诸多篇章中，尤其如《复性辨》、《性命古训》、《塔性说》、《节性斋铭》等，均对李翱注重"心通"的"复性说"严加批驳，充分运用文字训诂等方法，通过剥离佛老影响来还原先儒的性命之道（即阮氏所重构的注重"事解"的"节性观"）。此外，阮氏还对儒家其他核心观念，如仁、心、一贯、中庸、敬、道器、格物、良能、良知等，都做了经验实证性的阐发，强烈反对李翱以虚义解经，将圣贤之道误读为一种内向性的、上达的心性论说，而是尽力倡明一种外向的性、下达的实践之道。在《威仪说》一文的结尾，阮氏特意综述了李翱复性说的主要论点，并针对李翱所着重借用的几个儒家材料，以总结性的口吻反驳道："商周人言性命多在事，在事故实而易于率循；晋唐人言性命多在心，在心故虚而易于传会，习之此书是也。……《周易》'寂然不动'，乃言卦爻未撰之先，非言人之心学也；'诚则明'者，乃治民、获上、信友、顺亲之事；'明善'者，乃学问思辨行之事，亦非言静寂觉照也；'人生而静'，言尚未感物，非专于静也；'先觉'、'觉民'，如《诗》之牖民孔易，非性光明照也。"[1] 在阮氏看来，既然李翱对其借以立论的儒家材料都是误读，那么，其复性说及其复性方法自然不足为信。可见，阮氏通过文字训诂等手段回归经典、重释

---

[1]　阮元：《研经室一集》，商务印书馆 1937 年版，第 212 页。

经典，从而将李翱借佛教心法所拔高的圣人之道，重新还原为切实庸近的实践之道。①

为了从根本上接续儒学脉络，汉学家希望跨越佛老二氏与宋学的重重迷障，也催生出汉学家返回往昔与重构过去的尝试。如戴震指出，为了消除脉络性断裂，进而重新融入纯粹的儒学脉络中去，那么，"实事求是"的治经之取向，就有必要转化为一种还原主义的态度与方法，从中辨析何者才是儒学正统之究竟，借以找到回归儒学正统的门径，"以六经孔孟之旨，还之六经孔孟；以程朱之旨，还之程朱；以陆王佛氏之旨，还之陆王佛氏"②。也就是说，以戴震为首的汉学家提出了一种语言或脉络的净化问题。当然，对于汉学家而言，最重要的莫过于以六经孔孟来解释六经孔孟，寄希望于由此获得最本源的解释。

对于汉学家的这种做法，胡适将之形象地比喻为"剥皮主义"。"剥皮的意思，就是拿一个观念，一层一层地剥去后世随时渲染上去的颜色，如剥香蕉一样。越剥进，越到中心。"③梁启超也说："本朝二百年之学术，实取前此二千年之学术，倒影而缫演之，如剥春笋，愈剥而愈近里。"④而在随后的《清代学术概论》中，梁氏又将之进一步提升为"以复古为解放"、不断复古不断求解放的论点。⑤

剥皮主义就是还原主义，其主旨就是为了满足理论纯化的需要，亦即将文本重新放入最初的历史脉络中，从而再现文本最初的历史场景，激活文本的原始生命力。然而，这种还原主义的方法，却容易造成一种人为的方法论抽象。方东树指责汉学家"言不问是非，人惟论时代"⑥，焦循批评汉学家"唯汉是求，而不求其是"⑦，二者的言下之意，都指出了这种倒转时间的浪漫性与抽象性，汉学家无疑深陷此中而难以自觉。如凌廷堪斥

---

① 参见崔发展：《汉宋之争与经典解释》，《四川大学学报》2008 年第 3 期。

② 段玉裁：《戴东原先生年谱》，《戴震文集》，中华书局 1980 年版，第 240 页。

③ 胡适：《戴东原的哲学》，安徽教育出版社 2006 年版，第 125—126 页。

④ 梁启超：《论中国学术思想变迁之大势》，上海古籍出版社 2001 年版，第 133 页。

⑤ 参见梁启超：《清代学术概论》，上海古籍出版社 1998 年版，"自序"第 3、7 页。

⑥ 方东树：《汉学商兑》，商务印书馆 1937 年版，第 79 页。

⑦ 焦循：《雕菰集》，商务印书馆 1936 年版，第 105 页。

责戴震因援佛入儒而采用理、体、用等字，尽以这些概念或语词在原始儒学脉络中的有无为断，钱穆对此批评说："次仲此论，证宋儒以'理事'、'体用'字解经，原于释氏援据尤明备。然六籍所无，而为意蕴所宜有，后儒加之发明，此正后儒之功。程明道谓'天理'由己体得，即是此意。若谓其字来自释氏，即谓其学乃释氏之学，则'道'字见于老庄，儒家即不得言道，'理'字见于佛书，儒家即不得言理；治汉学者，欲专以一'礼'字代之，其事不可能。且宋学与释氏虽同言'理'，同言'体'，其为学精神途辙固非无辨；若必以考覈为义理，即以用字之同，证其学术之无异，排宋入释，夺儒归礼，如次仲所云云，乃亦仍有未得为定论者。"①钱氏此论可谓正中要害。儒学采用与佛老相同的概念，是否就必然与佛老有染，大有可辨之处。若认为原始儒学脉络中没有某一概念，后世皆不得采用，儒学岂能发展？凌氏本是为卫护原始儒学的纯正，但却缺乏真正的历史观念。

若断然说汉学家是复古主义者，可能并不准确。但无论如何，汉学家的历史观念却颇成问题。比如对待语言、概念或观念的历史沿革，汉学家往往只是从消极的层面来解释，却很少重视儒学的发展与此类沿革之间的关联。这就意味着，汉学家的复古主义、还原主义，其实就是历史客观主义，他们有着如此的信念，此即："我们必须置身于时代的精神中，我们应当以它们的概念和观念、而不是以我们自己的概念和观念来进行思考，并从而能够确保历史的客观性。"②汉学家们突出跨越时间间距的必要性，强调重回儒学历史脉络的必要性，都是基于这种客观主义的信念所引发的解释观念。

这种解释观念反映出的乃是一种朴素的历史主义，胡适在解释剥皮主义时，就提到了这种朴素性，其言曰："只有用历史眼光与归纳方法，能使人大胆地把这样一个抽象的观念剥皮到那样朴素的本义。"③那么，何谓历史眼光？何谓朴素本义？胡氏指出，一般而言，义理包括两个不同的

---

① 钱穆：《中国近三百年学术史》，商务印书馆1997年版，第551页。

② 伽达默尔：《真理与方法》，上海译文出版社2004年版，第384页。

③ 胡适：《戴东原的哲学》，安徽教育出版社2006年版，第128—129页。

方面：其一是古经的意义，即朴素的本义或客观的原义（有似于赫施提出的"含义"），体现着历史的眼光；其二是后人的见解，既后人的成见或主观的解释（有似于赫施提出的"意义"），是缺乏历史眼光的体现。在胡氏看来，汉学家致力于将抽象的观念还原至朴素的本义或客观的原义，恰恰体现出了历史的眼光。①

不过，问题是，这种朴素的本义或客观的原义能否实现呢？被胡适所称许的汉学家的历史眼光，恰恰反映了汉学家缺乏真正的历史眼光。这种朴素的客观主义诉求，最终也只能是一种后人的一种成见或前见而已。这是因为，历史总是效果历史，而人的本质就体现在其历史性的存在之中，也就是说，人总是处于历史传统的效果历史之中，因而所谓舍弃后人的历史性而进入到古人的历时性，只能是一种不切实际的或并非朴素的理想主义。其实，在这种观念中，不仅悬搁了后人的历时性，甚至也同样悬搁了古人的历时性。因为古人的历时性也只有在其效果史中才能具体展现出来，或者说，古人的历时性终究不会止步于过去的某个时段，而是总会向当下与未来无限延伸。由此，汉学家的这种所谓的朴素的历史观念，就不得不需要重新给予清理。

综言之，通过尽力肃清佛老的影响，汉学家尝试将经学重新置入原初的儒学发展脉络中，借以纯化儒学，重塑经学权威。必须承认，汉学家的这种努力仍有其思想史意义，但我们也应审慎对待这种方法及其背后的观念。

第四节 "是"：乾嘉汉学的解释目标

乾嘉汉学精校博考，最终乃是为了寻求经书之原文与原义。就解释目标的设定（而非结果或事实）来看，汉学家考究经书原文最终就是为了从中还原出圣人之本义。

如前所述，汉学家强调从"实事"出发，而其所谓"实事"主要是

① 参见胡适：《戴东原的哲学》，安徽教育出版社 2006 年版，第 9、140 页。

指经书文本（乃至泛指一般性的文本），其他诸如金石、典章制度、地理等，也都是根源于文本上的相关记载来展开。与此相应，汉学家从"实事"出发当然是为了求"是"，但汉学家所求取的客观之"是"，却范围甚广，可具体指涉文本层面上的原文、原义、义理、原貌等。也就是说，原义只是"是"中的一个方面而已，原文、原貌等亦包括在"是"中。因此，汉学家所求之"是"不仅指原义，亦应指原文。本节主要就是对"是"进行考量，着重分析如下四个问题。

一、求学与求思：汉学家有无义理

顾亭林、阎若璩等人虽多被视为清代汉学的开山，但乾嘉汉学家对之并非一味肯定。如惠栋虽然肯定顾、阎的考证成绩，但仍表达了对二人的不满，其理由则是：他们"非汉非宋，皆思而不学者也。"[①] 再如江藩虽然对阎氏评价与惠栋不同，但对于顾氏的评价则与惠栋一般无二，认为顾氏仍以宋学为宗，只是认为汉学仍有存在之必要而已，因此顾氏之所论"多骑墙之见，依违之言，岂真知灼见者哉"[②]。顾炎武宗宋采汉，但在惠栋、江藩看来，这种非汉非宋（骑墙之见）的做法，仍是思而不学的表现。可见，乾嘉汉学家对学风转入道问学有明确的自觉意识。那么，如果说顾炎武等人仍是思而不学者，那么，汉学家自身又如何呢？或者说，在汉学家这里，学与思的关系又是如何体现的？章学诚有言："世儒之患，起于学而不思。"[③] 梁启超亦说："综举有清一代之学术，大抵述而无作，学而不思，故可谓之为思想最衰时代。"[④] 汉学家认为宋学有思而不学之弊，故尽力矫正之，然依章氏、梁氏所论，汉学却又矫枉过正，以致有学而不思之病。那么，事实到底如何？

在学的一面，以及在考证或辨伪典章制度、原文方面，汉学家的成就远非前代可比。即便是方东树亦坦言："汉学诸人于天文、术算、训诂、

①　惠栋：《九曜斋笔记》卷二，清光绪贵池刘世珩刻聚学轩丛书本。

②　江藩：《国朝汉学师承记》，上海古籍出版社 1983 年版，第 133 页。

③　章学诚：《文史通义》，中华书局 1985 年版，第 154 页。

④　梁启超：《论中国学术思想变迁之大势》，上海古籍出版社 2001 年版，第 130 页。

小学、考证、舆地、名物、制度，诚有足补前贤裨后学者。"① 尤其是，当时的宋学家如方东树等人在为宋学进行辩护或修正时，往往也是采用考据方法。这些均说明汉学训诂考证之法的巨大影响力。

与此恰成鲜明对比的是，自乾嘉至今，学人们大都认为汉学家的义理成就屈指可数，甚至有学人根本否认汉学家有所谓的义理主张。如章学诚所说："近日学者风气，征实太多，发挥太少，有如桑蚕食叶而不能抽丝。"② 其实，仅就乾嘉时期而言，宋学家自然不会轻易承认汉学有所谓义理可言，而即便在汉学家群体内，针对汉学缺乏义理之类的批评之声也是不乏其人。如焦循就说：

> 近时数十年来，江南千余里中，虽幼学鄙儒，无不知许、郑者，所患习为虚声，不能深造而自得。盖古学未兴，道在存其学；古学大兴，道在求其通。前之弊患乎不学，后之弊患乎不思。证之以实而运之于虚，庶几学经之道也。③

焦氏认为，无论宋学，还是汉学，均未能做到学思兼顾。据其所论，在经学暗而不彰时，应尽力以考证来回归或复兴经学，然而在经学复兴之后，工作重心就有必要从考据存学转向通经明道。学术重心应随时运而转，焦氏这一看法的确是真知灼见。但是，在考证之风盛行的大背景下，汉学家们却执于考证而无心义理，其"证之以实"之功足以"存其学"，而其"运之于虚"之力却不足以"求其通"，仅有其学而无其思。在焦氏看来，这类汉学家称不上是真正的治经之道。由此也可以明了，焦氏何以一再反对用"考据"之名来代指经学。

然而，既然汉学家心中固守着"实事求是"的特定信念，那么，汉学家们就很难将追求义理视为重要的为学取向。不惟如此，部分汉学家甚至不以短于义理为忧，反而避之唯恐不及，以致根本反对追求义理之类的

---

① 方东树：《汉学商兑》，商务印书馆 1937 年版，第 164 页。
② 章学诚：《章学诚遗书》，文物出版社 1985 年版，第 82 页。
③ 焦循：《雕菰集》，商务印书馆 1936 年版，第 215 页。

主张。如王鸣盛就说："盖学问之道，求于虚不如求于实，议论褒贬，皆虚文耳。"① 其实，就像焦循所明确提出的那样，义理必然是"运之以虚"的过程，也就是说，理论必然是抽象的，或者说"虚"与"理"有着必然性的内在关联（理必然为虚），由此，汉学家痛斥宋学蹈虚，实际上也会反向刺激汉学家不敢轻言义理。这种杯弓蛇影、因噎废食的心理状态，在汉学家群体中也是较为普遍的。如王引之曾直言："吾治经，于大道不敢承，独好小学。"② 既然王氏明确提到了"大道"，表明其心中仍有明确的义理观念，但这种观念无疑被束之高阁了，或者说义理诉求与小学训诂被明确割裂开来，亦即通经此时并不一定就以明道为目的。尤其值得注意的是，对于接续大道的根本任务，王氏坦言自己并非"不能"，而是"不敢"，那么，何以不敢？联系上文，不难明了王氏忌惮虚理的微妙心理。诚如前引凌廷堪所言，汉学家普遍认为，虚理在前，就会导致此亦一是非、彼亦一是非的结局，若是如此境况，又何以"实事求是"？又如何体现汉学在寻求确定性上相较于宋学的优越性？据此而言，王氏的"不敢"、"独好小学"，想来并非只是过谦之语，在其内心中并不以探明大道为治经的根本标的了。

这种微妙心理潜生暗长，终成不可遏制的抵制义理主张的学术环境，成了束缚汉学家群体的牢笼。置身于这样的环境或牢笼中，不难想见，乾嘉时期为数不多的几个有义理主张的汉学家，为何会遭到汉学家群体内部的质疑、批评乃至严厉斥责。据江藩记载，戴震之《孟子字义疏证》注重阐发义理，然而在当时就甚少有人能够通其大义，"是以三四十年中，人皆视以为光怪陆离，而莫能名其为何等学；誉者非其真，毁者亦失其实，强作解事而中断之者，亦未有以定其是也"③。其实，这之中并非完全不能通，而更有根本不愿通的抵制心理在起作用。比如，洪榜为戴震作行状，本想录入戴氏的《答彭进士允初书》，因为此信可与《孟子字义疏证》相发明，但朱筠却认为，这封信"可不必载，戴氏可传者不在此"，而戴氏

① 王鸣盛：《十七史商榷·序》，上海古籍出版社 2013 年版，第 1 页。

② 龚自珍：《龚定庵全集类编》，中国书店 1991 年版，第 233 页。

③ 章学诚：《章氏遗书逸篇》，载四川省立图书馆编辑：《图书集刊》第二期（1942 年 6 月），第 38—39 页。

之子最终也的确未将此信纳入行状。① 其实，戴氏虽自认为"仆生平著述之大，以《孟子字义疏证》为第一"②，然而此书的认可度却相当低。如纪昀在读了《孟子字义疏证》后颇为激愤，"攘臂扔之，以非清净洁之士，而长流之污之行"③。其实，戴氏以"疏证"命名，不管戴氏是否如余英时所说此举乃是为了向当时的考证群体进行妥协，也不管戴氏如何看重义理之学的考证学基础，戴氏的最终目的仍是为了追求大义。进一步需要考虑的问题是，戴氏之义理是否如凌廷堪所说的那样不过是在重谈宋儒的老调呢？焦循指出，"运之以虚"虽然是阐发义理的必经手段，但追求虚理的结果却可以在宋学之外再创一种新的义理类型，如戴震就开创了一种有别于宋学的新义理。④ 然而，戴氏的这些属意之作不仅遭到宋学家的斥责，亦未能在汉学群体中得到认同，甚至在戴氏后学中，戴氏的义理主张并未得到更多的赞同。凌廷堪对于戴氏义理主张的相关批评已如前述，而即便像阮元虽然十分推重戴震，但在其主持编撰的《皇清经解》中亦没有收录《孟子字义疏证》。⑤

近代以来，汉学家有无义理成了清学研究中的一个重要问题，尤其在汉学比较中，这个问题也常常被提及。在这些讨论中，一般而言，宋学主于义理而汉学主于考据，或者说，宋学主于思而汉学主于学，这种判定几成学人们的共识。其间的差别，唯在于是否承认乾嘉汉学家群体中有少部分人，如戴震、焦循、阮元等人亦有一些义理思想。对此，可以参考梁启超、熊十力、牟宗三、钱穆、徐复观、朱维铮等人的相关分析。

但是，对于这一问题的解答，学术界一直也有不同的声音。早年如胡适、侯外庐等人，近时如余英时、张寿安、张丽珠等人，均指出清学或乾嘉汉学亦有思想史上的重要意义。尤其是他们通过扎实的研究，指出清

---

① 参见江藩：《国朝汉学师承记》，中华书局 1983 年版，第 98 页。

② 段玉裁：《戴东原集序》，《戴震集》，上海古籍出版社 1980 年版，第 452 页。

③ 章太炎：《章太炎全集》（四），上海人民出版社 1985 年版，第 123 页。

④ 参见焦循：《雕菰集》，商务印书馆 1936 年版，第 95 页。

⑤ 阮元认为，讲性应该以浅近明实为主，而"若言性而不易晓，惟极灵之人始能知之，非天下古今同然之道矣"。基于此，他嫌弃戴震论性"犹言之难而人不易晓"。参见阮元：《揅经室再续集》卷三《节性斋主人小像跋》，上海涵芬楼藏原刊本。

学中不仅有义理学，而且是"新义理学"，而这种主张也越来越引起学人们的关注。胡适就指出："从戴震到阮元是清朝思想史上的一个新时期；这个时期，我们可以叫做'新理学时期'。"① 从其内在理路出发②，余英时认为，考证学并不只是单纯的考证而已，从考证自明末清初至乾嘉时期的演进来看，可以说这一进程表现出了一个确定的思想史方向，此即：汉学家"之所以从事于经典考证，以及他们之所以排斥宋儒的'义理'，却在不知不觉中受到儒学内部一种新的义理要求的支配"③。

上述争论孰是孰非？事实又是怎样的呢？如前所述，汉学家这里的学运的确在道问学这一面，但我们也曾指出，汉学家的经学研究实乃受宋学这一对手的刺激，也就是说，汉学家热衷于考证的背后，显然有某种价值信念的支撑，表现出了相对明确的思想取向。可以说，汉学家所希望的乃是以博实的考证训诂来诠解儒家的原始义理，在他们看来，理想的或真

---

① 胡适：《戴东原的哲学》，安徽教育出版社 2006 年版，第 132 页。

② 这里对余英时的划分做简要分辨。一般而言，宋学有广义、狭义之分。狭义宋学专指理学、心学，广义宋学泛指宋明学术及其在清代之流延。余英时对于宋学亦区分了狭义、广义，其所谓的狭义与一般所指称的狭义宋学相同，但他将广义宋学界划为体、用、文三方面，认为在宋学的发展过程中，这三个方面始终相伴，但不同时期却有不同偏重。余氏进而将广义宋学（即新儒学）划分为如下三个阶段：宋初，体、用、文三个方面各自成形；南宋晚期与有明一代，"体"（即狭义宋学）的一面独大；清代则凸显"文"的一面。基于此，余氏提议把清代考据学重新定义为新儒学的最后阶段。（参见余英时：《人文与理性的中国》，上海古籍出版社 2007 年版，第 116—131 页）余氏试图由此证成其"内在理路说"，但这一划分并不周全。因为，一方面，将广义宋学界划为体、用、文三个层面，与清儒习惯于将儒学划分为义理之学、考据之学、辞章之学、致用之学的做法，并无本质区别，而这就表明余氏的划分仍是被包含在儒学内部的，而并不只是广义宋学的所指。由此而言，余氏所界定的广义宋学未免太过宽泛，在合法性上难以立足，如所谓的"体"（义理）在清儒与宋儒那里的所指并不相同，因而不能简单将此二者归入同一概念中。但另一方面，余氏又明确意识到了这种不同，如他也曾指出，清儒之义理乃是儒学内部的一种新的义理要求（参见余英时：《论戴震与章学诚》，生活·读书·新知三联书店 2000 年版，"自序"第 3 页），那么，这就表明他肯定了清儒之"体"不同于宋学之"体"。据此来看，余氏对广义宋学的界定，要么过于宽泛，要么难以成立。

③ 余英时：《论戴震与章学诚》，生活·读书·新知三联书店 2012 年版，"自序"第 2 页。关于汉学家有无思想或义理的引文与争论，可参见黄爱平：《百年来清代汉学思想性问题研究述评》，《清史研究》2007 年第 4 期。

正的为学方法应该是寓"思"于"学"。其实，汉学家之所以秉持一种还原主义的信念，无论是他们追求原文还是原义，其中折射出的就是汉学家不同于宋学的一种价值诉求与思想取向，也就是说，汉学家为学的背后岂能没有为思的支撑？尤其是，汉学家对"实事求是"的倡导与践行，岂不正是这样一种价值与精神的鲜明表现？这就意味着，精神性或人文性的知识论述，必然有一定的价值观的支撑，并没有所谓纯粹的"为考据而考据"、"为学问而学问"。

然而，即便我们承认乾嘉汉学不仅只有学术史的意义，而且亦有思想史的地位，但是这里却必须分清两个问题，即：汉学家的学术追求（为学主张、考据学）是否具有思想史意义，与汉学家自己是否提出了所谓的义理主张，二者所处的层面毕竟不同。当然，乾嘉汉学自有其效果史，对于争论双方而言，很难说哪一方必然是错误的，但无论如何，相对而言，哪一方更为合理些却是可以大致说明的。如上所论，在其为学实践中，大部分汉学家其实并没有切实贯彻此类思想主张。汉学家虽然在事实上并没有达到崇实黜虚、通经经世之目的，甚至汉学末流者不再以这些目标为中心而大有蹈虚之弊，但在其究心于考证的背后，其实仍旧暗含着对这种目的导向的意识。不过，即便我们承认这一点，却仍不能否认如下事实，此即：汉学家所阐发的义理，几乎都被淹没在烦琐考证之中，缺少严格性与系统性。依此而言，汉学家的心理事实毕竟不同于历史事实，尽管他们在心理事实上表现出了一定的思想走向，但在历史事实上他们毕竟更在意、也更擅长于考据工作。因此，汉学家虽然高扬"实事求是"的大旗，但就其客观认知的结果来看，其所求得的"是"更主要的还是原文。或者说，乾嘉汉学研治经学的成就，主要表现在外部知识形式上的规范性、经验性，或者如胡适、梁启超等人所说的科学性，而并不在于内部知识内涵的探究上。有学者指出，"汉学家中多经师而少思想家，多校史者而少史学家，多校注而少著作，多训诂而少思想，是缺乏历史意识之学"[1]，这一判断的确符合汉学的整个学术取向。

如上所述，乾嘉以降，对于汉学家的这种取向上的问题，学者们多

---

[1]　汪学群：《中国儒学史·清代卷》，北京大学出版社 2011 年版，第 303 页。

持批评态度。在此基础上，相应的纠偏方案主要围绕如下两个方向来进行：一是在汉学内部寻求挽救或修正的办法，既强调训诂的重要性，同时又提倡或鼓励在训诂的基础上进一步去探求义理；二是重新取道宋学来弥补汉学的义理不足，指出汉宋兼采的紧迫性与必要性。乾嘉末期，汉宋兼采、今文经学之所以越来越受学者们的重视，恰恰也能佐证汉学家的确缺少致用性的思想追求。

众所周知，宗教性与宗教不同，说儒学具有宗教性，并不意味着儒学就是宗教。与此相似，说汉学家有某种思想走向或动向（思想性），并不意味着汉学家就一定具有思想或义理了。比如，即便我们可以说每个人都有其价值取向或精神诉求，但这绝不是说每一个人由此就都是思想家了。诚如龚自珍、余英时等人所论，汉学家的确是有志于取道"道问学"而寄希望于由此接续原始儒学，然而，必须承认的是，乾嘉时期，在义理层面上能够有所创见的汉学家毕竟是少数，而能够建构理论体系的汉学家更是屈指可数。其实，与以体系建构为要务的宋学不同，汉学家将其学术范式或思想规范扭转至寻求经学的经验性、实证性，他们对于思想体系的建构本就持有明显的拒斥态度。由此，汉学家有时只是把义理诉求作为一种口头上的意愿罢了，他们甚至缺少讲求义理的热情与动力，更不用说还要在此基础上去建构所谓的义理系统了。一般而言，在乾嘉汉学家群体中，对义理有所阐发者，不过只有戴震、焦循、钱大昕、阮元、凌廷堪等人而已，而即便如此，仅就这些人而言，情形也不容乐观。胡适在《戴东原的哲学》中"戴学的反响"一节中，曾专门比较焦循、凌廷堪、阮元等私淑戴震者与戴震之间的不同，认为虽然他们与戴震一道闯出了一条哲学化的道路，开启了"新理学时期"，然而，这几个人却算不上戴学的真传，甚至有背离戴学精神的表现，因而"二百年来，戴东原真成独霸了"。依胡氏的言下之意，戴震在义理或哲学成绩上可谓是一枝独秀，而其后学或"后戴震时代"在这一方面却不尽如人意。所以，从整体上看，胡氏认为"清朝的二百七十年中，只有学问，而没有哲学；只有学者，而没有哲学家"[1]。

---

[1] 参见胡适：《戴东原的哲学》，安徽教育出版社 2006 年版，第 63—157 页。

　　总体上讲，胡适的判断是不错的。从现有材料的整体情况来看，汉学对义理的阐发，甚至很难被清晰地感知到。比如，我们虽然承认戴震、焦循等人有所谓新义理，然而，事实却是，就当时批评者（无论是汉学家，还是宋学家）的认知来看，汉学的最大弊病并不是讲出了一套与宋学不同的新义理，而是始终在于只做考据却不讲义理这一点上。早在乾嘉时期，方东树、章学诚、张惠言等人就批评汉学家不讲义理，如张惠言说："数十年之间，天下争为汉学，而异说往往而倡。学者以小辨相高，不务守大义。或求之章句文字之末，人人自以为许、郑，不可胜数也。"① 乾嘉以降的许多学者仍然持有类似批评。而时至冯友兰等现代新儒家，仍认为汉学家们只是宋明理学的降格化的延续而已。如冯友兰认为，汉学家所要解决的问题仍是宋明理学提出的问题，"汉学家之义理之学，表面上虽为反道学，而实则系一部分道学之继续发展也"②。

　　其实，汉学家忽略义理，并非完全是因为不自觉所致。从当时乾嘉时期的学术大环境来看，汉学家之所以究心于考据而较少推衍义理，甚至可以说，乃是一个被动而显主动的过程。就汉学家群体内部的氛围来讲，发挥义理乃至谈论（广义）宋学并不是一个轻松的话题，从而最终造成了汉学家对于宋学的进退失据。汉学家对宋学抱有一种相当矛盾的态度，不推阐义理就会与传统儒学之本旨相背，然而发挥义理却又常常被视为重蹈宋儒覆辙，因为宋学往往被视为义理的代名词，乃至一切与"宋"有关的东西都被放在了汉学家的对立面。如方东树就认为，汉学家对宋学本就抱有偏见，所谓"近世风气，但道着一宋字，心中先自有不喜意，必欲抑之排之，以署其短失而后快于心"③。在这种凡宋必反的心态驱使下，即便有个别汉学家援引宋学中的某个观念乃至字眼，也常常被汉学家们口诛笔伐，视为万难接受的东西。如戴震以《孟子字义疏证》为书名，已向汉学家群体有所妥协，然而凌廷堪却并不领情，他对此书开篇即辨"理"字

---

① 张惠言：《茗柯文编》，上海古籍出版社 1984 年，第 119 页。

② 冯友兰：《中国哲学史》，中华书局 1984 年版，第 974 页。

③ 方东树：《考槃集文录》，《续修四库全书》（第 1497 册），上海古籍出版社 2002 年版，第 355 页。

仍大为不满。同样的，章学诚在《原道》中倡发大义，然却因篇名陈旧而被诋为陈腐。① 当然，在实际为学中，汉学家群体中难免有暗承宋学之人，但这种与宋学的关联却多被有意回避。梅伯就曾提到汉学家的这种警惕心理："后之学者，辨汉、宋，分南、北，以实事求是为本，以应经义、不倍师法为宗。其始亦出于积学好古之士为之倡，而末流浸以加厉。……至前贤义理之学，涉之惟恐其污，矫之惟恐其不过。"② 即便是戴震有志于求义理，但他也刻意回避与宋学的任何关联，即便是宋学对于汉学有所继承的部分也被坚决摒弃，对此，刘师培有言："乃东原诸儒于汉学之符于宋学者，绝不援引，惟据其异于宋学者以标汉儒之帜。于宋学之本于汉学者，亦摒斥不言，惟据其异于汉儒者，以攻宋儒之瑕。是则近儒门户之见也。"③ 据上所述，汉学家对义理层面的宋学（乃至于广义宋学）可以说是厌弃至极、讳莫如深，这种偏激心态与门户之见甚至构成了汉学家群体持守的某种意识形态。如此一来，对宋学的心态必然会阻碍汉学家通向义理的道路。尤其是，不可忽略这一点，比如我们总是难以从汉学家中直接攫取义理类的资源，而是需要通过一番工夫才能从其烦琐考证中抽绎出这种新义理，这反而恰恰表明汉学家本人对新义理的重视程度或许并不像我们今天所愿意看到的那样。

综上所论，乾嘉汉学家未尝没有义理之求，但对此又应该怎样理解呢？从其量上看，的确少，且散漫而无所统；但从其革命意义或思想史意义上看，则不可谓意义不大，不过这种意义是回溯性地被重视或被建构的，因而并不足以说明义理之求本就是汉学家群体为学的主要线索，这是必须要分清的。

二、求古与求是：复古主义，还是客观主义

如上所述，就义理主张来看，一方面，汉学家只是将明道高悬起来

---

① 参见章学诚：《文史通义》，中华书局 1985 年版，第 141 页。

② 钱穆：《中国近三百年学术史》，商务印书馆 1997 年版，第 635 页。

③ 刘师培：《清儒得失论》，中国人民大学出版社 2004 年版，第 213 页。

而仅以通经为要务，乃至于对虚理根本上就抱有讳莫如深、刻意回避之态度，这种心理与态度，致使汉学家终究未能在义理上取得大的突破，尤其是汉学主要针对宋学而言，而与宋学相比之下，汉学家短于义理这一面就更为突出了；但另一方面，必须承认的是，汉学家并非完全排斥义理，虽然部分汉学家只是口头上表达了这种诉求，但的确又有少数汉学家有志于推阐义理，有追求义理的明确意识与行动。由此，进一步需要探讨的问题在于：既然汉学家致力于追求原文或原意，那么，他们是否实现了这一目标？

汉学家认为，"求是"必以"求古"为前提，正所谓"经学之荒也，荒于执一先生之言而不求其是，苟求其是，必自信古始"①。求古与求是虽然有关联，但在信古观念的驱使下，汉学家有时难免会把"以古为师"错会为"以古为是"，如崔述所描述的这种现象："近世学者动谓汉儒近古，其言必有所本，后人驳之非是；……特学者道听途说，不肯详考，故遂以汉儒惟皆可信耳。"②崔氏所谓"近世学者"想来不是个别汉学家的问题，而应当指代一种群体性的现象，尤其是这些学者具有唯以汉儒近古而认汉儒之是为是的心理倾向，时常（"动谓"）把"汉儒近古"一条奉为金科玉律，不可详考其实，这样一来，就难免将求是与求古相混。如乾嘉时期吴派的开山者惠栋，就有这类唯汉是尊的明显倾向。众所周知，宋儒援引陈抟的河图洛书来建构自己的理论体系，惠氏不赞同此说，后通过精校博考，指出河图洛书乃是虚妄不实之说。然而，惠氏在研治《易》学时，信古的念头最终还是压倒了求真的实证精神，以致他仍是肯定了郑玄之"爻辰"、虞翻之"纳甲"等这些在本质上与河图洛书并无区别的谶纬学说。这种态度与做法，使得惠氏更近似于一个复古主义者。惠氏高举汉学旗帜，明确区别汉学、宋学，领一时学风，不可小觑；但从另一方面看，惠氏也因其信古、泥古的教训而成为汉学家反思的教训。如阮元指出，惠氏易学虽有显著成就，但亦多有似是而非之处："国朝之治《周易》者，未有过于征士惠栋者也。而其校勘雅雨堂李鼎祚《周易集解》与自著《周易

---

① 朱鹤龄：《愚庵小集》，上海古籍出版社 1979 年版，第 330 页。
② 崔述：《崔东壁遗书》，上海古籍出版社 1983 年，第 270 页。

述》，其改字多有似是而非者。"①

不过，汉学家既然高举"实事求是"的人旗，自然不会尽皆陷入惠栋式的复古主义中去。与对惠氏之经验教训的汲取相应，部分汉学家明确区分"求是"与"求古"之间的不同，且更为强调"求是"的重要性。如钱大昕所说："以古为师，师其是而已矣，夫岂陋今荣古，异趣相高哉！"②以古为师并不等于以古为是，也就是说，并非凡古皆是或凡古皆对。这就表明，"今"有是非，"古"亦有是非，既然如此，是非问题就不应以时代之先后为断，既不能荣今陋古，也不能荣古陋今，由此，一切自然都应当唯"是"为从。如阮元有言："儒者之于经，但求其是而已矣，是之所在，从注可，违注亦可。"③在将为学重心从求古转至求是的学术自觉下，钱大昕、阮元等部分汉学家身上亦能表现出一种"考古必宗诸是，持论务得其平"④的客观主义精神。

由此，研治经学理当以"求是"为鹄的，然而，"是"又是什么呢？如上所论，"是"包括原文与原义两个方面。当"是"指代原文时，因为原文相对固定，一般而言，通过考证、辨伪、校勘、辑佚等工作，大致可以将之还原出来，争议较少；不过，当"是"指代原义时，即便汉学家遵循"古圣人造一字必有一字之本义。本义最精确无弊"的理念，但是圣人造字时的"本义"到底是什么，仍然是难以一言而尽。汉学与宋学在经义上的差别显而易见，那么，汉学内部是否能达成一致呢？看来也不是。仅就汉儒经学而言，其对原义层面的"是"就持有不同见解，所谓"汉儒虽专精，然岂必皆是？当时五经，已各异议"⑤。如此一来，乾嘉汉学家势必更难在原义上达成共识，即便他们有更为成熟的考证方法，也很难实际达成这一目标，因为他们毕竟只能通过汉儒之学来理解原始儒学的本义，终归是又隔了一层。

王念孙有言："说经者期于得经意而已。前人传注不皆合于经，则择其

① 阮元：《十三经注疏》，中华书局 1980 年版，第 12 页。

② 钱大昕：《潜研堂集》，上海古籍出版社 2009 年版，第 391 页。

③ 阮元：《揅经室一集》，商务印书馆 1937 年版，第 226 页。

④ 阮元：《揅经室集》，中华书局 1993 年版，第 678 页。

⑤ 方东树：《汉学商兑》，生活·读书·新知三联书店 1998 年版，第 362 页。

合经者从之，其皆不合，则以己意逆经意，而参之他经，证以成训，虽别为之说，亦无不可。"①表面上看，王氏仍是以追求经意为目的，似乎未脱经学藩篱，但若要有效分离"己意"与"经意"，却颇为困难。因此，以经证经也好，以己意合于经意也罢，汉学家的求是总归只是认祖归宗的一种自我认同，这也就意味着，即便汉学家宣称"学不宗孔孟，必入于异端"，但他们却难免以己意说经，或者阐发除了新意，或者沦为一种似是而非的师心自用，但无论如何，此中或许已有突破经学藩篱的不自觉的表现了。

比如，焦循已明确认识到戴震提出了一套自己的义理主张，并指出这套义理与宋儒之义理明显不同，那么，戴氏义理与原始儒家的义理是否相符，或者退一步讲，戴氏义理与汉儒原意是否相符？答案只能是否定的。如在先秦儒学中，"气"具有实然的、具体的意义，而这一意义在戴氏义理中并没有体现，且戴氏对孟子的"养气说"亦不甚理会。其所谓的"气"主要是指气禀与血气之气，且与其对性情的解读紧密相关，而其中的"气禀"之义更是对宋学概念的借用。迄今为止，与两汉经学相比，以乾嘉汉学为代表的清学有什么独特性？二者之间的联系与区别是什么？对于这些问题，学界多有探讨，如徐复观、章太炎、熊十力、刘师培等学人从不同的角度进行了解答，其结论也几成学界共识，其中对戴震义理与汉儒之学的不同多有涉及。②

戴震如此，焦循又如何呢？焦循也是一个常常被拿来佐证乾嘉汉学有义理之学的代表。焦氏虽然仍坚定地以"实事求是"为准则，但是与多数汉学家不同，他明确反对以汉为是、唯汉是求，甚至于抵制所谓"考据"或"汉学"之名。"近之学者，以考据名家，断以汉学，唐宋以后摒而弃之。……然则九流诸子，各有所长，屏而外之，何如择而取之，况同为说经之言乎"，"且宋以前学术屡变，非汉学一语可尽其源流"，认为所谓"求是"并不是去求汉儒。不过虽然焦氏对于汉学之外的学术流变有所关照，但这种关照仍只是在归宗孔子（回到孔子）上的兼采而已，其言曰："学者述孔子，而持汉人之言，惟汉是求，而不求其是，于是拘于

① 王引之：《经义述闻·自序》，上海古籍出版社 2016 年版，第 1 页。
② 参见吴通福：《清代新义理观之研究》，江西人民出版社 2007 年版，第 60、63—64 等页。

传述，往往扞格于经文。是所述者，汉儒也，非孔子也。"① 汉儒之学，非孔子之学，那么，焦氏之学，是否即孔子之学？从学界的现有研究来看，焦氏亦未能严格遵照孔子的路子来阐发儒家义理。不惟如此，他更像是要让孔子成为他自己义理的代言者了。焦氏意识到"虚"与"理"的必然性关联，明确提出了"运之以虚"的解经学原则，进而以此原则为指导，由通经而明道，一反汉学家群体内普遍存在的轻视义理的不良倾向，既重视对孟子学的解释学推阐，更重视对易学的解释学建构，从而最终建成了以易学—算学观念为核心的庞大体系（侯外庐称之为"均衡论"）。而其所著《论语通释》也并非是要还原《论语》的原意，而更像是在阐发他个人的想法。② 由此而言，与原始儒学相比，焦氏的理论体系明显有着不同的样貌。

汉学家推阐的义理不仅有别于原始儒学、汉儒之学，而仅就他们自己的义理主张之间的相互比较而言，也是异大于同，乃至可以说是大相径庭。如凌廷堪虽然欣赏戴震对宋学意义上的形上之理予以否定，但他却倡导"以礼代理"，并坚决反对戴氏仍从道德层面来解释理的内涵，寄希望于由此完全消解"理"的形而上学建构；再如阮元与凌廷堪唱为同调，对于那些明显带有宋学意味的字眼或词汇，或对其重新进行实证性的诠解，或刻意回避"理"、"气"之类的措辞，不过，与凌氏十分重视"礼"道德内涵不同，阮氏反复去推究"仁"的道德意蕴。阮氏对"仁"的解释，颇有新意，通过将不同文本中的"仁"字归纳在一起进行比对、参照，力求其本义。阮氏发现，"仁"字应当解作"相人偶"，单个人并不涉及仁或不仁的问题。虽然此说亦有其难以回避的问题，但必须承认其对后人的巨大影响。阮氏对其他儒学的常用概念几乎均有详细考证，如对"性"、"心"等概念的理解，均有发前人之未发之处，与戴氏、凌氏相比，其中的差别也是在在而有。对此，学界已有不少研究。③ 阮氏对心的解读尤其与众不

---

① 焦循：《雕菰集》，商务印书馆 1936 年版，第 105 页。

② 程刚：《阮元〈性命故训〉威仪说的初步研究》，载彭林主编：《清代经学与文化》，北京大学出版社 2005 年版，第 337 页。

③ 关于戴震、凌廷堪、阮元三人在义理层面上的异同，具体可参见吴通福：《清代新义理观之研究》，江西人民出版社 2007 年版，第 15、76、126 等页。

同，孔孟以来一直将心视为身内之物，宋儒对心的解读虽有形上之义，但仍是基于内心而发，而阮氏却竟然把心诠解为外露的纤细之物。显而易见，这种理解因太过执守其经验论、实证论立场而不能不有穿凿之嫌，更有别于许慎《说文》所讲"心，人心。土减也。在身之中，象形"的汉儒之学。这说明乾嘉汉学家所求之"是"，也多是对自己思想的直接或间接的表达，而这就意味着，即便是就汉学家而言，"实事求是"之"是"也是人言人殊，像方东树所指出的那样，对同一个对象的解释，如即便是对经书所记载的那些实物的考证性分析，汉学家们也没有一致的结论，更不要说义理上有所谓的绝对的共识了。

综上所论，乾嘉汉学家的经学复兴运动，事实上绝非什么纯粹的还原主义或复古主义，而只是、也只能是对义理的重新建构，或者说是一种新义理的阐发。只是与宋儒直陈义理不同，汉学家往往是援字成训，强调文本对于解释的制约，因而显得更有客观意味。但无论如何，汉学家主观上对复归原义的向往与热情，与客观上所实现的新义理的结果，有着明显的不同，此即心理事实与历史事实的不同。这就意味着，汉学家借"实事求是"话语所宣扬的回归汉儒、回到孔子之类的还原主义的主张，在实际的经学解释中并不能真正实现。这是因为还原主义本身就有其不可回避的困难。对此，我们将在第四章中尝试作答。

三、求是与求用：合法性，还是效用性

《四库全书总目》有言："汉儒说经以师传，师所不言，则一字不敢更。宋儒说经以理断，理有可据，则六经亦可改。然守师传者其弊不过失之拘，凭理断者其弊或至于横决而不可制。"[1] 在说经上，以师传还是以理断，则结果不同如此。比较而言，汉学无疑更重合法性，而宋学则更重有效性，其方法论或诠释路径之异的确如此。但或许更应说，汉宋对合法性有着不同的界定，宋学寻求道德的先验合法性（不可证实或证伪），而汉学则削弱了这种泛道德主义，致力于寻求经义的文本合法性、经验的合法

---

[1] 《四库全书总目》，中华书局 1965 年版，"经部总叙"第 1 页。

性。不过，在传统经学框架下，无论汉学还是宋学，在寻求合法性的同时，又不可能完全忽略效用性，汉宋之争亦由此多了一层合法性与效用性之间的纠缠。

汉学家将为学的合法性或自明性，等同于考证训诂的经验实证性，"单词片义，具有证据"①，体现出了一种客观主义的取向。与此相比，方东树虽然极力驳斥汉学家复古、求是的客观主义，但他本人却并不是一个非客观主义者，恰恰相反，他仍将程朱之理视为不变之恒道，从而同样陷入客观主义。但是，与汉学家固守本字、本义而不求变通的观点明显不同，方氏抛弃了这种刻舟求剑似的思维模式，而提出了"言各有当"的原则，并由此一再批评汉学家的客观主义。②事实上，方氏如果将这一原则应用在自己身上，那么，他对程朱的形而上学式的解释也会被消解掉，只是他并未将批评与自我批评结合起来，而仅将这一武器指向汉学家。方氏认为，所谓"言各有当"，乃是说一个字、词或概念的意义，常常会因场景的不同而有所变化。显而易见，方氏明显是在反驳戴震"一字之义，当贯群经"的诠释原则，在他看来，如果固守本义而不知变通，势必会死在字下，虽不凿空，却成穿凿。

基于此，方氏进一步把"言各有当"由诠释性原则转换为实用性原则，意在凸显语词、概念、命题乃至行为的当下性（有用性、有效性）。比如，汉学家常常批评宋儒杂于佛老而误入歧途，但在方氏看来，面对佛老话语咄咄逼人的严峻形势，宋学家们发明大义、维护儒学门户，正是遵循了一种当下化的、有用性的解释原则。即便宋学借鉴了佛老之学，但却是为了以夷制夷、以佛老之道还施彼身，实乃应时而发，这恰恰是宋儒的大功。试想，如果方氏的这一辩护成立，那么，宋学被扣上的非客观主义的帽子，就轻而易举地摘除下来了。

此外，方氏对"言各有当"的原则，也一般地演化出一种以退为进的实用性主张。在为宋学的有效性进行申辩时，方氏不时拿出这一武器。程朱认为"克己"应作消除私欲来理解，但是在焦循看来，此解缺少文本

---

① 卢文弨：《抱经堂文集》，中华书局1990年版，第25页。

② 参见方东树：《汉学商兑》，商务印书馆1937年版，第39、49、73、101等页。

依据，而方氏却反驳说："政使……程子、朱子皆望文生义，亦岂曰不确。且以存理遏欲为说，亦何害于学者为仁之旨乎。"① 方氏认为，即便程朱的确是望文生义（合法性有问题了），也不能简单地就否定程朱之说，因为从有用性上看，遏欲明理仍然是为仁之道的题中应有之义。再如汉学家大都批评宋学堕入禅学，而方氏则认为："窃尝谓为学而能堕于禅，此虽为圣学之害，然大段已是上层人物。若其余，则皆溺于货色、忿欲私曲、邪佞者众也。"② 也就是说，与那些沉迷于声色物欲、逞私邪佞之人相比，为学堕禅者倒更值得尊重。可见，方氏仍是意在从效用性上来曲为宋学张目，甚至不惜冒着被指责为替禅学辩护的危险。方氏此见不孤，时至晚清，夏炘亦提出了类似主张。阎若璩等人致力于证伪《古文尚书》，但在夏氏看来，此书虽不可尽信，但亦并非皆不可信，即便此书真是伪撰，然历代朝廷颁置学官，历代儒者沿用至今，其间岂可全无道理？因此，绝不能因此书有伪而一概弃之不用。③ 从效用性的原则来看，夏氏此论不无所见，《古文尚书》虽被汉学家证伪，但其在历史上的确曾发挥了重要作用。或者说，材料的真伪与价值的有无，这是两个问题，即便材料有伪，但并不代表这些材料就毫无价值可言了。

不过，这种基于效用性原则而来的批评，对于汉学家而言未必尽皆适用。汉学家并不是全然否认效用性原则，比如他们在为行上就是基于效用性的考量而主张尊宋的。但在为学上，汉学家却坚持合法性优先的原则，致力于"由文字、声音、训诂而得义理之真"④。汉学家们普遍认为，宋学的一些提法固然有益于身心修养，但从为学求真的角度来看，这些提法毕竟不符合原始儒学的本义，因而在合法性上是站不住脚的。如焦循曾有言："善医者存人之身，善述者存人之心，故重乎述也。不善述者，拂人之长，引而归于己之所知，好恶本歧，去取寡当。绘人者嫌眇而著瞭，

① 方东树：《汉学商兑》，商务印书馆 1937 年版，第 76 页。

② 方东树：《汉学商兑》，商务印书馆 1937 年版，第 68 页。

③ 参见夏炘：《夏仲子集》卷三《书阎百诗〈尚书古文疏证〉后》。方东树亦有相似论断，参见方东树：《汉学商兑》，商务印书馆 1937 年版，第 29 页。

④ 钱大昕：《潜研堂集》，上海古籍出版社 2009 年版，第 390 页。

恶偻而形直，美则美矣，而非其人矣。"① 如前所述，训诂无异于翻译，而在信、达、雅的翻译标准中，焦氏无疑认为信（合法性）应先于雅（效用性）。可见，焦氏明确区分了效用性（求用）与合法性（求是、存真）。据此而言，夏氏、方氏与阮氏、焦氏所遵循的原则显然不同，而仅从这一区分来看，夏氏、方氏对宋学的卫护，或可说已经跳出了汉学家相关述评的既定论域，已有脱域之嫌。

其实，由于"实事求是"的观念在汉学家群体中根深蒂固，如前所述，汉学家对这一观念亦有其与众不同的理解，而他们亦由此一再强调"实事"对于"是"的合法性的优先地位。不过，由这种理解所带来的如下问题，应当予以分辨。

首先，对于汉学家而言，合法性比有效性或有用性更能引发其认同，也就是说，与求用相比，求是的优先性是必须要严格遵循的。但是，在实际的治经活动中，汉学家本就持守宗汉采宋、汉宋分治的二分原则，而为了凸显求是的这种优先性，他们难免就会进一步强化知与行、学与行或通经与明道之间的分裂状态。由此，一方面，对合法性的强烈诉求使得汉学家究心于考证，进一步强化了为学问而学问的一面；另一方面，对效用性的忽略却使得汉学家进一步弱化了通经致用的传统教义。但这种分裂局面却只具有相对性的意义，因为汉学家并不是截然分离合法性与效用性，而是希望由合法性上来制约效用性，或者说，追求合法性最终还是为了夯实效用性的地基。如前所述，阮元一方面看似明确区分了合法性与有效性问题，并强调合法性先于有效性；但另一方面却又说"精校博考，经义确然，虽不踰闲，德便出入，此又一弊也"②，也就是说，即便合法性（经义确然）上没问题了，但若不能在此基础上进而考虑效用性，则仍是为学之弊。再如汉学家通过文字训诂等手段，从合法性上重新解读格物、区分新民与亲民、以行释贯、重视妇女与婚礼问题，但这种合法性诉求的背后，却亦有着现实之"用"的考量，体现出鲜明的经验论色彩。然而，这种实用性考虑却又表明，汉学家的考证并未一切都能客

① 焦循：《雕菰集》，商务印书馆 1936 年版，第 106 页。
② 阮元：《揅经室一集》，商务印书馆 1937 年版，第 32 页。

观合法。

其次，尽管合法性与效用性有分离的一面，但在传统经学框架下，汉学家时常纠缠于合法性与效用性之间，甚至无法合理分离合法性与效用性。汉学家有为学问而学问的一面，但这一面却并不纯粹，或者说总是难以从传统儒学通经致用的脉络中彻底挣脱出来。如钱大昕有言："儒者之学，在乎明体以致用，《诗》、《书》、执《礼》，皆经世之言也。《论语》二十篇，《孟子》七篇，论政者居其半，当时师弟子所讲求者，无非持身处世、辞受取予之节，而性与天道，虽大贤犹不得而闻，儒者之务实用而不尚空谈如此。"① 儒者仍以明体达用为旨归，应务实用而不尚空谈，但一旦关联到效用性原则，那么，在明体达用上如何区分汉学与宋学，就仍是难题。即便明体基于训诂之上（汉学之体），但合法性却并不足以保证效用性。在汉学家看来，义理存乎典章制度，也就是说，义理的来源或合法性必须基于典章制度而来，但问题是，从典章制度推源出来的义理是否能够满足现实的需要？经书的典章制度只是对过去的记载，无论考训得如何清楚明白，依旧需要变通或损益才能适合当下的需求。因此，所谓"问治经必通训诂，博稽制度，进求义理以达诸躬行"，一种义理是否源本于经书所载的典章制度，与这种义理是否能够达诸躬行，是两个不同的问题。前者是合法性问题，而后者则是有效性或有用性问题。由此而言，当江藩说"训通圣人之言，而正心诚意之学自明矣"② 时，仍只是关注到了合法性，而对此学自明之后的有效性或有用性问题，却并不是很在意。进一步讲，从汉学家分离知行的角度看，江氏更注重为学的合法性（自明性），却不仅忽略了为行的合法性，甚至也淡化了为行的有用性问题，但这样一来，"进求义理以达诸躬行"实际上就断了线。不过，汉学家却的确有了为学问而学问的一面，尽管他们未必就理清了为学的合法性或自明性问题。

再次，无法分离效用性与合法性的结果，容易导致用一方取代另一方的倾向。如卢文弨所言："夫杂学不如经学，而穷经之道又在于言理。

---

① 钱大昕：《潜研堂集》，上海古籍出版社 2009 年版，第 422 页。

② 江藩：《国朝宋学渊源记》（卷上），生活·读书·新知三联书店 1998 年版，第 186 页。

理何以明？要在身体而力行之，时时省察，处处体验。"①穷经而明道，明道而致用（身行），这不正是传统儒学乃至宋学所倡导的原则吗？但若如卢氏此言，身为汉学家的卢氏与宋学之间几无分界了，或许卢氏是想打通效用性与合法性，但观其所论，与宋儒何异？一旦汉学家在为学上要兼顾合法性与效用性，那么，他们就更容易遭到来自效用性上的质疑与挑战。如游走于汉宋之间的翁方纲就认为，一个对象是否值得考证，就取决于它是否有用，"且夫考订之学大则裨益于人心风俗，小则关涉于典故名物，然一言以约之，曰取资于用而已，经曰：'不作无益'，有裨于用则当考之，其无益者则不必考，知此则考订之大端在是矣，如其不适于用也，虽以古经师、大儒所言，如郑氏之言六天，卢氏注大戴之言，明堂、路寝，甚至显著于经，如祭祀之黄尸、公尸，丧服之父在为母期年，此等不可行之事考之何用？不考之未为寡陋也。如其适于用也，虽以后世书家、画家之迹，至如黄庭、乐毅、洛神诸本之原委先后详考之，岂不有裨益乎？故考订不论其巨细远近，但争其有用与无用，有益与无益而已"②。依翁氏所言，为学一本于效用性原则，有用则考之，无用则弃之，这里根本无关乎合法性问题，或者说，这里以效用性取代了合法性，但如此一来，实事与实用的边界更加模糊不清了，而汉学家"实事求是"的原则，岂不蜕变成了一种实用主义？

最后，汉学家之治经，奉行还原主义的原则，希望由原文来为原义提供合法性。犹如段玉裁所说，汉学家遵循先定底本之是非，进而再定义理之是非的步骤或程序。然而，文本的合法性是一个问题，而文义的合法性则又是一个问题，二者虽然有直接性的关联，但二者毕竟有所差别。因为文义往往取决于一种时机化的解读，有一个与时俱化的效用性的考量在内。而这就意味着，文本的合法性只是文义的合法性的必要条件，但却不是充要条件。汉学家重视"实事"，强调文本的合法性，然而，他们亦有以文本合法性取代文义合法性的明显倾向。比如，汉学家认为《古文尚

---

① 卢文弨：《抱经堂文集》，中华书局 1990 年版，第 270 页。
② 翁方纲：《复初斋文集》，《续修四库全书》（第 1455 册），上海古籍出版社 2002 年版，第 419 页。

书》是伪书，其十六字心传自然不可靠，但这主要是文本合法性问题；至于文义合法性，却未必完全没有道理，否则就无视这一心传所造成的实际的历史影响了。由此，就不能直接将解释的正确性、客观性（真、假）等同于解释的效用性（有用、无用）。其实，解释的正确性、客观性与解释的合法性也不能直接等同，因为合法性不一定就是经验的合法性。尤其是，汉学家对合法性的这类考察并不对称，他们看到了原文对于原义之合法性的制约，这无疑是正确的，但他们只是考察了解释对象与解释目标的合法性，却没有考察解释者自身的合法性到底如何，亦即他们并没对解经者是否具有这种还原主义的能力作出分辨。也就是说，"实事求是者"本人能否溯源出最初的原义，其合法性何在，汉学家并没有对这些问题进行合法性层面的追问。而这些问题，却有着对于文义乃至文本的根本制约性，因而绝不能轻易放过。

四、求虚与求实：虚实的相对性

若按照传统儒学通经致用的标准来分析，有经世之用者为实，无经世之用者则为虚。比如，明清之际的学风就常被视为从虚转向实。但若仅就虚实来分析学风之转移，却又与实际的情况有所背离。这样一来，我们必须首先解答一下何谓虚、何谓实这两个问题。

虚实问题一般都会直接或间接地与佛老之学相关。如二程认为"惟太虚为虚"，而"惟理为实"[1]，朱熹继而言之："吾儒万理皆实，释氏万理皆空。"王阳明说："使在我果无功利之心，虽钱谷兵甲，搬柴运水，何往而非实学"[2]；"郡务虽繁，然民人社稷，莫非实学"[3]。不仅宋明儒如此，明清以来，所谓实、实学，更是针对宋学与佛老的纠缠而形成一时风向。如《四库全书·凡例》云："今所录者，率以考证精核、辨论明确为主，庶几可谢彼虚谈，敦兹实学！"由此而言，所谓"实学"，并不是一种学术理论

---

① 程颢、程颐：《二程集》，中华书局1981年版，第1169页。

② 王阳明：《王阳明全集》，上海古籍出版社1992年版，第166页。

③ 王阳明：《王阳明全集》，上海古籍出版社1992年版，第192页。

或流派，而是演化为论道为学上的一种求"实"精神或价值取向。比如，在程朱看来，佛老之学为虚，而理学旨在以实代虚；然而，在陆王这里，却是理学为虚，而心学才在以实代虚；但在汉学家看来，理学、心学尽皆为虚，而汉学才是以实代虚。总体上看，在虚实的这类转换中，"实"、"实学"或从事上讲，或从用上讲，或从体上讲，其具体所指虽有较大变化，但无论何种学，都不会认为自己是务虚而弃实。

明清之际，宋学有蹈虚之弊成为学界共识，此"虚"主要是指宋学空凭胸臆的形上思辨背离了通经致用的学术宗旨。皮锡瑞说："宋人尽反先儒，一切武断。"① 这种说法其实并不客观，说宋人有凿空之弊则可，说宋学一切武断则不可。因为宋学尤其是程朱理学，在方法上亦有从实的一面，如朱子反对逞意空谈，强调"格物穷理，乃吾人入圣之阶梯。夫苟信心自是，而惟从事于覃思，是师心之用也"②；而在目的上，宋学更不可能无用。与汉唐之儒相比，宋儒致力于形而上学的理论建构，将"理"或"心"视为至上实体，从而为日用伦常中的实用来提供理论支撑或形上的合法性。然而，事实上的运作却并不是单向的自上而下的发用流行而已，尤其是在学术重心转换之际，实体上的合法性亦往往有赖于实用上的有效性，倘若在有效性或有用性上出现了问题，必然导致那些提供合法性的理论本身受到责难乃至否定。比如，阳明之所以对程朱理学进行反动，就是因为其在现实的格竹问题上遭遇到了有效性或有用性的困难。当然，在反程朱之实体的基础上，阳明又会重建新的实体。因此，从这个意义上讲，有用性既是合法性的现实佐证，但也可能成为合法性的现实反证。

何尝理学如此，阳明学的末流也遭到了同样的经历，阳明学反对程朱而重建的形上实体亦在实用性上出现了问题，而明末清初对于阳明学乃至宋学的务实性修正就是为了用实证或实用之法来辅翼其实体。与此相应，以实事为治学对象，以实证为治学方法，以实用为治学目的，逐渐成为学人们的自觉追求。但大体讲，明清之际与乾嘉时期又有不同，前者偏

---

① 皮锡瑞：《经学历史》，中华书局 2008 年版，第 257 页。

② 黄宗羲：《黄宗羲全集》，浙江古籍出版社 1992 年版，第 277 页。

重实用，而后者偏重实事，但实证的方法却是一贯的。

乾嘉汉学主张"凡事求是必以实"①，如前所述，其所谓实事主要针对经书典籍而言，而实证方法也主要是指对经书的考证，但这里仍有两个问题需要反思：

第一，从"实事"到"实是"的直线思维方式。

立足于实事，是否就一定能得到实是？如前引凌廷堪所论，凭空谈理，会导致是非纷争，而在实事面前，就能达成一致意见。也就是说，实事能够顺利保证实是的达成。然而，问题似乎并非如此截然分明。方东树就针锋相对地反驳说："如《考工》车制，江氏有考，戴氏有图，阮氏、金氏、程氏、钱氏皆言车制，同时著述，言人人殊，迄不知谁为定论。"②可见，汉学家其实对同一实事仍有诸多不同结论，因此，本诸实事而争是非，仍难以一言而尽。

立足于实事是一回事，从实事进而推导实是则又是一回事，二者不能混淆。然而，在乾嘉时期，从实事直接推导出实是的这种思维方式并非凌氏一人独有，而是汉学家公认的学术准则。《四库全书·凡例》有云："说经主于明义理，然不得其文字之训诂，则义理何自而推？论史主于示褒贬，然不得其事迹之本末，则褒贬何据而定？……今所录者，率以考证精核、辨论明确为主，庶几可谢彼虚谈，敦兹实学！"义理必须基于训诂，褒贬必须基于事迹，但问题是，从训诂之实至义理之实，从事迹之实至褒贬之实，是不是直接的因果推定？考证精核、辨论明确，是否就能够"谢彼虚谈，敦兹实学"？在虚谈与实学之间，并不由是否依据训诂或史实就能截然分别出来。汉学家之所以主张训诂明而义理自明、史实清而褒贬自现，"据事直书，是非自现"③，乃是试图避虚就实之观念的体现。但这只是一种想当然的看法，因为相对于训诂、事迹之"实"而言，义理、褒贬（"是"）本就属于"虚"的一面，如何尽皆弃虚而尽皆落实？可见，在虚实转换之间，有一种明显的辩证性。然而，在崇实黜虚的导向下，汉学

---

① 阮元：《揅经室四集》，商务印书馆 1937 年版，第 693 页。

② 方东树：《汉学商兑》，商务印书馆 1937 年版，第 165 页。

③ 钱大昕：《潜研堂集》，上海古籍出版社 1989 年版，第 391 页。

家对虚谈义理甚为避讳或担心，以致摒弃义理诉求而专以训诂说经，"虽不凿空，却成穿凿"①。宋学有凿空、玄虚之弊，而汉学却因矫枉过正而有株守、附会之弊，这种强烈对比几成乾嘉时期汉宋双方之共识。如王念孙说："自元明以来，说经者多病凿空，而矫其失者，又蹈株守之陋"②；而袁枚亦有言："宋学有弊，汉学更有弊。宋偏于形而上者，故心性之说近玄虚；汉偏于形而下者，故笺注之说多附会。"③据此而言，汉学家虽无心于虚谈义理，终究却因株守传注、曲为附会而虚为考证，"所患习为虚声，不能深造而有得"④，其弊斑斑可见。

第二，专心实事而不言实是，乃至以实事代实是。

由于对虚谈义理的过度紧张，以及对从实事出发的过度信任，汉学家们致力探究实证性的研究对象，而不敢或不愿在义理或致用问题上投入较多的热情。这样一来，就大大限制了汉学家的研究视野，他们多用心于经书以及史学、小学、金石、典章制度、版本等经学之附庸，自书本始，亦至书本而终，在狭窄的书本上耗尽心力，却对社会现实、身心修养等问题较少关注。如汉学家中多有研治《水经注》者，但问题是他们只是在书本上考究探源，却缺乏实地考察，终不免纸上空谈，有万卷书而难行万里路，烦琐考据带来的却是碎义难逃的支离之弊。陆九渊曾批评说，"今之学者读书，只是解字，更不求血脉"，"今之学者，只用心于枝叶，不求实处"，⑤借此反观汉学家之所为，自是不能免于这类质疑。

梁启超更是指出汉学家在研究方法与研究对象的有限性，而由此而来的后果则使得汉学自身亦由实返虚，其言曰："考证学之研究方法虽精善，其研究范围却甚拘迂。就中成绩最高者，惟训诂一科，然经数大师发明略尽，所余者不过糟粕。其名物一科，考明堂，考燕寝，考弁服，考车

---

① 方东树：《汉学商兑》，商务印书馆 1937 年版，第 120 页。

② 王念孙：《王石臞先生遗文》，《续修四库全书》（第 1466 册），上海古籍出版社 2002 年版，第 40 页。

③ 袁枚：《袁枚全集》（第二集），江苏古籍出版社 1993 年版，第 306 页。

④ 焦循：《雕菰集》，商务印书馆 1936 年版，第 215 页。

⑤ 陆九渊：《陆九渊集》，中华书局 1980 年版，第 444 页。

制，原物今既不存，聚讼终末由决。典章制度一科，言丧服，言禘祫，言封建，言井田，在古代本世有损益变迁，即群书亦末由折衷通会。夫清学所以能夺明学之席而与之代兴者，毋亦曰彼空我实也？今纷纭于不可究诘之名物制度，则其为空也，与言心言性者相去几何？甚至言《易》者摈'河图洛书'而代以'卦气爻辰'，其矫诬正相类。诸如此类者尚多，殊不足以服人。要之清学以提倡一'实'字而胜，以不能贯彻一'实'字而衰，自业自得，固其所矣。"① 在梁氏看来，无论在训诂、名物还是典章制度等方面，汉学家皆注重实事与实证，然而实事、实证并不足以能顺利通达实是，汉学家的考证结果仍是聚讼不已，难以折衷通会。如此一来，汉学自身既然也很难在"是"上达成共识，那么，汉学岂不重蹈宋学覆辙了？汉学本因宋学之虚而从实，但自身却由过实而致虚。基于此，针对梁启超所说的清代汉学家在虚实上的论断，就应进行适度修正，比如，可以将之改为清学"以提倡一'实'字而胜，以贯彻一'实'字而衰"，由此才能表明清儒"自业自得"的真实情况。② 这种删改式的修正也更能说明汉学在虚实上的那种成败皆由此的现实。

无论是宋学，还是汉学，如前述余英时所说，二者其实都有某种宗派意识或道统观念，仍都认同或尊奉道在六经、通经明道的儒学传统（虽然他们未必就有如实的践履），但我们也指出，这种观念有其先行的预设，此即道是某种固化物，完好地储存在六经之中，可以通过阐释将之发掘出来。但在儒学的流变中，儒学之道却常常需要一再重新解释，同样是从经书出发，但得到的答案却常常不一致，乃至于有程朱陆王之争，亦有汉学与宋学之争。问题的解决显然并不会由于遵循"实事求是"就能得到合理解决，比如，钱穆就说："桐城派古文家，议者病其空疏。然其文中尚有时世，当时经学家所谓'实事求是'者，其所为书率与时世渺不相涉。则所谓'空疏'者究当何属，亦未可一概论也。"③ 方

① 梁启超：《清代学术概论》，上海古籍出版社 1998 年版，第 70 页。
② 参见郑吉雄：《从乾嘉学者经典诠释论清代儒学的属性》，载彭林主编：《清代经学与文化》，北京大学出版社 2005 年版，第 264 页。
③ 钱穆：《中国近三百年学术史》，商务印书馆 1997 年版，第 637 页。

东树更是不客气地斥责汉学家，"然则虽实事求是，而乃虚之至者也！"①虚实的界定依赖于具体的语境或场景，而不可一概而论。由此，虚实的判定只具有相对的有效性，而这也就意味着，虚实之间的转换总是不可避免的。

因此，在实事之对象、实证之方法、实是之目的等方面，汉学家对宋学的批评都只是局部有效而已。实用随时代而变，与此相应，旨在为实用提供合法性的实体的具体内涵必然会因之而变。换句话说，每一个时代的解经者总有其时代性的诉求，而这种诉求就是看实体能不能有效解释实用性原则，虚实的判定亦是由此而言。由此观之，"近世汉学家言，薄虚悟而尚实证。夫其尚实证是也，然但求实证于古而不求实证于今，但求实证于文字而不求实证于事物，又岂得谓实哉?"② 这就是效用性的判定问题。就此而言，汉学、宋学都有其一定的适用性，不过，这只是问题的一个方面。从另一方面看，与汉学相比，宋学无疑在文本的合法性上更容易遭到质疑，阳明后学中普遍存在的脱落经书的弊病，更是加重了这种合法性自身的"合法性困境"。明末清初的实学思潮就是应对这种困境而起，不过，就其实际情况来看，如前所述，这之中仍是通过有效性来质疑其合法性。比如"文化归咎论"所遵循的就是这样的逻辑，但我们业已指出，这种逻辑虽然并不成立，但事实却是如此，由此就要明晰此中事实与逻辑的不一致。

---

① 方东树：《汉学商兑》，载徐洪兴编校：《汉学师承记外二种》，中西书局 2012 年版，第251 页。

② 杨昌济：《达化斋日记》（校订本），湖南人民出版社 1981 年版，第 90 页。

第四章 "实事求是"命题的定性、结构与层级

如前所述，明清以来，学风由虚转实。这种风气在乾嘉更催生出蔚为大观的汉学运动，而"实事求是"亦由此受到普遍关注。但是，乾嘉以来，学人们对"实事求是"的理解却有不同：或者将之理解为一种务实求真的理念、态度与方法，或者将之解读为汉学家治学的精神纲领或旗帜，或者将之视为把握乾嘉汉学的枢机或核心。不过，虽然各自的切入角度与解读多有不同，但它们无疑都是在方法论、认识论的层面来展开的。问题在于，仅仅从方法论、认识论上理解"实事求是"是否恰当？探讨这个问题的必要性在于，学界对"实事求是"话语的解读多是在这种层面上进行的，但我们将会看到，这种定位却引发了需要认真清理的诸多问题，尤其是对于乾嘉汉学的经学诠释的诸多误解。为此，必须解构对"实事求是"的这种定位，并将之置于新的地基上进行考察，或者说，在新的视域下给予其新的定位，而这种新定位或将有利于更好地把握乾嘉汉学的成就与不足。

第一节 "实事求是"的定性问题

这里所谓"定性"，主要是指乾嘉及乾嘉之后学界对"实事求是"的定位问题。乾嘉以降，学人们有时以"实事求是之学"来泛指清学尤其是乾嘉汉学，有时则借以代指清学中的考据学、史学、天算之学、地学等，

虽然具体所指不同，但无疑都意在凸显汉学家治学的客观精神这一面。当然，对于以"实事求是"来界定清学或乾嘉汉学，亦不时有疑义，但这些定位或定性之争，终究只是素朴性的，并没有从根本上明晰问题的源头所在。

一、"实事求是"的定性

清代学术尤其是乾嘉汉学，常常被置入"实事求是"的话语中。乾嘉时期，汉学家们以河间献王"实事求是"之精神为标杆，常常借用此语（或其简略形式，如"求是"、"求实"等）来自况或论学。而这之后的清学界，也时常援引此语来评述乾嘉汉学，亦多以之来自警或勉人。近代以降，国人亦往往借此话语来寻求传统中的"现代性"资源，其中，最典型者就是从中挖掘理性、求真、实证等科学精神或科学因子，将"实事求是"视为现代性的本土资源，借以回应西方的刺激与挑战。

就乾嘉汉学而言，如前所论，"实事求是"并不是一种"凡古必真，凡汉皆好"[1]的复古主义，也不仅仅是一种知识考古式的考证之风，汉学家将之推扩为一种具有更大适用性的精神或方法，我们曾把这种表现概括为一种方法论或认识论的问题。由此，"实事求是"就获得了两种新的定位：一方面，它被提升为了判定治经之是非、真伪的重要（甚至是唯一）标准，如前述凌廷堪断然主张以"实事"与"虚理"来分辨是非；另一方面，从"实事求是"中转化出一系列求真务实的可操作的方法，如前述戴震、梁启超、胡适、傅斯年等人对于这种方法的提炼与总结。

乾嘉之后，汉学考证之气日过中兴而难以再享有往日风光。[2] 不过，必须承认的是，汉学作为"实事求是之学"，或者说，汉学与"实事求是"之间的关联，却成了某种固有的事实而被接受为颇具共识的东西。更有甚者，汉学家的这种特质更被解读为科学精神的表现，以致学人们常常以

---

① 梁启超：《清代学术概论》，上海古籍出版社 1998 年版，第 31 页。

② 关于这种学风的沉寂与接续情况，参见王应宪：《清代"实事求是"学风的复兴与沉寂》，《安徽史学》2007 年第 6 期；王兴国：《实事求是论》，湖南人民出版社 1998 年版，第 68—131 页。

"实事求是"来回溯或构造中国固有的科学精神。至清末民初，这种做法就颇成风气，至今不绝。

郭嵩焘有言："雍、乾之交，朴学日昌，博闻强力，实事求是，凡言性理者屏不得与于学，于是风气又一变。"① 这种评论延续了乾嘉以来的论断，似乎不足为奇，但是，郭氏进而认为，乾嘉的这种务实求是的学术取向，却是遥契于西方的科学精神。在郭氏看来，西洋的科学精神也可被概括为"实事求是"，如其所谓"实事求是，西洋之本也"②。基于此，乾嘉汉学就与西方科学具有明显的共通性，可以作为国人吸收西学的本土化的资源。胡适也认为，"在历史上，西洋这三百年的自然科学都是这种方法的成绩；中国这三百年的朴学也都是这种方法的结果"③。

不过，大体讲，在寻求"实事求是"与科学精神的对接上，更值得关注的乃是梁启超的相关言论，这是因为梁氏认识到科学方法论对于学术发展的关键作用。因受到其时兴起的整理国故与新汉学运动的影响，梁启超也将清代考证学与科学相联系。在梁氏看来，清学能够代宋学而兴，并在乾嘉时期形成汉学昌盛的局面，实则正因其治学上有严格有效的考证方法。④ 而从本质上讲，这种方法就是科学的方法，就是汉学家所宣称的"实事求是"之法，此即梁氏所谓"本朝学者以实事求是为学鹄，颇饶有科学的精神"。梁氏认为，乾嘉学风是"清代三百年文化的结晶体"，而其考证法与西方的科学方法颇为相类，所以在他看来，乾嘉汉学实乃是中国的"科学的古典学派"。⑤

仅从方法上来诠解乾嘉汉学，对于梁氏本人的影响也是不言而喻的，他对整个清学的理解都是基于这一定位而来。他认为，清学之所以能够"以复古求解放"，自近而远地不断复古、不断求得解放之效，具体讲，就是从"复宋指古"走向"复汉唐之古"，进而走向"复西汉之古"，乃至最终走向"复先秦之古"；究其原因，实则都是因为清学受惠于这种科学精

---

① 郭嵩焘：《郭嵩焘诗文集》，岳麓书社 1984 年版，第 23—24 页。
② 郭嵩焘：《郭嵩焘日记》（第 3 卷），湖南人民出版社 1982 年版，第 731 页。
③ 胡适：《胡适文存》（一集），黄山书社 1996 年版，第 285、298 页。
④ 参见梁启超：《清代学术概论》，上海古籍出版社 1998 年版，第 28 页。
⑤ 参见梁启超：《梁启超论清学史二种》，复旦大学出版社 1985 年版，第 116、117 页。

神，如梁氏所谓"科学的研究精神实启之"、"一言以蔽之曰：用科学的研究法而已"。① 很显然，由于梁氏极为看重科学方法，反而使得他无意于深挖汉学家的义理（当然，也有汉学家本就不重视义理阐发的客观原因），在他看来，汉学家的考证工作实可谓"研究法的运动"，但也仅此而已，因为与这种方法层面的突出特色相比，汉学考证绝不是"主义的运动"。梁氏认为，汉学家这种偏重方法而少谈主义的倾向，也使得汉学虽在"动机及其内容"上与欧洲文艺复兴颇为相似，但终究在成就上难以与之比肩。② 与此相应，从这种紧紧围绕方法论立场而来的明确取向出发，梁氏对于清代学术的勾勒几乎成了一部经学考证史，在他看来，清代汉学对于后人的巨大功绩乃在于开启了科学的大门，"自经清代考证学派二百余年之训练，成为一种遗传，我国学子之头脑，渐趋于冷静缜密。此种性质，实为科学成立之根本要素"③。由此，在其《中国近三百年学术史》的后半部分，梁氏虽然详细考察了"清代学者整理旧学之总成绩"，但从中不难发现，他主要也是在梳理汉学家在训诂考证上的贡献，但却没有重视汉学家在义理层面上的表现，表明他在这个方面并不认同汉学家有什么值得关注的成绩，因而也就基本没有这方面的勾勒。④

那么，这种对于"实事求是"的科学定性是否准确？我们又应该如何看待之？先来看对这种定性的质疑。

---

① 参见梁启超：《清代学术概论》，上海古籍出版社1998年版，第7、45页。
② 参见梁启超：《清代学术概论》，上海古籍出版社1998年版，第3、43页。1920年，梁启超在其旅欧归国后的第一部著作《欧游心影录》中，曾批判反思"科学万能论"，但这种批判并不代表他菲薄科学，如在随后的《清代学术概论》的"结语"中，梁氏所呼唤的仍旧是"科学国民"的光彩未来。可以说，终其一生，梁氏对科学均持信仰之态度。
③ 梁启超：《清代学术概论》，上海古籍出版社1998年版，第106页。
④ 参见梁启超：《梁启超论清学史二种》，复旦大学出版社1985年版，第294—520页。钱穆反对梁启超笼统地将清学归结为考证学，认为清初及道咸之后的清学主流并不是考证学。（参见钱穆：《国学概论》，商务印书馆1997年版，第246、310页）对于清学史的研究，梁启超明显地偏重方法、忽略义理，这也是其反动说颇遭诟病的一个重要原因，因为此说仍旧是单纯立足于方法上的论调，是对"武器的批判"。但是，如果我们考虑到，为了救亡图存，梁启超热衷的毕竟是如何"改造世界"而非"解释世界"，那么，他对方法的倚重或许可以得到同情之了解。

二、对这种定性的质疑及其问题

近代以来，力主以科学来定位"实事求是"虽颇成风气，但是对此的质疑也一直如影随形。如在其《中国思想通史》中，侯外庐就批评说，章太炎、梁启超、胡适等人把汉学家的治学精神吹捧成了近代的科学方法，"这是似是而非的论断，必须把它究明"①。真正的科学精神与方法是什么样子呢？在侯氏看来，科学的研究对象应该是针对现实社会或未来世界而言的，但是多数汉学家却将研究领域限制在古典文献之中，由此，即便他们在训诂考证上也有某种逻辑色彩，总体上并不能将之视为真正意义上的科学精神。与此相似，对于梁启超等人的科学性定位，徐复观亦不赞同。在徐氏看来，考据与科学虽然同样源出于人类的知性活动，但在知性活动的方向上，二者所针对的研究对象不同，知识的性质、种类亦由此而有不同，所以，从考据并不能转出科学。②在徐氏看来，汉学家并不具备科学精神，没有从书本走向自然、社会和人生。③此外，劳思光认为，从广义上讲，也可以说汉学家的治学态度与方法体现出了一定的科学精神，然而，从总方向上看，他们对古典的研究乃基于一种对古代的信仰，抱有一种"崇古"的观念，因而他们终究不能兴起中国的科学研究。④

以此为案例，我们先来看看双方的根本分歧究竟在哪里。⑤

第一，双方均批评性地指出，汉学家仅以古籍文献为界，在研究的对象与范围上具有明显的局限性。

大体讲，侯外庐、徐复观等质疑者的反驳，主要是以汉学家的研究对象与范围的有限性为立论根据。其实，对于此中的局限性，梁启超也有不少相关的评论，这就表明他已看到了乾嘉汉学科学性的限度。如他不无

---

① 参见侯外庐：《中国思想通史》（第五卷），人民出版社1956年版，第416—418页。

② 参见徐复观：《中国思想史论集》，上海书店出版社2004年版，第22—23页。

③ 参见徐复观：《中国思想史论集续篇》，上海书店出版社2004年版，第373页。

④ 参见劳思光：《新编中国哲学史》（三卷下），广西师范大学出版社2005年版，第604—605页。

⑤ 参见崔发展：《"实事求是"作为经学阐释命题的定性》，《前沿》2011年第11期。

惋惜地指出，汉学家所考究的对象"实事"主要是用于考古，却没有用于自然科学界，而研究对象上的这种明显的局限，使得汉学家虽然考证成绩甚是出色，但其最终成就却难以与欧洲的文艺复兴等量齐观。[①] 就此而言，梁氏与其质疑者在这一问题上的论点并无根本差别。

第二，双方的争论之处，并不在于研究对象之广狭，乃在于这些具有特殊性质的对象是否会根本地影响到研究方法与研究结果的客观性、科学性，换言之，研究对象对于研究方法、研究结果是否有根本的制约性。

既然双方都认为汉学的研究对象有限，那么，他们之间的根本分歧在哪？大体讲，胡适、梁启超等人主要是从研究方法的角度就判定汉学家的治学体现出了一种科学精神，却并未考虑研究对象的性质是否会对研究方法有所限制。如梁启超认为，"清儒之治学，纯用归纳法，纯用科学精神"。梁氏还专门梳理出这种归纳法的具体步骤，认为"凡今世一切科学之成立，皆循此步骤，而清考证家之每立一说，亦必循此步骤耶"[②]。

质疑者则认为，判定某种研究是否具有科学性，不仅要看其研究方法，亦要看其研究对象，这两个方面必须综合考虑。而就质疑者的立场而言，在经书这一研究对象领域内，汉学家这里仍未充分展露真正意义上的科学性来。这是因为，汉学家的研究对象与其信仰对象是完全重合的，这样一来，他们研究对象的神圣性与真正的科学对象的客观性，不可同等看待。汉学家对经书的信仰阻碍了其对经书的科学探究，其经学研究本身很难说是客观的、科学的。基于这种判断，徐复观批评说："胡适们因为在这一点上没有弄清楚，所以他们想从考据的方法中带进西方的科学方法，而不知观察、实验、演算等的自然科学方法，是和自然对象结合在一起

---

① 参见梁启超：《梁启超论清学史二种》，复旦大学出版 1985 年版，第 31、112、91、35 等页。

② 梁启超：《清代学术概论》，上海古籍出版社 1998 年版，第 62 页。胡适也认为，"归纳的研究是清儒治经的根本方法"（胡适：《戴东原的哲学》，安徽教育出版社 2006 年版，第 11 页）。尽管梁启超、胡适也认为考据只是清儒的工具，但在他们看来，清儒治学所体现出的科学意义，与其说是目的上的成就（打倒理学／哲学），毋宁说更是手段（方法／工具）上的新突破。对此，可参见丘为君：《戴震学的形成》，新星出版社 2006 年版，第 123、155 页。

的。"① 据此，研究方法与研究对象乃是对应而言的，而反观汉学家的经学研究，这种将经书所载之道等同于公理、真理的立场，大大限制了其研究的科学性，因而也难以从中催生出传统学术的近代转型。

可见，双方的争论焦点在于研究对象与研究方法之间的关系上，借用梁启超的说法，这种争论实质上亦可简约成"研究法"与"主义"之争，或者说，实质上乃是思想与方法之争。

第三，双方都是从科学上来解析乾嘉汉学，但梁启超主要是从方法层面着眼，而质疑者主要是从思想（但并未忽略方法）层面或者说从思想与方法并重的层面着眼，由此，双方的分歧可说是"研究法"与"主义"之争。

梁启超始终认为，清学在思想层面乏善可陈。在早先的《近世之学术》中，梁氏说："综举有清一代之学术，大抵述而无作，学而不思，故可谓之为思想最衰时代。"而在之后的《中国近三百年学术史》中，梁氏仍坚持认为"乾嘉以后，号称清学全盛时代，条例和方法虽比初期致密许多，思想界却已渐渐成为化石了"。然而，无论是思想最衰时代也好，还是思想界渐成化石也罢，这只是从思想层面作出的结论，在梁氏看来，思想的僵化并不影响汉学家的"以复古求解放"的主旨，这是因为考证方法的成熟已足以引发汉学的反动性、革命性。基于此，就像梁氏在评述清学整理旧学之总成绩时所做的那样，他一方面明确指出汉学并未推导出一种"主义"（理论或学说）；但另一方面却又坚定地认为汉学的科学性，如所谓"至于他们的研究精神和方法，确有一部分可以做我们模范的，我们万不可以看轻他。他们所做过的工作，也确有一部分把我们所应该的已经做去，或者替我们开出许多门路来，我们不能不感谢"②。可见，对于汉学家的优劣所在，梁氏是有自己的衡量尺度的，如前所述，这主要源于他对科学方法之重要性的意识。

其实，从梁氏这里比较其对汉学家治学的有所取、有所不取来看，他已充分注意到了汉学家在考证方法之外的诸多不足，但是他们却更偏

---

① 徐复观：《中国思想史论集》，上海书店出版社 2004 年版，第 22—23 页。
② 梁启超：《梁启超论清学史二种》，复旦大学出版 1985 年版，第 293—294 页。

于从挖掘传统中科学精神的角度出发，主张在研究法上来"抽象地继承"（冯友兰语）汉学家的这种科学性。与这一思路不同，质疑者们却希望从完整的知识类型的角度来具体审视汉学家的研究，这一点突出表现在他们关注考证工作的始点与终点。在他们认为，汉学家的研究对象同时又是其信仰对象，而这种信仰必然制约其研究的客观性。如侯外庐说："胡适非历史主义地认为只有汉学才配称为中国学说中的科学，这完全是胡扯。严格说来，所谓'专门汉学'……本身并不是一种独立的科学。……乾嘉学者用考据方法对某些问题得出的结论，正是以他的观点为依据的，客观主义的考据学是不存在的。"[1] 在侯氏看来，汉学家治学仍未能走出经学传统，仍以经书的权威性为前设，因而其观点仍是经学附庸，并不具有真正的独立性，尤其是他们未能走出经书的世界，无法从中提炼出思想，亦无法应对社会现实，这显然有悖于科学精神。由此，侯氏又说，大部分汉学家"在结论上还是被古道所桎梏；换言之，在古籍的狭小天地中并没有科学态度的扩充"[2]。徐复观也指出了这种局限性，但在此基础上，又进一步指出，汉学家缺乏历史意识（这一点与胡适的判断恰成对立），缺乏批判精神，尤其是他们不明白人文学科研究的终极目标恰恰就是思想，只是一群没有思想性的学者而已，与近代意义上的"知识"不可比拟，算不得是完整意义上的学问。[3]

其实，公允地讲，侯外庐、徐复观等人的一些论点未必确当，如他们对科学与信仰之间关系的看法就不一定成立。再如梁启超、胡适虽然认为汉学家短于义理，但毕竟也认识到汉学家讲求义理的一面，并对这种义理的"革命性"意义给予了重视，等等。梁启超认为戴震义理之学"欲以'情感哲学'代'理性哲学'，就此点而论，乃与欧洲文艺复兴时代之思潮之本质绝相类"，"欲为中国文化转一新方向"。[4] 胡适也认为："义理应该分两层说：一是古经的意义，一是后人的见解。"[5] 由此，胡氏一面认为汉

---

① 侯外庐：《中国思想通史》（第五卷），人民出版社 1956 年版，第 426 页。

② 侯外庐：《中国思想通史》（第五卷），人民出版社 1956 年版，第 417 页。

③ 参见徐复观：《中国思想史论集续篇》，上海书店 2004 年版，第 374—375 页。

④ 梁启超：《清代学术概论》，上海古籍出版社 1998 年版，第 41—42 页。

⑤ 胡适：《戴东原的哲学》，安徽教育出版社 2006 年版，第 140 页。

学家举起了科学的大旗（考证古经的原意），一面又颂扬戴震、阮元等人开创了"新理学时期"（阐发后人的新解），可见，胡氏乃是从古意与新意两个方面来立论的，或者说，对于研究对象、研究方法与研究结果，质疑者认为应合而言之，而胡氏恰恰认为应分而言之。

不过，梁启超、胡适虽然认为清代义理也有近代性或科学性的一面，但其主要的立论依据仍在于考据方法这一点。就此而言，他们对"实事求是"的科学性的定位仍大有可商榷之处。比如，考据方法并非清代所有，若仅将科学的源头仅仅回溯至清儒这里，显然难以令人信服。由此，侯外庐指出，"即以考据而论，各代学术都有或多或少的考据成分，并非乾嘉学术所专有"①；徐复观更持严厉的批评态度，其言曰："若以存疑、重证便是科学的，何以见得晋、唐、宋诸儒这一方面的工作便不是'科学的'？研究古典而完全缺乏历史意识，以时代先（汉）后（宋）作价值判断的标准，更缺乏批判精神。对与自己兴趣不合的，便作无了解的攻击，这是最不科学的态度、方法。梁氏由自由联想而来的比附，实犯了治学上的大忌"②。侯氏、徐氏不无所见，尤其是徐氏指出汉学家缺乏历史意识与批判精神这些弊病，确是道出了梁氏与汉学家的问题所在。

第四，质疑者批评梁氏将乾嘉汉学的治学方法等同于科学，那么，双方所说的"科学性"在内涵上是否有根本上的不同？

梁启超、胡适仅仅从方法出发就将乾嘉汉学定性为科学精神，但在质疑者看来，所谓科学乃是一个系统性的概念，并不能单独就方法来谈方法，由此，若要判定乾嘉汉学是不是科学（而不是像胡适、梁启超仅仅从中择取某种科学因子），就要对汉学家的考证过程进行全面性的辨析。为此，一方面既要考察其治学的态度与方法是否合乎科学精神，另一方面亦要考察其治学的对象与结论是否与科学精神相契合。那么，我们就要看看质疑者话语中的科学性，是不是与梁氏、胡氏在同一个层面上来讲的呢？

侯外庐主张："中国丰富的哲学遗产必须依据马克思主义的观点方法，

---

① 侯外庐：《中国思想通史》（第五卷），人民出版社 1956 年版，第 426 页。
② 徐复观：《中国思想史论集续篇》，上海书店 2004 年版，第 375 页。

作出科学的总结。"① 侯氏遵循马克思主义的立场，坚持主体与客体的截然二分，由此，科学性就体现为一种无主观的客观性，一种纯粹的客观性。那么，徐复观的观点又如何呢？在"研究法"与"主义"之间，徐氏偏爱"主义"之心自不待言，如其专门对义理与考据进行辨析，从中凸显一种学术之真正科学性就应以义理为旨归的治学取向。② 然而，在何谓"科学性"的问题上，徐氏却又表现出了类似于乾嘉汉学家的那种（从"心理事实"的角度讲）希冀纯粹客观性的心迹，其言曰："任何一门学问（不仅自然科学）在研究的过程中，都只能顺着由对象所提供的理论自身的邀请，去探求解决的方向，而不可受到人的感情或希望的干扰，以保证在研究过程中的自由，因而可以保证研究的纯客观性，使其不至受到某种主观预订目标的拘限。"③ 在徐氏看来，一种科学的研究应严格从研究对象本身出发，不应受主观影响，否则就无法保证研究的客观性。由此而言，徐氏与侯氏之所论并无实质差别，更进一步讲，二人对于科学性的理解与梁启超、胡适也无根本上的差别，只是争论双方选取的角度有所不同罢了。

简言之，梁启超主要是从方法论这一独特视角来审视乾嘉汉学的治学之风，将之定性为科学的研究法；质疑者却认为这种视角有失全面与客观，倡导一种兼顾方法与思想的整体性考察，进而指出汉学家并不合乎真正的科学精神。可见，这种视角选取上的不同，使得双方在结论上大相径庭。然而，这只是问题的一方面。从另一方面看，双方表明上的这种不同，却分享着某种一般性的共识或前见。争论双方都将科学性等同于纯粹客观性，也就是说，双方使用的衡量标准是一致的，其差别只是在于他们在运用这一标准来对乾嘉汉学进行分析时各自所选取的角度，以及由此而来的结果上的不同。由此而言，争论双方无疑都是将"实事求是"视为自

---

① 侯外庐：《中国思想通史》（第五卷），人民出版社1956年版，"自序"第1页。

② 就考据与义理的关系，徐复观曾特意撰文与他人展开辩论，其主要论点就是强调义理相对于方法的重要性。参见《有关思想史的若干问题》、《答毛子水先生的〈再论考据与义理〉》、《两篇难懂的文章》、《考据与义理之争的插曲》等文，见徐复观：《中国思想史论集》，上海书店2004年版。

③ 徐复观：《中国思想史论集》，上海书店2004年版，第300页。

明的命题，也就是说，他们都是从认识论或方法论的层面上来理解"实事求是"。这也就意味着，在质疑者看来，"实事求是"在主客框架下仍具有现实的可能性，或者说，"实事求是"在认识论上可以被完全实现出来，汉学家之所以未能将之实现出来，只是其作为认识主体的局限性所致，而非"实事求是"自身的局限性。

据上所述，我们看到围绕"实事求是"的相关争论，其争论点并不在于对科学概念的理解上的差异，而在于汉学家的考证是否就是真正的科学，亦即汉学家之治学能否真正实现"实事求是"？简言之，判定一个学问是不是科学，就要看其能否真正实现客观性。那么，随之而来的问题就是，"实事求是"本身能否确保客观性的达成？基于上述，我们已经揭明争论双方主要是从认识论、方法论上来理解"实事求是"，那么，若要辨析此间的问题，就需要在此基础上超出这个层面，进一步从存在论或哲学解释学的层面来探讨此类客观性究竟能否实现。

第二节 "实事求是"作为经学
解释命题的普遍结构

从认识论、方法论上来理解"实事求是"，就会把它与客观性、科学性紧密相连，将之理解为某种可以完全实现出来的东西，由此，此时呈现出的问题就不在于"实事求是"是否可能，而是纠结于谁能够"实事求是"。然而，这样一来，争论自然就不可避免。因为无论是"谁"，都可以说自己在"实事求是"。比如，与宋学家相比，乾嘉汉学家认为自己才是"实事求是者"；再如，前文已论，乾嘉学风与清初回归经学之取向不同，刘师培认为，只有乾嘉汉学家才称得上是真正的"实事求是者"。但是，这种结论未必没有争议。即便是在汉学家牢牢把控话语权的乾嘉时期，龚自珍、方东树等人就对"实事求是者"的划定标准问题提出了不同意见。结合二者的相关论述，或可将问题引向深入。

江藩著有《国朝汉学师承记》，影响颇大。依照江氏所论，基于"经术一坏于东、西晋之清谈，再坏于南、北宋之道学，元明以来，此道益晦"的情状，惠士奇、惠栋、江永、戴震等本朝儒者先后接武，"从此汉学昌明，千载沉霾一朝复旦"，而他编辑此书之目的，则是为了"诠次本朝诸儒为汉学者"、"以备国师之采择"。阮元为此书作序，其言曰："读此可知汉世儒林家法之承授，国朝学者经学之渊源，大义之言，不乖不绝，而二氏之说亦不攻自破矣。"①

然而，在龚自珍看来，该书"名目有十不安"，详陈如下：

> 夫读书者实事求是，千古同之，此虽汉人语，非汉人所能专。一不安也。本朝自有学，非汉学，有汉人稍开门径，而近加邃密者，有汉人未开之门径，谓之汉学，不甚甘心。不安二也。琐碎饾饤，不可谓非学，不得为汉学。三也。汉人与汉人不同，家各一经，经各一师，孰为汉学乎？四也。若以汉与宋为对峙，尤非大方之言；汉人何尝不谈性道？五也。宋人何尝不谈名物训诂？不足概服宋儒之心。六也。近有一类人，以名物训诂为尽圣人之道，经师收之，人师摈之，不忍深论（按此当指戴东原），以诬汉人，汉人不受。七也。汉人有一种风气，与经无与而附于经，缪以禅灶、梓慎之言为经，因以汩陈五行，矫诬上帝为说经，大《易》、《洪范》，身无完肤，虽刘向亦不免，以及东京内学（谶纬），本朝何尝有此恶习，本朝人又不受矣。八也。本朝别有绝特之士，涵咏白文，创获于经，非汉非宋，亦惟其是而已矣，方且为门户之见者所摈。九也。国初之学，与乾隆初年以来之学不同，国初人即不专立汉学门户，大旨欠区别。十也。②

龚氏将对"实事求是"的质疑列在第一条，可见其尤其不安于这种将"实事求是"视为汉学之专利的观点。据第五、第六两条，龚氏认为不能由训诂与考据来分别汉宋，与江藩等强调汉学家因考据而务实（"实事求是"的论断由此而发）的相关立场恰成对立。据第二、七、八、九诸

---

① 江藩：《国朝汉学师承记》，商务印书馆 1937 年版，第 1、5—6 页。

② 龚自珍：《定盦文集补编》（卷四），《龚定盦全集》，世界书局 1935 年版，第 7 页。

条，龚氏认为清学不同于汉学，这样一来，乾嘉汉学回归汉儒之学的"实事求是"的态度也会受到质疑。据第十条可知，龚氏认为清初之学于乾嘉之学不同，如前所述，刘师培亦曾指出这种不同，不过刘氏专门将乾嘉之学视为"实事求是之学"，而不赞同以之来涵盖清初之学，由此，龚氏、刘氏之间的不同点恰恰又是基于"实事求是"的判定上。凡此种种，引导我们必须探讨这样一个问题，即：怎样判定一个人的行为是不是"实事求是"？判定的标准是什么？

由此，就需首先回到何谓"实事求是"的问题。对于龚氏而言，"实事求是"本身的含义是自明的。针对梁启超、胡适等人将清代汉学的"实事求是"等同于科学精神，徐复观批评说："正如龚自珍所说，实事求是，乃各代学者所同，既非汉儒所得而专，亦非清代汉学家所得而专。"① 据此，徐氏仍延续了龚氏的论断，在他的理解中，"实事求是"本身的含义仍是完全确定的，问题只是看"谁"能够将之落实下来。

那么，方东树的理解又是怎样的呢？同样是针对《国朝汉学师承记》，方东树特意撰有《汉学商兑》，其中针对"实事求是"亦鲜明地提出了自己的不同理解，其中有言：

> 汉学家皆以高谈性命，为便于空疏，无补经术，争为实事求是之学，衍为笃论，万口一舌，牢不可破。以愚论之，实事求是，莫如程朱。以其理信，而足可推行，不误于民之兴行。然则虽虚理，而乃实事矣。汉学诸人，言言有据，字字有考，只向纸上与古人争训诂形声，传注驳杂，援据群籍，证佐数百千条。反之身己心行，推之民人家国，了无益处，徒使人狂惑失守，不得所用。然则虽实事求是，而乃虚之至者也！②

依照龚自珍的论断，他只是认为江藩仅以"实事求是"来指涉汉学是不准确的，但他无疑仍旧认可汉学家有"实事求是"的一面。然而，方

---

① 徐复观：《中国思想史论集续编》，上海书店出版社 2004 年版，第 375 页。
② 方东树：《汉学商兑》，商务印书馆 1937 年版，第 39 页。

东树却从其宋学的立场出发，认为汉学家恰恰违背了"实事求是"的精神，而宋学才是真正的"实事求是之学"。从方氏所论可以看出，他所依据的乃是实用性的标准，一门学问能否达诸实用，才是判定其是否是"实事求是之学"的唯一标准，而由此来审视汉学家之治学，结论自然不难得出。可见，方氏这里乃是以求用之标准来衡量汉学家的求是之行为，明显是把此二者混淆了。然而，基于此，方氏还是给我们辨析此中的问题提供了些许思路。比如，"实事求是"是否就是求真？梁启超说："'求真'两字——即前清乾嘉诸老所提倡之'实事求是'主义是也。"[1] 但梁氏的这种认识是否恰当？实用性标准与真理性标准又是否截然二分？针对这些问题，我们仍应回到"实事求是"自身的合理性上来。

汉学家们普遍认为，在"实事求是"的活动中，"实事"具有无可置疑的优先性，也就是说，求真务实首先就必须从"实事"出发。如前所述，汉学家的"实事"主要是指经书这一考证学对象。而汉学家们普遍认为，只要清理出"实事"的本来样貌，则义理自现、经义自明，这就意味着，他们都是将"实事求是"视为自明性的命题。其实，从龚自珍的"舍经学无理学"，到戴震的"训诂明则古经明"，再到钱大昕的"据事直书，褒贬自见"，都表现出了对人所具有的"实事求是"之能力的自信，或者说，他们都有这样一种观念的预设，此即："实事求是"是能够做到的。当然，人虽然具有"实事求是"的能力，只是实际上能否发挥出这种能力则是另一回事了。比如，在汉学家看来，宋学家也有这种"实事求是"的能力，只是宋学家因误入歧途而不能发挥自己的固有能力罢了。即便是上述龚自珍、方东树的质疑，也只是表明他们反对汉学家仅将"实事求是"作为汉学的标签，但他们并不否认汉学家的确也能做到"实事求是"（实际能否做到则是另一回事了）。

在汉学家这里，"实事求是"被打上了鲜明的汉学考证的特色。但若泛泛来看，"实事求是"无疑具有一般性的意义，比如，单就"实事求是"命题本身来看，它一般地表明"实事求是者"从"实事"出发去"求""是"的这样一个事件或活动。而从经学解释的角度讲，"实事求是"

① 梁启超：《中国历史研究法》，东方出版社 1996 年版，第 119 页。

则是指解经者从经书出发去探寻经文或经义的事件或活动。

基于此，作为经学解释性命题，"实事求是"就应具有一个普遍性的解释结构。（见图 1）

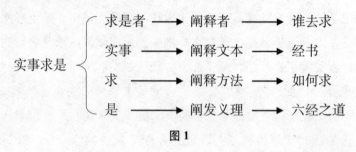

图 1

若仅从这个结构来分析，自然不能将宋学家的经学解释排除在"实事求是"之外。宋学家疑经、改经，颇遭汉学家诟病，然而宋学家却自认这些举措有利于推阐经书之本文、本义，换言之，宋学家也会强调其经学解释或理论建构正是依据经书而来，或者说，对于宋儒而言，"疑经只是手段，尊经才是目的"①。宋学家也会认为自己恰恰是在"实事求是"，而不是无的放矢、空凭胸臆。然而，从汉学家对宋学的反对来看，或者说，从汉宋双方竞相以"实事求是"来自比这一点看，这个结构无疑并不能解决"谁"在实事求是的问题，也就是说，这个结构具有普遍的适用性，因而并不足以充当判定一个人能否"实事求是"的标准。比如，似乎每一个人都可以说"我"在"实事求是"。

其实，在汉学家看来，若依照宋学"六经注我"的解释原则，是非问题就无从判定了。为了避免这种泛化的危险，汉学家才会反复强调"实事求是"的重要性，而汉学家的主要工作，如前述凌廷堪对"虚理"与"实事"的对举来看，主要就是坚持从"实事"出发，崇实黜虚，使得学术是非有相对客观的标准可资遵循。不过，若是从宋学的角度看，汉学家的这种判定就未必准确。如就前述江藩与方东树的理解来看，汉宋双方虽然都承认一个人本就具备践履"实事求是"的先天能力（但能否如实体现出来则又是一回事），但他们对"实事求是"本身的理解却又有不同。其实，"实事求是"作为经学解释性命题，其所具有的普遍结构，也是一个

---

① 杨新勋：《宋代疑经研究》，中华书局 2007 年版，第 19 页。

"实事求是"之行为本来所具有的发生结构。尽管这种结构并不因主观上的认可与否而发生实质性的改变，但从解释学层面看，由于解释者（"实事求是者"）置身于不同的解释学处境，因而他们对于"实事求是"的理解就会有所差别。在这种情况下，上述"实事求是"的普遍结构亦将随之呈现出不同乃至迥异的经学解释的类型。下面我们将对之做专门考察。

第三节 "实事求是"作为经学考证性命题

如前所述，汉学家上溯河间献王"实事求是"的精神，但在献王这里，"实事求是"命题却又有其独特的结构。在随后的分析中，我们将表明，这种结构上的独特性，乃是乾嘉汉学家与献王（汉儒之学）的不同治学取向的一个反映，当然，这里仅是就古文经学而言。

如前所述，班固用"实事求是"来评述河间献王的治学精神，更准确地讲，是借以表彰献王从民间收罗、整理古文经的业绩。据此而言，所谓据"实事"而求"是"，实则是求取经书的原貌、原文，也就是说，此时的"实事"与"是"都是指经书的原貌、原文，或者说，在献王这里，"实事求是"活动的对象与目的基本重合，它们都是针对古文经书的复原而言。因此，对于班固、献王来讲，"实事求是"更多的乃是经学考证意义上的命题。

而"实事求是"作为经学考证性命题的结构图，见图 2。

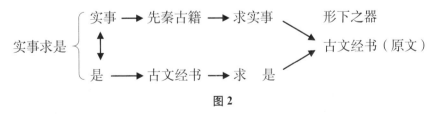

图 2

对于献王而言，"实事求是"作为经学考证性命题的根本意义，就在于复原古文经书的原貌。不过，这里有如下两个问题需要进一步辨析。

第一，仅就献王的"实事求是"而言，在其现实的考证活动中，亦有对义理的诠解，只是其根本用意却并不在于求义理之"是"，而是诉诸于由此来确保考证部分（"实事"，或者说，"实事"与"是"重合的那一面）的严格性、可信度。也就是说，此时的义理性诉求并不具有独立性，至少这种独立性并没有被有意识地凸现出来。

第二，此时的"实事求是"，主要是指一种求实证的精神或作风，或者说，主要指向求证对象与考证结果的客观性上，亦即指向"实事"与"是"的真实性上，而对具体的考证方法（"求"）并没有过多强调。也就是说，这里并没有突出通过什么样的方法去"求"得这种客观性，而主要是为了突出"实事"（或其与"是"重合的那一面）的客观性或真实性。颜师古也是顺着这个思路来理解班固的用意，比如他之所以将"实事求是"解释为"务得事实、每求真是"，恰恰反映出他本人也是更为重视"事实"、"真是"，但如何才能"得"事实、如何才能"求"真是等方法（论）的问题，却只是隐含其中，并没有明确摆在显要的位置上。

简言之，上述两点不同，既是乾嘉汉学家有别于河间献王的关键之处，亦是清代汉学不同于两汉之学的关键之处。

秉承献王"实事求是之教"的汉学家，首先也是在经学考证性命题的层面上来理解"实事求是"的。如钱大昕表彰颜师古，"师古精于史学，于私谱杂志不敢轻信，识见绝非后人所及。《唐书·宰相世系表》虽详赡可喜，然纪近事则有征，溯远胄则多舛，由于信谱牒而无实事求是之识也"①。钱氏认为，颜师古的"实事求是之识"主要就在于对于史实的考证更为可信。此虽是指史学，但对"实事求是"的理解却与经学可通。在乾嘉汉学家看来，宋儒有守讹传谬、缘词生训的毛病，这促使汉学家着力将回归经学视为首要任务。如纪昀所说："圣人之志，藉经以存；儒者之学，研经为本。故经部尤纤毫不敢苟。"② 钱大昕亦言："《六经》定于至圣，舍经则无以为学。"③ 那么，回归经学的目的是什么呢？如前所述，依照段玉裁的理解，这种回归经学的工作应以校经为要，而"凡校经者，贵求其是而已"，这里的"是"主要包括两个方面：底本之是与立说之是，且前者

---

① 钱大昕：《十驾斋养新录》，上海书店出版社 2011 年版，第 227 页。
② 纪昀：《纪晓岚文集》（第一册），河北教育出版社 1995 年版，第 156 页。
③ 钱大昕：《潜研堂文集》，上海古籍出版社 2009 年版，第 393 页。

是后者的基础。这也就意味着，在汉学家这里，献王的"实事求是之教"首先还是立足于"实事"与"是"相重合的这一面之上。

因此，就班固、颜师古而言，其所说的"求是"、"真是"中的"是"，并未包含"理"或"规律"之类的意思。也就是说，他们并未过多关注其中是否有义理参与的问题。据此来看，当他们将"实事求是"视为纯粹的经学考证性命题时，不仅此中的"求"（具体的考证方法）是被隐含着的，而且此中的"是"（义理性的阐发）也是被有意无意地忽略掉了，或者说，考证性命题的重点工作并不在此，虽然它们总是已经包含在具体的考证过程之中，只是考证者们对此并不十分关注罢了。此时的"实事"或"是"所指涉的都是形下之器，这就意味着，此时的"实事求是"乃是一个形下的考证性命题。其实，迄今学界之所以相对忽略了河间献王的义理主张，或许就与这种对于"实事求是"的考证性理解之取向大有关联。

不过，与纯粹的经学考证性命题多注重"实事"（与"是"等同）不同，在汉学家这里亦体现出对"求"（考证方法、考证步骤）的强调，如段玉裁所谓"故校经之法，必以贾还贾，以孔还孔，以陆还陆，以杜还杜，以郑还郑，各得其底本，而后判其义理之是非，而后经之底本可定，而后经之义理可以徐定"①。由此可见，汉学家有着明确的方法论意识，虽然他们信奉刘德的"实事求是之教"，但却较之更进了一步，从而将之从考证性命题提升至认识论命题。不过，这个提升却是在完全保留原有考证因素上的一种提升，也就是说，"实事求是"虽被汉学家们提升为认识论命题，但其作为考证性命题的内容却被完全保留下来。因此，在汉学家的这种提升中，我们很容易就会发现，此时的"实"与"是"在其具体指涉上，实际上是有重合的部分，此即对经书之原文的考证或还原。尤其是，当汉学家们沉迷于考证而无心于阐发义理时，"实事求是"作为考证性命题的一面就被无形中泛化了，这也就意味着，此时的经学诠释又从认识论层面重新退回到纯粹的经学考证，而此时的"实事求是者"由此也沦为了没有超越冲动的"文献主义"者了。

---

① 段玉裁：《经韵楼集》，上海古籍出版社 2008 年版，第 336 页。

第四节 "实事求是"作为认识论命题

汉学家不仅将"实事求是"视为考证性命题，还将之明确提升为一个普遍的认识论命题，那么，这一提升是怎样进行的呢？汉学家将"实事求是"理解为务实求真的实证性态度与方法，在他们看来，为了确保整体的客观性，务必使得每一个环节都能尽量抛弃主观的态度。由此，"一般而言，严格意义上的'实事求是'的行为，必然蕴含三个基本环节：一是该行为必须以'实事'为出发点，这保证了始点的客观性；二是该行为所'求'之'是'，纯粹地乃是'实事'之'是'，这保证了终点的客观性；三是既然'实事'与'是'都是客观的，那么，它们就应该可以被反复地经验到，而'求'就必然表现为一些具体的、可重复性操作的方法，这保证了过程的客观性"[①]。（见图3）

$$
实事求是 \begin{cases} 实事 \rightarrow 对象（始点）的客观性 \\ 求 \ \rightarrow 方法（过程）的客观性 \\ 是 \ \rightarrow 结论（终点）的客观性 \end{cases} 纯粹客观性
$$

图3

仅从这三个环节来看，汉学家的"实事求是"具有鲜明的客观实证的色彩，似乎能够顺利通达客观之"是"。其实汉学家治学的这种务实性的风格，之所以常常被解读为"道问学"精神的体现，或者说，常常被接受为一种"为学问而学问"即追求客观知识的一面，就是从这种逻辑中衍生出的论断。所谓客观知识，乃是指汉学家对"实事"的客观认知，而客观认知必然依赖于方法的客观，因为汉学家既然将"实事"与"是"皆理解为客观之物，亦即汉学家将之理解为固定的原文与原义，此二者是客观研究本身所隐含着的。这就意味着，"实事"、"是"这两个环节本来就具有客观性，能不能将此二者完整地展现出来，乃在于一个主体如何才能将之揭明或解蔽，由此，主体的能力就至为关键了。而主体的能力就体现在

[①] 崔发展：《乾嘉"实事求是"命题的结构与层级》，《东岳论丛》2013年第2期。

"求"上，在汉学家看来，主体所采用的"求"到底如何，将会决定"实事求是"整个活动的成败。也就是说，主体之"求"乃是联结"实事"与"是"的桥梁。不过，"求"是否具有客观性，取决于主体自身净化其主体性的能力如何，基于此，就可以理解汉学家以及梁启超、胡适等人为何如此看重"研究法"的客观性。在他们看来，一种本身就具有客观性的"求"，乃是最终实现客观性的有力保证，是主体可以操控的，或者说，是取决于主体的。换句话说，方法之客观性乃是保障结论之客观性的必要条件，而方法是否具有客观性完全取决于主体自身。很显然，此时的主体，乃是认识论、方法论上的主体。

可见，就汉学家而言，与献王的相关活动相比，"实事求是"命题的性质发生了变化。在汉学家的活动中，对于经书文本之原貌的复原有了一整套方法的支撑，如前述所谓由训诂通义理、还原主义等方法，"实事求是"由此转换为了一个认识论命题。尤其是，在这个过程中，"实事求是"命题中的几个核心要素的具体所指及其意涵已经或多或少发生了改变。在将"实事求是"作为考证性命题看待时，整个活动过程主要是从"实事"到"实事"，不仅"是"（此时主要是"实事"之"是"，或者说，"是"此时乃是实物性的文本）缺少形上之道的一面，而且中间的过程缺少方法的参与。与此不同，在"实事求是"作为认识论命题时，不仅突出了认识方法的参与，而且此时的"实事"与"是"并不完全重合，此时的"是"既可指形下之器（底本、本文），亦可指形上之道（立说、本义）。可见，"实事求是"作为认识论命题，其中的"是"就应包括这样两个层面。就"是"所包括的这两个层面讲，在传统经学中形下之器、本文承载形上之道、本义，因此，后者才是求"是"的最终归属。

简言之，汉学家的"实事求是"，主要表现为对经书的考证性的还原，如前所述，它包括两个基本环节：一是对"实事"的还原，此即对经书之文本的还原；二是对"是"的还原，如前所述，它包括两个层面的还原，其中一部分与对"实事"的还原重合（形下之器），另一部分则是对经书之义理的还原（形上之道）。由此，在认识论命题中，"实事求是"之"是"的结构图。（见图 4）

图 4

如前所述，凌廷堪等汉学家一再强调"实事在前"的重要性，但无论如何，他们仍将求得"真是"置于考证工作的终端，也就是说，他们考证"实事"（原文）之最终目的仍是为了求"是"（原义或原道）。这是因为，"乾、嘉之世，儒家统一性的'道'的观念尚未解体"①，在这种观念的作用下，虽然像王念孙等人明确说"大道不敢承"，但多数汉学家仍有（不同于宋学的）道统观念，甚至仍会宣称通"经"的最终目的乃是为了明"道"，而不能仅仅止步于通"经"；虽然他们未必就能如实地做到这一点。

由此，就可抽绎出汉学家回归经学、还原经书的结构。（见图 5）

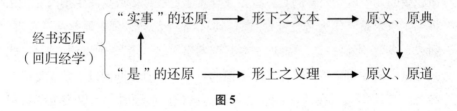

图 5

不过，无论是哪一种还原，它的实现又必须依赖于一整套行之有效的还原方法。由此，在汉学家这里，作为经学诠释性命题的"实事求是"，只是意味着对原文与原义的认识论或方法论诉求。于是，在汉学家这里，"实事求是"的普遍结构就转化为一种比较特殊的结构。（见图 6）

在汉学家反动宋学的过程中，虽然他们宣称通经明道或由训诂通义理，然而对于多数汉学家而言，明道或义理之目标要么是可望而不可及，要么是根本无心为之。究其原因，或可从以下几个方面来进一步深入理解。

第一，"实事"与"是"之间的混淆，更准确地说，这是对"求是"的两个层面的混淆。"是"本来包含原文、原义两个层面，但在"求是"

---

① 余英时：《论戴震与章学诚》，生活·读书·新知三联书店 2000 年版，第 354 页。

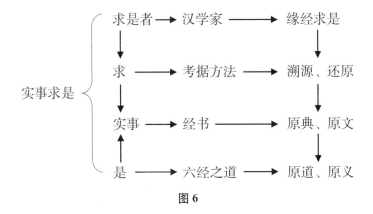

图 6

的过程中，多数汉学家无疑更偏重"实事"与"是"相重合的原文（形下之器）这一面，或多或少忽视了"是"与"实事"相区分的原义（形上之道）这一面。然而，求得经书的原文，并不等于求得了经书的原义。因为对于同样的文本，即便是对于本义的复原性解释，也往往会人言人殊。更不要说汉学家企图打通不同经学文本而寻求一贯之意，如他们对"仁"、"理"、"性"等概念的解读，很难获得一致性的理解。

第二，"求"与"是"之间的混淆，亦即考据与义理的混淆，或者说，手段与目的混淆。此类问题乃源于上述"实事"与"是"之混淆，汉学家往往忽略"是"中之义理或本义的一面，却偏重于"是"中之实事或本文的一面。然而，在传统经学框架下，本应以求取大道为旨归，但汉学家却陷入"独好小学"而相忘于考据。其实，若要复原实事或本文，必然会引发汉学家对考证方法的路径依赖，乃至于对实事或本文的偏重，更促使他们走入方东树所批评的那种追求字字有考的烦琐之中，终至竞相以考据代义理，或者说，以手段（"求"）代目的（"是"）。然而，若仅以方法层面来讲，考据之法并不具有独特性或排他性，一如前述龚自珍的质疑，汉宋两家皆可使用此法，因而它并不具有分别汉宋的能力。由此，仅以缺少考据来批评宋学，或者仅将"实事求是"局限于考证，很容易遭到诸如宋学也有考据、也是在"实事求是"之类的质疑。据此来讲，若不能在义理有所创新，汉学就难以真正取代宋学，甚至其独立性也会遭到质疑，而汉学家亦难免有空说之嫌，面对宋学难免心下发虚，就像段玉裁晚年悔过而感叹义理之学方可养心之类。就义理层面看，从清初到乾嘉的学术转向，并非只是从宋学转向汉学，而同时也是义理之争的表现。不过，清初的考证主要服务于阐发宋学之义理，但到了乾嘉时期，考证却转而成为一部分汉学家推演新义理的手段了。

第三，历史真实与心理真实之间的混淆。余英时指出："在清代学术界，儒家至少在表面上依然保持着独霸的地位，所以'道'仍是最高一级的观念。"① 余氏此言虽是，但也要认识到，汉学家虽然仍有宗派意识或道统观念，然而却常常出于对宋学之空谈的禁忌心理，而相应地异化出对宋学之概念、语词或义理的避讳心理，认为一旦与宋学有染，就难免有蹈虚之嫌。尤其是，汉学家本就以考据为批判宋学之武器，而随着考据之法的日益成熟，他们更会对考据之法充满自信，或从考据之法中体会到对于宋学的优越感。于是乎，一面是对宋学的忌惮乃至厌恶之感（"过"），另一面则是对考据之学的依赖乃至宠爱之情（"不及"），两相比较，汉学家们的经学研究很容易走向仅考其"器"而忘其"义"的独木桥。由此，在多数汉学家那里，所谓由训诂而通经、通经而明道乃至明道以致用的心理预期，常常沦为了一句门面语、口头禅。

上述三种偏差、混淆，其实具有内在的共通性，反映的乃是汉学家对于"实事求是"的朴素性理解。在他们看来，"实事求是"致力于客观性的达成。就"实事求是"所包含的几个核心要素而言，在"实事"及其"是"都是确定的情况下，只要依赖一套成熟有效的还原方法就可以"求"得客观性。但问题在于，这里的"是"即便是就原义而言也是难以确定的，因为方法上的客观性始终不能束缚住解释主体的能动性。如果义理之"是"难以把控，那么汉学家自然就会偏重于实物之"是"。与"是"上的这种分歧相比，"实事"（包括实物之"是"）与"求"更容易进行人为控制，就像受控实验一样，实验对象与实验方法均可人为指定，具有较强的可操作性，以致汉学家往往青睐于由考据之法来探求实物之还原，而对于受控性不强的义理，就会强调由训诂之法来保证义理的客观性，乃至避开义理而不谈。其实，汉学家的上述第一个、第二个混淆，实源于此类缘由。在这种混淆下，汉学家"实事求是"的效果，就更多地体现为经学考

---

① 余英时：《论戴震与章学诚》，生活·读书·新知三联书店 2000 年版，第 72、87 页。

证（"实事"）的蔚为大观与考据方法（"求"）的日益完善，而在"是"的义理层面上的成绩却是相形见绌。

可见，从观念上讲，汉学家们之所以如此作为，实则源自于其对"实事求是"的误解。因为，在将"实事求是"视为认识论命题时，这之中就包含着一些先行的观念，而从哲学解释学的角度讲，这些预设或前设的合法性或自明性却有待商榷。试分析如下：

预设一："是"纯粹地乃是"实事"之"是"。

也就是说，汉学家认为，"实事"才是"是"的唯一来源，亦即，"是"必须基于"实事"而言；否则，就无从确保客观性的实现，这也是他们之所以强调从"实事"出发的关键原因。在这种理解中，"实事求是者"自身的主体性被无意识地悬搁起来了，或者说，"实事求是者"不再是"实事求是"的一个核心要素。在"实事求是"的活动中，无论此时的主体是"谁"，都只是客观原则的执行者而已，而这个执行者只要按照客观的步骤来行事，就能探求到客观之"实事"或"是"，因为在汉学家看来，客观的对象与方法能够有效保障考据的可操作性、可重复性。这就意味着，在此过程中，主体只是复原文本的工具或通道，他虽是活动的主体，却并未真正"参与"其中。这看似悖论，却又是哲学解释学意义上的实情。"持论必执其中，实事必求其是"[1]，乃是汉学家持守的理想标准。正是基于这种形而上学式的观念，汉学家才会致力于去"求"经书的本文、本义，走向了一条"复古"、"实证"的重构路线。

不过，"实事求是者"毕竟是"实事求是"命题中的一个核心要素，汉学家却并未对这一要素进行批判性地考察，在他们的理解中，"实事求是"显而易见地只是包含了"实事"、"求"与"是"三个要素而已，别无其他。问题是，这种对于"实事求是"命题的表面或字面上的分析，既不符合一个完整命题的要求，更与实际发生的事实相背离。

首先，在忽略主体性的情况下，"实事求是"并不是一个完整意义上的命题，因为"实事求是者"并不是外在附加给"实事求是"命题的一个可有可无的要素，而是这一命题内含或潜含的一个必备要素，但由于这一

---

① 阮元：《十驾斋养心录序》，《十驾斋养心录》，上海书店出版社 2011 年版，第 1 页。

要素并不像其他三个要素那么显明，以致常常被忽略或被想当然地排除在这个命题之外。

其次，从认识论层面上讲，在现实的"实事求是"的活动中，实际发生的情形乃是"我"在"实事求是"，总存在一个绝不应被忽视的"实事求是者"。如前所述，在乾嘉汉学家"实事求是"的活动中，他们所拥有的那种作为"实事求是者"毋庸置疑的主体地位，他们对于汉宋关系的解释学前见，才真正催生了一种专属于乾嘉汉学的成就与不足，如果忽略这种主体性的因素，那么，反而无法理解这类活动中的"实事"、"求"与"是"为何呈现出不同于宋学，亦有别于汉儒之学的独特面貌来。这就表明，无论"谁"在"实事求是"，这里的"谁"都已参与实际的活动之中。

最后，从本体论的层面讲，在"我"实施"实事求是"的活动之先，尚有一个"我能"的问题，或者说，在"我在如何"之前，尚有一个"我能如何"的问题。因为，"我能如何"只是一种能力或潜能，并不一定就有现实的表现。比如，就像汉学家对宋儒的质疑那样，宋儒本有"实事求是"的能力，只是他们走错了路，故意妄为之说。基于此，套用笛卡尔的说法，或可谓"我能故我在"，而这也表明"我在"乃是对"我能"的佐证。由此，引出了"实事求是"作为认识论命题的第二个预设。

预设二：认知主体"实事求是"之能力的无可置疑。

在汉学家这里，"实事求是"无论是作为精神或方法，总归是人的一种自明的认知能力。由此反观第一个预设，对于汉学家而言，主体或"实事求是者"（不管是有意还是无意）之所以能够"实事求是"，或者说，主体若要实现或做到"实事求是"，首先就要忽略或净化自身的主观性，否则就无从谈论客观性；然而，从另一方面看，主体之所以能够被忽略，恰恰是主体自身能力（主观能动性）的一种体现和确证，也就是说，在认知活动中，主体能够将自身悬置（悬隔）起来，从而使得主体在认知客体时可以免受主体自身的影响。而这就意味着，这种企图摆脱主体的努力恰恰证明了主体的绝对能力，因为主体可以使自己在主观性与客观性立场之间走来走去，主体的能力由此得到彰显，但这反而证明了无法摆脱主体性。这看似悖论，但却是"实事求是"作为认识论命题所内含着的。

据上所论，从认识论层面上讲，作为经学解释性命题的"实事求是"，必然表现出一般认识论所蕴含的那种悖谬：一方面，汉学家主观上希望能够净化自身的主观性，借以消除主体对认知结果的干扰，换言之，此时的"实事求是"取消了"实事求是者"作为认知主体的地位；但从另一方面看，汉学家的这种做法，在客观上却造成了对主观性或认知主体之地位的变相确证或强化，表明在认识论层面上的"实事求是"活动能够实施之前，"实事求是者"的主体地位就已先行地存在着了。这种悖谬现象在解释学中也有表现，如一般解释学就是如此，它寄希望于主体的自我净化功能来实现客观性，或者说，客观需要借助于主观来实现，亦即所谓"客观的解释要求明确地涉及到陈述者的主观性"[①]。其实，客观性本就是相对于主观或主体而言，客观主义者将主体仅仅视为通达客体的通道，看似摆脱了主观性，反而却是对主体之参与能力的变相确证，因为它总是要诉诸主观地去重构客观，而认识论的悖谬由此也就始终难以避免。由此而言，"实事求是"之能力的自明性并不是那么显而易见的。

因此，这就需要首先考察主观（主体）本身的能力是否是自明的，或者说，"实事求是者"自身的自明性是否是不言而喻的。比如，我们经常会这么讲，人如何揪着自己的头发离开地球？这势必又要重新回到康德的问题上来：人的认识何以可能？而若是将"实事求是"视为人的一种认知能力，那么，同样有必要追问这样一个问题，此即："实事求是"如何可能？众所周知，康德通过其纯粹理性批判而将认知视为人的先天禀赋（先验的合法性），并由此而为人的认知能力划界。但在黑格尔看来，康德的回答并不自洽，二律背反并非矛盾而恰恰是辩证法的体现，当康德指出理性或认知能力的边界时，就表明他已超出了边界而站在边界之外了。与此同理，若是主体能够净化自身而将自身摆置在客观的对立面，恰恰表明主体能够与客体相统一，因此此时的主体已经超出了主客体之间的对立或边界。这就是黑格尔所揭示出的界限的辩证法，它对认识论的质疑就是这么简洁而有力：人不可能走出自己的皮肤。不过，黑格尔本人最终并未根本扭转看待这一问题的视域，在他这里，"历史属于理解"[②]，希望由此确

---

① 赫施：《解释的有效性》，生活·读书·新知三联书店1991年版，第273页。

② 洪汉鼎：《理解的真理》，山东人民出版社2001年版，第247页。

立绝对精神的至上地位，表明他仍是从认识论着手来构建其精神现象学。胡塞尔的纯粹现象学也未能从根本上走出这种认识论的论域，其现象学的悬置、还原，最终不过是要确立先验意识的至尊地位。因此，黑格尔、胡塞尔走出了康德的边界，将其所束缚的认知能力重新释放，不过，由此却带来了一个新的问题，即：被释放出来的认知能力似乎完全没了边界，客体成了主体的附庸而完全丧失了独立性，走向了彻底的主观主义。如果说客观主义完全忽略了主体的独立性，那么，主观主义无疑走向了另一个极端，但无论怎样，根本性的问题并未由此得到有效解决。

基于上述，我们认为，认识论意义上的"实事求是"，必然有其先行的前设，而若要在认识论层面上对其自明性给出合理解释，终将是行不通的，因为"经验主义的证明将会走向不可知论，而理性主义的证明则会走向先验论"①。因此，我们无法从认识论上来彻底追问"实事求是"命题的自明性。认识论既然无法解决其自明性，那么，就必须揭明这里的"谁"（任何一个"我"）作为认识主体的边界在哪里。于是，就有必要引入新的视域来重新审视这一命题。

第五节 "实事求是"作为存在论命题

转换解读"实事求是"命题的视域，就是转换问题的提出或发问方式。但由于发问方式的变化，往往意味着对于原有观念或思维模式的突破，因而，如何合理、有效地提出一个真问题，其实并不是一件容易的事情。那么，对于"实事求是"的自明性问题，我们又当如何才能更好地进行考察与辨析呢？

一、"回到事情本身"："实事求是"如何可能

在《哲学作为严格的科学》中，胡塞尔说：我们的方法和原则必须

———————————

① 黄玉顺：《"实事求是"命题的存在论意义》，《广西民族学院学报》2001年第6期。

是"回到事情本身"。在这一段话的旁边，海德格尔写道："我们愿意采纳胡塞尔的话"①。一般而言，"回到事情本身"作为现象学的口号虽无争议，但如何理解这里的"事情本身"却有差别乃至根本上的不同。比如，胡塞尔仅将现象学视为达到严格（认识论意义上的）哲学（科学）的方法，而海德格尔却"不再纠缠于那种认识论的蕴涵"②，而是致力于从存在论的基础上将现象学构建为实存性阐释学③。在海氏看来，所谓"事情本身"并不是什么意识现象，而是"此在"（"人"）被抛的生存。此在对存在有一种本真的领会（理解），并能将这种领会宣告（解释）出来。所以，海氏明言："此在的现象学就是诠释学。"由此，针对胡塞尔所建构的纯粹现象学，当海氏明确宣称"连现象学的'本质直观'也植根于存在论的领会"时，认识论（本质直观）奠基于存在论（理解、领会）的层级结构也就呼之欲出了。④ 在伽达默尔的哲学解释学中，这种层级结构更被有意凸显为存在论真理与认识论方法之间的争执。

那么，这种层级结构是否有助于解决"实事求是"的自明性问题呢？

在存在论现象学的意义上，人的存在总是理解性的生存，所以，伽达默尔说："理解就是人类生命本身原始的存在特质。"⑤ 基于此，可以说理解首先乃是由人的存在或生存决定的，而不是由方法决定的。更准确地讲，在存在论层面上，认识与方法总是后于理解的，人的认知能力奠基于人的理解能力。由此，对于"实事求是"的自明性问题而言，它意味着这样一种视域上彻底转换，此即：问题不再是认识论视域中的"认识如何可能"，而是存在论视域中的"理解何以可能"。（见图 7）

认识何以可能（认识论） —奠基于→ 理解何以可能（存在论）

图 7

---

① Gadamer, *Heideggers wege*, Tubingen：Mohr, 1983, p.143.

② 伽达默尔：《真理与方法》，上海译文出版社 2004 年版，第 329 页。

③ Hermeneutik der Faktizitat 一词目前主流的翻译有"实存性诠释学"、"实际性之解释学"以及"事实性诠释学"等。本书采用洪汉鼎的译法。

④ 参见海德格尔：《存在与时间》，生活·读书·新知三联书店 1999 年版，第 44、172 页。

⑤ 伽达默尔：《真理与方法》，上海译文出版社 2004 年版，第 336 页。

在这种视域下，"事实求是"首先乃是指人的一种理解能力而非认知能力。与此相应，本源性的问题就不再是怎样才是"实事求是"，或怎样才能做到"实事求是"，而是"实事求是"如何可能。（见图 8）

认识何以可能 ——————→ 怎样才是"实事求是"

理解如何可能 ——————→ "实事求是"如何可能

图 8

这不仅仅是两个不同的问题，而且是两个处于不同层级上的问题。不过，在对这两个问题进行详细分解前，尚有一个紧要问题需要澄清，因为我们习惯上常常把理解视为一个认识论的问题。当然，在这个层面上，认识与理解也是不同的，如霍埃指出，当一个人说他知道（认识）一首诗与他理解一首诗时，也许表达了不同的意味。① 一般而言，理解某物总是已经包含了对此物的认知，但认识某物却不一定就能理解此物。不过，理解也不一定必然建立在完全的认知之上，如理解某一首诗，并不意味着必须要认知其来龙去脉、细枝末节等一切相关因素。但另一方面，理解这首诗，一定包含对这首诗的某种认知，尽管这种认知也许并不完全。由此可知，这种层面上的关系，反映出的实际上仍旧是由认识进展到理解的认识论模式，换句话说，在这种关系中，认识仍然是基础性或奠基性的，理解不过是在这个基础上的升华。由此，追问这种理解的基础，首先还是要面对认识何以可能的问题，而这就表明，它仍然未能走出康德认识论意义上的问题域。（见图 9）

理解何以可能（认识论）　奠基于　　认识何以可能（认识论）
　　　　　　　　　————————→

图 9

可见，认识论层面上的理解不同于存在论层面上的理解，而不同的发问方式上，其所指引的方向与所开启的意义也就有了不同。

――――――――――――

① 参见霍埃：《批评的循环》，辽宁人民出版社 1987 年版，第 60 页。

二、理解如何可能：理解的发生结构

伽达默尔的哲学解释学，就是在存在论视域中探讨理解的问题。对于存在论上的理解问题及其方向、意义，伽氏说：

> 借用康德的话来说，我们是在探究：理解怎样得以可能？这是一个先于主体性的一切理解行为的问题，也是一个先于理解科学的方法论及其规范和规则的问题。我认为海德格尔对人类此在（Dasein）的时间分析已经令人信服地表明：理解不属于主体的行为方式，而是此在本身的存在方式。①

依此而言，不是理解属于此在，而是此在属于理解；理解不是主体性的理解（认知）行为，而是此在只有在理解中才能是其所是。所以，此在本质上就是解释学的，这是由"事情的本性"显现出来的经验。

但是，理解何以可能的问题，本质上只能在理解如何发生的意义上得到有效的说明。②贝蒂曾认为，伽达默尔的哲学解释学只是对事实（"事情本身"）的陈述，而忽略了对法权问题（即理解如何可能）的探究。对此，伽氏从存在论上给予了回应，在伽氏看来，理解的法权问题，实际地蕴含在对理解所做的现象学的事实性描述之中。因为，理解本身并不是被给出或被奠基的，而是存在论意义实际发生着的"事情本身"，这也就意味着，理解是"自我所与"（自明、不证自明）的。由此，伽氏特别强调，他所关心的"问题不是我们做什么，也不是我们应当做什么，而是什么东西超越我们的愿望和行动与我们一起发生"③。因此，从存在论上讲，对于理解的发问方式，就有必要做一个对等性的转换。（见图10）

随之而来的问题是：理解是如何发生的呢？理解作为此在的存在方式，体现着人的有限性、历史性，因而理解乃是历史事件，并因此而都具

---

① 伽达默尔：《真理与方法》，上海译文出版社2004年版，"第二版序言"第4页。

② 参见伽达默尔：《诠释学与历史主义》，载洪汉鼎主编：《理解与解释》，东方出版社2006年版，第191—192页。

③ 伽达默尔：《真理与方法》，上海译文出版社2004年版，"第二版序言"第2—3页。

转换

理解何以可能 ←————→ 理解如何发生

对等

图 10

有一种"事件结构"。① 这种结构其实就是理解的发生结构，表现出鲜明的叙事性色彩。简言之，作为事件的理解，乃是实际发生着的历史叙事。（见图 11）

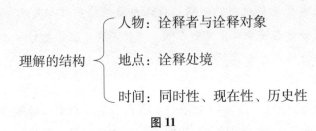

理解的结构 ⟨ 人物：诠释者与诠释对象

地点：诠释处境

时间：同时性、现在性、历史性

图 11

这里之所以用叙事文的三要素来描述理解事件，只是为了分析上的方便。下面将以对文本的理解为例，来分析理解事件的实际情形到底是怎样的。

首先，就人物方面来说。② 伽达默尔认为，"理解得以开始的最先东西乃是某物能与我们进行攀谈，这是一切诠释学条件里的最首要的条件"③。由此，理解总是相互理解，是双方的攀谈性的交互活动，而不是诠释者的单方面行动。由此，某个文本作为诠释对象，并不是一个现成在手的客观对象，而是自己和他者的统一关系。不过，这种关系不再是主客体式的我与它的关系（我—它），而是主体间性的我与你的关系（我—你、我—我）。在本真的我—你关系中④，你（诠释文本）乃是相对于我（诠释

---

① 参见伽达默尔：《真理与方法》，上海译文出版社 2004 年版，第 634、630 页。

② 这里暂时只考虑诠释者与诠释对象的关系，至于作者问题本书将不再另作分析。这主要是考虑到汉学家一般认为圣人之经即圣人之意，这表明在他们看来，圣贤作为经书的作者本身就被包孕在文本中，因而无须另作专门探讨。

③ 伽达默尔：《真理与方法》，上海译文出版社 2004 年版，第 386—387 页。

④ 伽达默尔区分了我—你关系的三种类型：第一种是我—它类型；第二种类型（即历史客观主义的理解）虽然是我—你，但本质上仍旧是我—它的关系；第三种才是本真的我—你关系，它就是哲学解释学所揭示的对话辩证法。参见伽达默尔：《真理与方法》，上海译文出版社 2004 年版，第 465—469 页。

者）的自为存在，并由此而向我提出你自身的真理要求，这就是你的视域，它体现出你对我的制约性。同时，我也有自己的视域，它就是我的前见、前理解，这也就是说，我的"心灵"并非白板，而我的"眼睛"也总是有色的。① 所以，实际的理解总是我与你之间的视域融合。这种融合将会扬弃对话双方的个别性、有限性，从而向更高的普遍性进行提升。

其次，就地点方面来说。所谓地点，并不是指空间中的某一处所，而是指我与你遭遇的解释学处境。解释学处境既表现为一种限制，因为它总是相对地划定了理解的边界，又表现为一种突破与超越，因为它总是那个我们活动于其中，并且与我们一起活动的东西。这就意味着，处境并不是真正封闭的界限，它总是在不断变化、始终开放之中。这也就表明，所谓理解，并没有最终的解释或彻底完成的解释，或者说，彻底的理解总是不可能的，它总会面对新的可能性，从而它总是能够表现出自我超越的特质。

最后，就时间方面来说。这里的时间不是指一维性的、线性的物理时间，而是指过去的当下到场，也就是说，作为历史流传物的文本（你），总是在现在的、当下的表现中赢得其完全的同时性。这种同时性（Gleichzeitigkeit）绝不是共时性（Simultaneitat），因为共时性乃是说同样有效或一起存在，它成了脱离时间的永恒的、纯客观性的东西，此时，理解中出现的乃是我—你关系的异化形式：我—它。与此不同，同时性乃是指具体的现在性，因为我并非置身于你的这种当下化的表现之外，而是一同参与其中。因此，在当下化的理解中，我与你同在而不只是共在，因为共在不过是指我单纯地与你一起存在于那里，而同在则意味着参与，即我与你一同参与了对话，这就表明，并不存在任何对过去的直接的或纯粹的接近或返回（如还原主义、复古主义的主张），而只能是现在对过去的参与。也就是说，过去只是作为现在、作为它的现在表现而存在。过去不是它以往之所是，否则就是"昔物不至今"，而是它如今之所是，此即：文

---

① 注意，这里是"眼睛"，而不是"眼镜"。因为眼镜总是可以在用的时候戴上去，而不用的时候摘下来，这就意味着它完全是受主体的控制；眼睛则是没法摘下来而不用的，即便是当一个人视而不见的时候，"视"也总已经是眼睛的活动了。

本（你）的当下存在，对每一个当代都意味着同时性、现在性。①

从人物、地点、时间三个要素出发，我们大致勾勒出理解本身的存在论结构。但为了更好地把握这一结构，有必要进一步澄清如下几个问题。

第一，从理解的结构来看，理解"作为一个事件，它处于时空之中，它发生着"②。然而，这里绝不是说，在我与你（历史叙事中的"主人公"）进入某个时空（时间、地点）后，理解事件才相应地发生了。在存在论上，理解并不是主客体之间的一种对象化的认知活动，并不是先有主体与客体，进而才有主客体之间的理解。这是因为，我从生存论上总是已经被抛入某个解释学处境之中，而"处境这一概念的特征正在于：我们并不处于这处境的对面，因而也就无从对处境有任何客观性的认识"③。也就是说，处境首先并不是主体的认识对象，而是理解得以发生的存在论条件。

第二，人物、地点与时间并非截然分裂，三者总是统一于我与你的具体的历史性之中。所以，理解总是历史的理解，而历史的理解就是历史本身，或者说，理解属于历史。这就表明，理解总是"效果历史"。换言之，每一事件作为历史性事件，并不能脱离历史，它总是前后呼应，"每一事件都具有一个前史，而不是从无中而来；他也知道事件也影响历史，每一事件都具有后史，而不是消失到无之中"④。所以，每一种理解属于效果历史，这不仅在于它属于过去与过去的前见，更在于它属于未来，因为它总要在后续的历史中再次被解释。由此，理解没有绝对的起点与终点。理解的真理并不会终止于某一种解释，而是在不断的解释中呈现出来的，因此，理解始终处于解释学的循环之中。这种循环既存在于我（前见的不断修正）或你（整体与部分）的内部，也存在于我与你之间。这也就意味着，理解一方面乃是相互理解，但从另一方面看，理解又总是自我理解。

---

① 关于同时性与共时性、同在与共在的关系，参见伽达默尔：《真理与方法》，上海译文出版社 2004 年版，第 112、162、166 等页。

② 帕尔默：《当我们阅读一个经典文本时发生了什么?》，载洪汉鼎主编：《中国诠释学》（第二辑），山东人民出版社 2004 年版，第 7 页。

③ 伽达默尔：《真理与方法》，上海译文出版社 2004 年版，第 390 页。

④ 洪汉鼎：《理解的真理》，山东人民出版社 2001 年版，第 250 页。

第三，理解乃是自我理解与相互理解的辩证统一。所谓视域融合乃是向更高的普遍性提升。然而，这种提升并不是对我或你的个别性的单纯否定，因为个别性就是有限性、历史性的具体表现，这种个别性在相互理解中不仅没有被否定，反而得到了丰富与充实，这就是理解即自我理解之意。对此，可以分别从诠释者与诠释对象两个方面做进一步说明。就解释者来讲，"谁理解，谁就知道按照他自身的可能性去筹划自身"①。这种筹划一方面是被动式的，因为我总是被自己的前见所限制；另一方面却又是主动式的，它体现出我在面对多种可能性时的积极运作。理解就是这样一种被动与主动的辩证运动，它引导我走出自身（异化），而走出自身最终乃是为了回到自身（同化）。就解释对象（文本）来讲，一个文本有没有所谓的自我理解呢？伽达默尔及其高足帕尔默，看似没有这样的明确说法。② 比如，当说真正的理解乃是我—你关系时，如何能说你竟然没有自我理解？当伽氏说"理解从来就不是一种对于某个被给定的'对象'的主观行为，而是属于效果历史，这就是说，理解是属于被理解东西的存在"时，你不正是在效果历史中得到了自我展现（自我理解）吗？如果不是这样，如何解释语言、游戏的主体乃是语言、游戏本身，而不是言说者、游戏者？哪怕是从实现我的自我理解这个角度讲，我也必须承认并维护你的自我理解的存在，因为我必然是在你的这种自我理解中才能反观自身。总之，我与你各自的自我理解，我和你之间的相互理解，乃是辩证地被达到的；否则，理解仍将被视为我的一种纯粹的主体性行为，似乎理解活动仍是在我的操纵之下。

第四，应用问题。与一般解释学不同，哲学解释学明确将应用视为理解的一个内在要素，"应用就不仅仅是对某种理解的'应用'，它恰恰是理解本身的真正核心"③。与自我理解一样，应用并不是我在单方面地应用文本。应用必然是双边应用，一方面，我的自我理解乃是自我筹划，它展开为对文本的当下应用，一种旨在过去和现在进行沟通的具体应用；另一

① 伽达默尔：《真理与方法》，上海译文出版社 2004 年版，第 337—338 页。

② 参见帕尔默：《当我们阅读一个经典文本时发生了什么?》，载洪汉鼎主编：《中国诠释学》（第二辑），山东人民出版社 2004 年版，第 11—12 页。

③ 伽达默尔：《科学时代的理性》，国际文化出版公司 1988 年版，第 114 页。

方面，我又是被你应用的，因为正在我的应用性理解中，你得以展现自身，而我不过是你展现自身的通道（"中介"）。不同的我处于各自的解释学处境，对你也就有不同的理解（差异性、区分），但这些理解并不建立某种相对于你的意义的第二种意义，我们最终都归属于你（同一性、无区分）。这种同一性与差异性反映出来的乃是你自身的统一性，是你的存在与你的（自我）表现之间的"无区别的区别"。① 简言之，应用乃是理解自身的一个核心要素，而理解也总是应用性的理解。

三、"实事求是"话语中的突出问题②

在《诠释学》一文中，伽达默尔谈道："一切哲学的概念工作都以一种诠释学向度为基础。"③ 上述对理解结构的梳理，就是这种解释学向度的一个具体的展现。下文对"实事求是"这一概念的考察，将明确地基于这样一种解释学的框架或向度之上，我们希望借此能够有效解答"实事求是"的自明性问题。当然，这种考察也试图对这一解释学向度自身的合理性进行检验，或者说，它试图在分析"实事求是"的过程中，具体考察这一向度能否被经验到。

乾嘉汉学以"实事求是"地回归经书为主旨，其精神有似于"回到事情本身"。大体讲，汉学家认为"主观地重构客观"是可以实现的。前文已对这种前设的问题有所交代，此处将在存在论上进一步揭示这些问题的本质所在。

问题一："实事求是"在多大程度上能够被达到？

这个问题等同于追问人的理解力的限度或界限。在存在论上追问理解何以可能，就是试图为人的理解力划界。这个界限总是存在着的，它源出于人的被抛的有限性。人的理解力的界限与生俱来、与时俱化。与此相

---

① 参见洪汉鼎：《理解的真理》，山东人民出版社 2001 年版，第 354 页。

② 参见崔发展：《乾嘉"实事求是"话语的诠释学边界》，《哲学动态》2013 年第 9 期。

③ 洪汉鼎主编：《理解与解释》，东方出版社 2006 年版，第 492 页。

应，追问"实事求是"何以可能的问题，也是要尝试给出人的"实事求是"之能力的边界。

汉学家往往把"实事求是"视为一种自明的认知力，然而，这样一来，"实事求是"就从存在论命题降格为了认识论命题，乃至降格为一个纯粹的经学考证性命题。由此，存在论上"实事求是如何可能"的问题，就降格为认识论上"怎样才能做到实事求是"的问题。所谓将"实事求是"视为自明能力，就是指在汉学家看来，完全做到"实事求是"是可能的，但这只是就可能性而言，就其现实性来讲却未必能完全实现出来，这主要取决于怎么去做的问题。比如汉学家认为，若严格遵守其考证步骤与方法，就一定能够实现"实事求是"。当然，"实事求是"并非只是目标，而恰恰意味着严苛的过程，这个过程就是对"求"的贯彻，即怎么去做或如何行事才能合乎"实事求是"的精神。基于此，我们看到，在汉学家这里，"实事求是"也常被在方法的意义上得到表彰与强调。不过，他们的这种理解却忽略了方法本身的限度，更准确地讲，忽略了人的理解力的限度，因而并不足以保证真理（当然，揭示真理总是要靠方法）。

据此而言，既然作为理解力的"实事求是"总有其自身的边界，总是不能被完全地实现，那么，合理的问题就应该是："实事求是"在多大的程度上能够被达到呢？这一问题的合理性，不仅体现在它试图揭示人的理解力的有限性，亦体现在它力图对人（"实事求是者"）在"实事求是"这一事件中的合法权益作出辩护。由此，引出如下的第二个问题。

问题二：在"实事求是"事件中，"求是者"竟然一无"是"处？

汉学家将"是"仅仅视为"实事"之"是"，认为"实事"之外一无所有（如所谓"义理存乎典章制度"、"实事在前"），这就意味着，"求是"之人完全可以置身"是"外。然而问题在于，如前所论，汉学家话语中的"是"有原文与原义两个指涉，当"是"指原文时，此"是"或可被客观地重构出来，而当"是"指原义时，此"是"如何能够被重构出来？

毋庸置疑，对于某一历史事件或某个物件，通过客观考证，其原材料或许可以得到复原。如通过把某一经书的写作时间、经文措辞以及章节安排等问题弄清楚，就可以说这本经书的底本（本文）恢复了原貌。然而，这一经书究竟说了些什么（本义），却并不会由此就一定能得到真正理解。因为，事实性或物理性（材料）重构并没有使经书恢复生气，甚至可以说此时经书仍旧是缺席的。而只有在它进入理解（即进入其当下表现）之时，它才真正到场，真正地存在出来。正所谓理解总是相互理解，此时那些声称理解了它的人，一定是参与了它的表现的人。这就表明，经书的意义必然是当下的新生的意义，而这种意义也总是对我而言的且能被我理解的意义。这就意味着，事实虽可以重构，意义却不能重构。

基于此，汉学家对经书的事实重构虽然必要，但若是不能在义理上得到诠解，则这类重构就缺乏明确的"意义"。严格来讲，即便是看似纯粹的材料考证，其中也已经有理解或义理的参与了。[①] 这种参与（应用）乃是以潜在的方式进行的，它包孕着甚至直接地就是汉学家的诠释前见，因为"应用不是理解现象的一个随后的和偶然的成分，而是从一开始就整个地规定了理解活动"[②]。清初到乾嘉的学术转向，说明了汉学家在其前见中就已经有了与宋儒不同的义理观（世界观、价值观）的支撑，而这种前见最终促使汉学家意识到宋学的不足，从而才能拔宋旗、立汉帜。其实，无论是梁启超、胡适的"反动说"，还是钱穆、冯友兰、余英时的"内在理路说"，都能表明汉学家所持有这种学术前见。因此，汉学家对经书之"是"的考究，总是反映出他们在现实需要（应用）中对义理（"是"）的修正或调整，并由此而表明了求真（"是"）与求用的统一，也正是阐发这种新义理的需要，才使得认识论上的方法主义成了"实事求是"的当下表现。[③] 侯外庐、徐复观曾认为，汉学家所谓的"实事求是"不过只是对一种传统信仰进行的解释学实践，此论虽有偏颇，但如前所论，汉学家在经学信仰上的解释学前见还是不言而喻的。汉学家崇祖式的确定性，正源自于他们对传统权威性前见的认可，当然，这种认可并不一定就是明确地承认，而更多的是一种或主动或被动、或有意或无意识地交付出去的行为。

然而，在实际的经学诠释中，汉学家毕竟并未一无"是"处，这一

---

① 严格来说，在科学哲学领域，所谓的客观对象也要遭到解释学的质疑。对此，可参见库恩的《科学革命的结构》。

② 伽达默尔：《真理与方法》，上海译文出版社 2004 年版，第 420 页。

③ 由此，我们就不能苛责方东树对"实事求是"的理解一定是混淆了求真与求用。

现象深刻地表明：汉学家背离了其"实事求是"的方法论主张，而却真切地经验着"实事求是"的存在论事实，只是他们很少能够意识到自己并没有置身"是"外，更不是那么一无"是"处。而汉学家之所以有此误会，实是由其对"实事求是"进行降格处置的结果。如前所述，这个降格指的乃是"实事求是"从存在论命题到认识论命题乃至到考证性命题的两次转换过程。随之而来的问题是，在这种降格中究竟发生了什么？由此引出如下的第三个问题。

问题三："实事求是"的降格意味着什么？

汉学家对于"实事求是"命题的两次转换，实则是两次降格，那么，在这两次降格中，实际情况如何？又带来了怎样的后果？为此，首先需要探讨如下问题，此即："实事求是"是怎样的，怎样（才）是"实事求是"，此二者是对同一问题的不同表述，还是两个根本不同的问题？通过解析这一问题，可知汉学家对"实事求是"的降格，乃是问题视域的一种根本转换，一种并不对等的转换。借用上述两个问题来表述，就可表现出一定的图式转换。（见图 12）

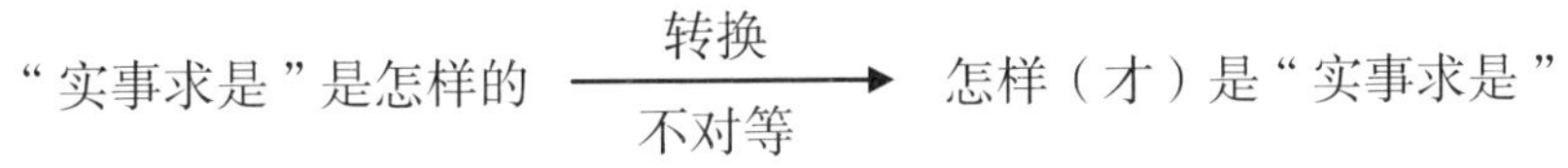

$$\text{"实事求是"是怎样的} \quad \xrightarrow[\text{不对等}]{\text{转换}} \quad \text{怎样（才）是"实事求是"}$$

图 12

必须注意，对于"实事求是"本身，我们这里有意避开"是什么"这样的形而上学式的发问，而是特别使用"怎样是"、"是怎样"之类表述。而之所以仍旧将"是"与"怎样"相连接，只是为了表达上的方便。一般而言，从存在论上讲，"……（是）怎样"与"……是怎样的"是两个可以互换的等价命题，如"理解如何可能"就可以与"理解是如何可能的"相互转换。不过，若只是使用"怎样"之类的表述，并不足以表明存在论视域的获得。如这两个问题虽然都是采用"怎样"的提法，但二者其实并不是一定能够相互置换。为了便于分析，这里以"A"指代"实事求是"。

众所周知，康德从认识论上对分析命题与综合命题作出了区分，依照这一区分，或可说"A 是怎样的"乃是分析命题，它并不能使人获得新知，而"怎样是 A"则属于综合命题，它意味着人的知识扩充。据此，对于"A 是怎样的"而言，这样的推论难免有些悲观。

不过，从存在论上看，这种表述却开启出了新的方向与意义。此时，"A 是怎样的"并不是说 A 应当是怎样的，而是说 A 实际上就是怎样的，或者说，此时 A 就是以这个"怎样"（这样）的面貌而呈现自身的。不过，这里的"怎样"只是这个命题的变项，所以，A 就可以有这样或那样的不同表现，但如果 A 此时是这样表现的，那么它当下就是作为这个样子而在场的。从存在论上讲，A 不会被完全理解，所以，A 虽然总是有多种可能性，但它在某个解释学处境中总是作为某一个"侧显"（胡塞尔语）而现身的，这个侧显就是 A 此时显现出来的，并且是诠释者当下所能够理解了的现实性。由此，在存在论上，"A 是怎样的"乃是一个扩展性、开放性的外向型问题，它描述了一种实存性解释学意义上的实情。

而当某人提及"怎样是 A"时，则是一种认识论的判断，其中总是已经蕴含着"A 应该是怎样的"、"A 是怎样的"之类的预设，或者说，此时他对"A（应该）是怎样的"总已有了先行的领会（前理解、前见），否则他就不可能会提出"怎样是 A"之类的问题。正如伽达默尔所说："个人的前见比起个人的判断来说，更是个人存在的历史实在。"①而且，由于作为价值命题"A 应该是怎样的"，奠基于作为事实命题的"A 是怎样的"，所以，相对于"A 是怎样的"而言，"怎样是 A"只是一个派生性的认识论问题。基于此，由于"怎样是 A"在认识论上总已经预设了 A 的现成存在，所以，它只是一个收缩性、封闭性的内向型问题。（见图 13）

怎样（才）是"实事求是"　　奠基于　　"实事求是"是怎样的
（内向型：封闭性、收缩性）　　　　　→　　（外向型：开放性、扩展性）

图 13

---

① 伽达默尔：《真理与方法》，上海译文出版社 2004 年版，第 357 页。

这里可以借用戴震对"之谓"与"谓之"的区分，进一步分析上述两个问题的差别。戴震有言：

> 古人言辞，"之谓""谓之"有异：凡曰"之谓"，以上所称解下，如《中庸》"天命之谓性，率性之谓道，修道之谓教"，此为性、道、教言之，若曰性也者天命之谓也，道也者率性之谓也，教也者修道之谓也；《易》"一阴一阳之谓道"，则为天道言之，若曰道也者一阴一阳之谓也。凡曰"谓之"者，以下所称之名辨上之实，如《中庸》"自诚明谓之性，自明诚谓之教"，此非为性教言之，以性教区别"自诚明""自明诚"二者耳。《易》"形而上者谓之道，形而下者谓之器"，本非为道器言之，以道器区别其形而上形而下耳。①

戴氏认为，"之谓"乃是"以上所称解下"，如"天命之谓性"，相当于说"性也者天命之谓也"，也就是说，天命即性；同样的，"一阴一阳之谓道"，相当于说一阴一阳即道。"谓之"则是"以下所称之名辨上之实"，如"自诚明谓之性，自明诚谓之教"，相当于说，性即自诚明，教即自明诚，这样就可以借助于性教之异而将自诚明与自明诚区分开来；同样的，"形而上者谓之道，形而下者谓之器"，相当于说，道即形而上者，器即形而下者，这样就可以借助于道器之异而将形而上与形而下区分开来。戴氏之所以区分"之谓"与"谓之"，其目的乃是为了打通形而上下，借以破除宋儒高悬的形上实体，因此，在戴氏看来，"之谓"与"谓之"在语形（语法形式）上虽有不同，但在语义上却没有实质性的不同。不管戴氏对语法、语义的分析是否有问题②，单就语义上看，戴氏乃是将"之谓"理解为"什么是"，而将"谓之"理解为"是什么"。换句话说，戴氏仍是在"什么"而非在"怎样"的视域上看待"之谓"与"谓之"的，不管二

---

① 戴震：《孟子字义疏证》，中华书局 1982 年版，第 22 页。

② 陈赟认为，戴氏的语法分析是正确的，语义分析则不准确；李畅然则认为，戴氏的语法分析与语意分析均有问题。参见陈赟：《回归真实的存在：王船山哲学的阐释》，复旦大学出版社 2002 年版，第 66—73 页；李畅然：《清代〈孟子〉学史大纲》，北京大学出版社 2011 年版，第 376 页。

者语法或语意是否有别，戴氏终究只是形而上学式的理解，而这种形而上学性尤其体现在他对"道"的理解之中。① 如果我们从存在论上来分析二者的不同，比如借助于"怎样"的表述方式，则"之谓"相当于"怎样的是 A"，而"谓之"相当于"A 是怎样的"。这样一来，我们虽然遵循戴氏对之谓与谓之在语形上所做的划分，因为这个划分是合理的，然而在语义上，我们转换了解读它们的视域，由此，它们的根本区别才能得到合理的解释。②

由此，理解何以可能的问题，只有作为"理解是怎样的"（亦即"理解是如何发生的"）来分析才是合法的。与此相应，A 如何可能的问题，也只有作为"A 是怎样的"来理解才合法。也就是说，这两个才是真正具有对等性的问题。（见图 14）

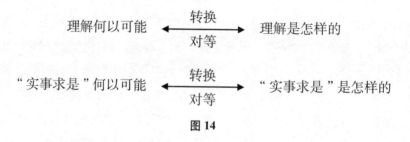

图 14

汉学家对"实事求是"的降格，正源自于他们在问题视域上的不自觉的转换。然而，由这种转换所导致的后果却是显而易见的。怎样才是"实事求是"，或者说，怎样才能做到"实事求是"，仍旧隶属于认识论，它相当于追问这样一个问题：怎样做才符合"实事求是"？在这种符合论思维模式下，"实事求是"被视为或客观化为了某种现成的东西，换句话

---

① 在分析戴氏与章学诚的不同时，倪德卫、余英时都谈到了戴氏之"道"的形而上学性。参见倪德卫：《章学诚的生平及其思想》，江苏人民出版社 2007 年版，第 105—106 页；余英时：《论戴震与章学诚》，生活·读书·新知三联书店 2000 年版，第 55—59 页。

② 成中英认为，"之谓"是给出一个新定义，而"谓之"则是转述某一既有定义，由此，戴震并未讲清"谓之"与"之谓"的区别。成氏的解读是否合理仍值得商榷，尤其是这仍只是在"什么"层面上的分析。参见成中英、杨庆中：《从中西会通到本体诠释》，中国人民大学出版社 2013 年版，第 116 页。

说，此时，"实事求是"不过是作为"什么"出场的。既然"实事求是"是一种现成的东西，那么，怎样才是（才能做到）"实事求时"，就必然有赖于现成的、客观的方法，如此一来，方法论的优势地位就被合乎逻辑地挺立起来了。可见，正是由于对"实事求是"之能力与结果的自信，汉学家才会极其突出方法自身的重要性，乃至造成了方法上的极度扩张，而"实事求是"方法的扩张，既表现为它在经史子集等诸领域上的广泛应用，亦表现为它对义理畛域的方法主义性的挤压。[①]（见图 15）

认识何以可能 ⟶ 怎样（才）是"实事求是" ⟶ 方法主义的扩张

图 15

一般而言，方法主义通常蕴含着形而上学实在论的立场，在方法主义者看来，主体与客体总是有着明显的认识论区分，而凡以认识论问题为中心、秉持主客二分的哲学，都要求认识主体通过正确的途径去形成所谓对客观现实的表象。这就意味着，认识论思维必然倚重方法，乃至常常带来方法的扩张。对此，伽达默尔曾尖锐地指出："'客体'或对象是通过'方法'定义的，只有符合方法条件的才能成为对象，这种客体的方法研究的目标本质上是为了解除对象的对抗性并达到对自然过程的统治。"[②] 所谓"对自然过程的统治"，乃是指在方法意识或态度上的科学性（客观性）表现，是一种客观主义的话语权。其实，在汉学家这里，这种倾向也是非常明显的，如他们对地理、天算、水利等自然过程的探究（虽然主要是文本研究），一定程度上反映的也正是这种方法主义的扩张。可见，方法主义的扩张，恰恰也意味着研究视域、研究方法以及研究领域的受限。

基于此，对方法主义的批判性反省，必然要求转换看待"实事求是"

---

① 这种"挤压"可以从戴震与章学诚的义理主张在当时所遭到的误解或批评看出来，它表现为大多数汉学家或时人对义理的拒斥。余英时曾借用柏林的区分，将戴氏、章氏比喻为处于狐狸（考据学家）群中的刺猬（追求义理的人），并且对此二人被包围于狐狸群中的紧张心理作了颇为精彩的描述。参见余英时：《论戴震与章学诚》，生活·读书·新知三联书店 2000 年版，第 83、107—126 等页。

② 伽达默尔：《赞美理论》，上海三联书店 1988 年版，第 155 页。

的问题视域，而这个视域必然是存在论的，它旨在探讨"实事求是"自身的存在论限度。（见图 16）：

理解如何可能 ⟶ "实事求是"是怎样的 ⟶ 存在论上的限度

图 16

当然，这个限度并不仅仅是一个限制；相反，它将排斥那种挤压性的方法主义，并明确地承认这一点："实事求是者"（诠释者）将重新成为"是"的参与者，成为经学诠释之真理要求的合法的"辩护人"。①

问题四：从词源学上看，"实事求是"是怎样的？②

上述对"实事求是"的解读，能否得到词源学上的支持呢？为此，就需要清理以下几个紧密相关的问题，此即："实事"与"事实"的关系；"实事"、"事实"与"是"的关系；"是"的问题。

一般而言，可以把"实事求是"直接地表述为：从"实事"出发去求"是"。据此，"实事"就是无可争议的出发点，而"是"则不过是"实事"的派生物。从逻辑上讲，这相当于说，"是"总是后于"实事"的，因为事实（"实事"）命题先于价值（"是"）命题。③ 这种形式逻辑上的推断，在认识论上是成立的。然而，形式逻辑的合理性总有其限度，比如，当说事实（"实事"）先于价值（"是"）时，我们有必要考察一下，"实事"与"事实"这两个词，表述的是否是同样的意思呢？

当颜师古将"实事求是"解读为"务得事实，每求真是"时，在经书考证的意义上，"实事"、"事实"与"真是"说的都是对古文经书的复原，或者说，此三者的所指基本重合。而这种重合，很容易给人造成一种错觉，此即：这三者本身就是相同的。如对于汉学家来说，虽然此时"真是"包含了经书之原文与原义两个层面，从而使得"真是"在认识上与

---

① 参见伽达默尔：《真理与方法》，上海译文出版社 2004 年版，第 510 页。

② 这一部分的相关内容，亦可参见崔发展：《乾嘉"实事求是"话语的诠释学边界》，《哲学动态》2013 年第 9 期。

③ 注意：这种先后关系乃是认识论上的陈述，与此不同，前文中所说的"A 应该是怎样的"（价值命题）奠基于"A 是怎样的"（事实命题），乃是现象学上的描述。

"事实"、"实事"本身区别开来①，但将"事实"等同于"实事"的错觉仍然十分明显。

不过，颜氏的释读仍能指引我们。颜氏在"每求真是"之后，紧接着将"实事"解读为"事实"，这之中有什么转机呢？"实事"能否等同于"事实"？按照颜氏的理解，正像"真是"必须是从"实事"中所求得的那样（"每求真是"），"事实"必然也是从"实事"中才能"得"到（"务得事实"）。在认识论上讲，因为认知者只有从"实事"中才能认知"事实"，而"事实"自然必须合乎或者反映"实事"，也就是说，"事实"在形式逻辑上总是后于"实事"。

不过，对于"实事"的反映论或符合论，在认识论上并不能获得自洽性的证明，因为它将认识能力视为主体之无可置疑的天赋，将之视为自明的前提，却并未考察这种能力的合法性是否成立。在哲学解释学看来，认识能力奠基于人的理解力之上，在这种视域下，一个人只能认识那些已经处于其理解力（解释学处境）之下的东西。因为一个人在将某物作为对象搁置在对面之前，总是对此物已经有所理解或体验了，否则这一搁置就是无从谈起的。按照利科的解释学来看，只有在存在论解释学的基础上，一个人才能进而认识某种东西（此即利科所要走的那条异于海德格尔之"直路"的"迂回的路"）。倘若某个"实事"完全在我的理解力或解释学视域之外，如所谓的相对于"人化自然"而言的"自在自然"中的任何事物，都是我无法去感知的东西，甚至此时也无所谓感知，它是否存在以及如何存在等问题，对我而言完全是无意义的。当然，"这种'无意义'不是一种估价，而是一个用于存在论规定的语词"②。与此相对，如果某物不在我的经验之外，或者说，我总是能够对它有所感知，那么，即便我并不认识它，它也已不再是纯粹的外在之物，而是处在我的理解范围之内的东西（此时我乃是以否定的方式来理解它，简言之，我不理解它），此时它由"实事"转化为"事实"，成了原初的为我

---

① 不过，这里仍要注意区分心理真实与历史真实的不同。对于汉学家来讲，"是"隶属于"实事"或"事实"，所以，求得后者的真实对前者非常关键，以至于造成了实际上的对后者的偏重，甚至混淆二者。

② 伽达默尔：《真理与方法》，上海译文出版社 2004 年版，第 177 页。

之物。

这就表明，在"实事求是"的活动中，真正的、原初的始点乃是解释学意义上的"事实"，而非认识论意义上的"实事"。从哲学解释学上讲，在理解问题上，与形式逻辑的认识论层次相比，我们最初更应遵循理解的辩证法或者辩证逻辑的真理。当然，这并不是说要舍弃认识论，而是要明了此中的层次关系，由此才能更好地从认识论上解读"实事求是"。

再来看"是"的问题。① "是"字在甲骨文中尚未出现，而是出现在商周之际或西周初期。从对西周春秋金文和《诗经》、《尚书》的考察可知，原初的"是"专门被用来指代至高无上的"日"（太阳、神或上帝），以及与"日"有关的人物活动。很明显，"是"乃是商周"日"崇拜在语言上的反映。《说文解字》说："是，直也，从日、正。"段玉裁注曰："以日为正则曰是。从日正会意。天下之物莫正于日也。"② 《尔雅·释言》则说："是，则也。"郭璞注曰："是，事可法则。"从"以日为正"到"事可法则"（事合乎法则），其间神性的意味虽然褪色不少，但"是"的判定义素则是很明显的。由此可知，"是"最初不仅具有指代性质，还有神圣性、法则性、肯定性、判断性。③

若以今天的指代词所具有的两种功能（称代与指示）来看，原初的"是"称代的都是神、祖先、神物、神佑之邦国，指示的都是神圣之举，而所有用"是"指代的人、物、行为都必定是效法的典范。不过，这也恰恰表明上古的"是"并不是一个纯粹的指代词，因为今天的指代词一般有两个基本特征：第一，它没有实意；第二，它是一个单纯中性词。而上述分析则表明，最初的"是"并不是一个今天意义上的自身没有实在意义的指代词，而是一个具有尊天崇日意义的实意指代词。由此，上古的"是"乃是一个兼性、兼义词，也就是说，此时的"是"同时具有指代性与断

---

① 以下对"是"字的分析，主要基于肖娅曼对"是"的研究。不过，这里将注重在存在论上进行阐发，所以，在某些具体问题上，笔者并不完全赞同肖先生的见解。参见肖娅曼：《汉语系词"是"的来源与成因研究》，巴蜀书社 2006 年版。

② 段玉裁：《说文解字注》，中州古籍出版社 2006 年版，第 69 页。

③ 参见肖娅曼：《汉语系词"是"的来源与成因研究》，巴蜀书社 2006 年版，第 33 页。

定性。①

将"是"定位为"双性能词"（即指代与断定），这一点对于理解
"是"的问题非常重要。在中国传统观念中，"断"与"示"是密切相关
的，而所谓"断定"指的正是对未知情况的揭示。② 所以，断定并不是一
般意义上的陈述或解说，同时，断定也不仅仅是形式逻辑上后于事实命题
的价值命题，毋宁说，它乃是在对某物所拥有的先行领会（前理解）基础
上的解释或描述，这是一种现象学的描述，而不是陈述。为什么这么说
呢？试想：当我们说断定揭示未知，这里的"未知"难道是我们一无所知
的东西吗？前文有言，认识只能开始于理解，而理解则有着自身的辩证逻
辑，此即：它总是在前见解的基础上循环论地、辩证性地展开着自身。所
以，理解并没有绝对的起点，否则就会陷入类似于先有鸡还是先有蛋的怪
圈，而只有在传统的主客二分的形而上学中，才会出现所谓理解的绝对起
点或阿基米德点。由此，当我们说事实先于价值时，这种在认识论上被认
定的事实总是已经被陈述出来的东西，否则我们就无法谈论任何事实。如
此一来，事实的基础性就被解构掉了。因此，根本的做法仍要回到"是"
上来。

"是"的断定性，乃是现象学的解释或描述，这说的又是什么呢？当
"是"指代"日"或与"日"有关的人与物时，其意义总是在当下构成的。
犹如"祭神如神在"，祭神者对于神意总有一种先行的领会，这种领会就
具体展现在他当下的祭拜活动中。因为神意难测，它并不能被客观化为具
体的东西，所以领会也就总是充满着各种各样的可能性，而现象学的解释
"并非要对被领会的东西有所认知，而是把领会中所筹划的可能性整理出
来"③。断定就是这种意义上的解释，"它并非把一种'含义'抛到赤裸裸
的现成事物头上，并不是给它贴上一种价值"，它具有一种"作为"（Als）
结构，也就是说，断定意味着：把某物断定为或作为某物，或者说，某物

① 参见肖娅曼：《汉语系词"是"的来源与成因研究》，巴蜀书社 2006 年版，第 366、
 43 页。
② 参见肖娅曼：《汉语系词"是"的来源与成因研究》，巴蜀书社 2006 年版，第 23—
 24 页。
③ 海德格尔：《存在与时间》，生活·读书·新知三联书店 1999 年版，第 173 页。

"是"怎样的，某物当下是怎样出场的。①

"是"具有断定性的一面，亦可从早期"是"与"时"相通的意义中获得证明。从文字、音韵、训诂三个角度来看，"是"与"时"的关系都是非常密切的。各种迹象表明，"是"的意义最初全部包含在"时"中，可能是在"时"中孕育成熟后，才脱离母体而获得了相对的独立性。换句话说，在"是"尚未从"时"中分化出来时，"时"与"是"曾经是同一个词。② 由此而言，"是"若被理解为永恒的共时性的东西，则它就是脱离时间性与历史性的，但问题是，一种脱离了时间的、永恒的东西，永远都不会被历史性的存在者（人）完全把握，因为时间性正是人的本质规定性。由此，主观地把握客观，这其实乃是客观主义必然面临的悖论。总之，不是共时性而是同时性，才是我们的历史事实。换句话说，真理乃是具体的当下发生的真理，而不是抽象的东西，它总是在人这一存在者的领会与解释中时机化地到场着，而这恰恰意味着：它总是要被断定。

在"实事求是"中，"是"仍旧保留了这种兼性、兼义的功能，或者说，"是"此时仍旧是作为断指代词（断定与指代）出现的。如以经学解释学为例，"是"既可以指代经文，亦可以表示对经义的断定。前文中曾论及，"是"有两个层面的指涉，可以与这里的区分相对照。不过，这两种功能或两个层面的区分，并不是如此截然二分。在解释学循环的意义上，这种区分只具有相对的意义。这就好比清人辩论义理与考据孰先孰后的问题，其答案总是模棱两可的，因为，如果要寻求一个理解的真正起点，那答案只能是：这样子的起点并不存在。

由此，在"实事求是"中，"是"作为断指代词，并不就是今天意义上的指代词。它既不是单纯的称代，又不是纯粹的指示。今天意义上的指代词，其意义完全由语用中它所指代的具体对象所赋予，并没有感情色

---

① 诠释学本身的产生、发展，就说明了解释的构成性质。诠释学（Hermeneutik）源自赫尔默斯（Hermes），而赫尔墨斯本身就是变幻无常的、模棱两可的。此外，作为上帝的一位信使，他负责将神意向人们宣告出来，但这种宣告（对神意的解释）也必然充满着可能性、敞开性，而不是什么客观化的陈述或解说。

② 参见肖娅曼：《汉语系词"是"的来源与成因研究》，巴蜀书社 2006 年版，第 65—70 页。

彩。与此不同，在断指代词"是"中，其意义并不是完全取决于"实事"，或者说，"是"并不纯粹地是"实事"之"是"，它总是包含了"实事求是者"（"求是者"）的共同参与。此时，"是"这里乃是包孕有感情色彩的，而所谓的"价值中立"只是一个理想型的设定而已。前文已论，理解属于共同理解，但亦是自我理解。由此，"是"虽然有"求是"者的参与，但此"是"却并不独立于"实事"（其实是"事实"），它仍旧隶属于"实事"，只是这个"实事"不再是原来的那个样子了（虽然它仍旧是自身），它总是在不断去"是"的过程中更丰富、更真实地通达至自身的存在。这是理解的辩证法所深刻揭示出来的东西。①

然而，就汉学家而言，由于他们多是将"实事求是"理解为对客观性的追求，而"是"也就成了某种可固定化的"公理"了，如崔述就说："士之执一说，守一义者，惟其是而已，世俗之臧否，岂足为定论哉。"②不过，若将"是"视为某种永恒的、客观的"定论"，那么，"是"就成了与今天的指代词一般无二的东西了。尤须注意的问题在于："是"由断指代词降格为一般的指代词，这不唯发生在汉学家那里，即便是在对"实事求是"所做的近现代的解读中，这种降格化的处理方式仍旧广泛地存在着。

---

① 参见崔发展：《乾嘉"实事求是"话语的诠释学边界》，《哲学动态》2013 年第 9 期。

② 崔述：《无闻集》，《续修四库全书》（第 1461 册），上海古籍出版社 2002 年版，第 522 页。

第五章　乾嘉汉学的解释学反思[①]

郭沫若认为，胡适等人虽然旨在整理国故，但他们并没有认清中国古代的实际情形，为此，郭氏希望重新"清算"、"批判"中国古代社会，并强调与胡氏的区别，其言曰：

> 我们的"批判"有异于他们的"整理"。"整理"的究极目标是在"实事求是"，我们的"批判"精神是要在"实事求是中求其所以是"。"整理"的方法所能做到的是"知其然"，我们的"批判"精神是要"知其所以然"。"整理"自是"批判"过程所必经的一步，然而它不能成为我们所应该局限的一步。[②]

胡氏之所谓"整理"、郭氏之所谓"批判"，二者孰是孰非暂且不论，本书的主要用意却可以借用郭氏此言予以恰当揭明。

首先，乾嘉汉学家致力于"整理"经学，其究极目标或精神标识乃是"实事求是"，但他们多是将"实事求是"视为一种客观的求实态度与考证方法，对其自明性却缺乏自觉，与此不同，本书的"批判"则是要在"实事求是中求其所以是"，追问"实事求是"本身的自明性究竟何在。本书解析出"理解"现象的发生结构，进而论证了"实事求是"如何可能与"理解如何可能"的同构性、同质性。在此基础上，就能揭示出"实事求

---

① 参见崔发展：《乾嘉汉学的解释学反思》，《思想战线》2013 年第 3 期。
② 郭沫若：《中国古代社会研究》，人民出版社 1954 年版，"自序"第 8 页。

是"的存在论限度或边界。乾嘉汉学由于没有意识到这一边界，而径直把
"实事求是"视为自明性命题，也就是说，他们认为"实事求是"可以被
完全地实现，由此，怎样才能做到（或怎样做才算是）"实事求是"，就显
得颇为重要。这个"怎样"指向"方法"，且最终导致方法论主义的扩张。

其次，汉学家乃至学界对"实事求是"的定性与探讨多是"知其
然"，而本书则尝试从解释学上"知其所以然"，亦即在解释学视域下审
视"实事求是"这一经学解释学命题，将"实事求是"视为乾嘉汉学的公
共话语平台，借此构建出乾嘉汉学的学术模式，从而对乾嘉汉学进行结构
性、模式性分析，进而宏观考察乾嘉汉学的得失利弊。本书提出"实事求
是"作为解释学命题的普遍结构与特殊结构，并辅以图表标注出不同结构
之间的转化。乾嘉汉学的经学诠释既反映了这种结构的普遍性，但其特殊
性亦由此一目了然。正是这种特殊结构，清晰地表明乾嘉汉学既不同于宋
学，亦不同于汉儒之学。

再次，汉学家整理旧学之成绩颇为显著，必须给予充分重视（但从
事实上讲，汉学的很多成绩迄今并未充分吸收进来），但我们也应充分认
清乾嘉汉学对于"实事求是"命题实际上做了降格处理，即将"实事求
是"从存在论命题降至认识论、方法论命题，乃至将之等同于纯粹的考
证性命题。这种降格致使汉学家为学治经常常出现以"实事"代"是"、
以考据代义理等弊病，因此，我们也应明确揭示出汉学家的局限性究竟
何在。

第一节　认识论、方法论的反省："不为训诂牢笼"

在乾嘉汉学家看来，宋儒坚持虚理优先、六经注我的原则，致使是
非不分、真假莫辨。为此之故，汉学家们严守河间献王的"实事求是之
教"，一再强调"实事"这一始点的基础性地位（即"实事"优先原则），
认为"实事"才是经学之学理合法性的唯一来源，为此，汉学家认为，必
须理清训诂与"实事"之间的关联，在他们看来，"实事"这一对象必须
经由训诂这一经验实证性的活动才能通达，为此，他们有意突出由训诂通

义理之方法的有效性，强调义理必须基于训诂而发，以至于对"实事"的训诂考据成了汉学家们的专业、职业，乃至成为他们的一种价值诉求。由此而言，倪德卫的评点不无所见，其言曰："也许在对包含在'实事求是'之中的戒条的关注和对'空言'的乏味的谴责中，清代的训诂学成了宋代新儒学一向自诩的那种东西：一种自我实现的方式。"① 也就是说，汉学家将那种有似于宋学家的类宗教热情投射于训诂考据之上，或者说，他们将"尊德性"之精神内化或转化为"道问学"之中的不二选择，训诂考据甚至成了他们安身立命的某种精神寄托了。

综言之，为克服宋学的凿空之弊，汉学家们"实事求是"地钩稽考证、穷原竟委，其治学精神与实证方法大可垂范后人，比如尽管不能将之与科学方法直接等同，但汉学考证仍毫无疑问地孕育了接纳西方科学的传统文化土壤；其整理经学的成就亦足以嘉惠后学，如汉学考据迄今仍为我们吸收传统文化提供了丰富资源与有效途径。但是，我们也应看到，汉学考据也有一系列不容忽视的问题需要认真考究。如前所论，汉学家乃至梁启超、胡适等人主要是从认识论上来定位"实事求是"，将"实事求是"视为自明的命题，而即便是侯外庐、徐复观等人，虽然反对将汉学家的为学精神等同于科学精神，但他们仍旧认为"实事求是"是能够达到的，也是应该达到的，也就是说，他们并未否认这一命题的自明性。据此而言，无论就应然上讲，还是就实然上谈，上述诸公无疑都默认了这一点："实事求是"可以被完全地实现出来，或者说，人天然地具备"实事求是"的能力。然而，这未免是想当然的看法。如前所论，上述诸公往往只是从认识论层面上看待"实事求是"，将"实事求是"视为一种客观实证的方法或手段，不过，如果转换问题的视域，比如在伽达默尔哲学解释学的视域下，就会发现从认识论上将"实事求是"等同于客观性，在自明性上其实并不成立。在认识论上，只是追问如何去贯彻"实事求是"，但却未能首先考察这样一个更为基础性或本源性的问题，此即："实事求是"如何可

---

① 倪德卫：《章学诚的生平及其思想》，江苏人民出版社 2007 年版，第 11 页。但整体上看，倪德卫的观点并不客观。相关探讨可参见吴根友、孙邦金等：《戴震、乾嘉学术与中国文化》（上），福建教育出版社 2015 年版，第 240—242 页。

能？前引所谓"求其所以是"、"知其所以然"，在本书中就表现为对这一问题的解答上。

从哲学解释学来看，我们就会发现，早在乾嘉时期，对于汉学家的这种客观主义诉求，章学诚业已察觉其中的关键问题，借用日本学者山口久和的话来讲，这个问题就是章学诚发现"经学家自以为用脱主观性来完成的训诂注释实际上也是带有浓厚主观性的工作"①。也就是说，训诂考据无法脱离主观性，而这就意味着，客观主义或纯粹的客观性根本无法实现。章氏的这种识断是否正确呢？为此，就有必要对"实事求是"这一经学解释性命题进行重新考察。

如前所述，从认识论上定性"实事求是"，必然将寻求无主观的确定性与确切性（如追求原文、原意）视为首要任务，从而落入哲学解释学所抵制的客观主义之中。那么，究竟何谓客观主义？伯恩斯坦认为，它主要指这种基本信念："存在有或必定有一些永久的与历史无关的模式或框架，在确定理性、知识、真理、实在、善行和正义的性质时，我们最终可以诉诸这些模式或框架。"在这种信念的支撑下，客观主义者常常宣称，这种模式或框架必然存在，而他们的"首要任务就是去发现它是什么"。② 然而，这个"它"到底是什么呢？我们又能否准确地把握到"它"呢？只有解决这些问题，我们才能从根本上认清这种客观主义的信念是否合理。

从儒学的解释传统来看，孔子所宣称的"述而不作"，其实并非不作，而是以述代作、以述为作；而孟子所说的"知人论世"，亦非对世、人的客观主义重构，而是充满着"以意逆志"的移情式想象。孔孟的这种解释思路，我们同样可以在汉学家这里看到，为此，这里仅以孟子的"知人论世"（与"以意逆志"相通）为例，稍作进一步分析，以便更好地理解汉学家的客观主义诉求。"知人论世"语出《孟子·万章》，原文如下：

> 一乡之善士，斯友一乡之善士；一国之善士，斯友一国之善士；
> 天下之善士，斯友天下之善士。以友天下之善士为未足，又尚论古

---

① 山口久和：《章学诚的知识论》，上海古籍出版社 2006 年版，第 273 页。
② 伯恩斯坦：《超越客观主义与相对主义》，光明日报出版社 1992 年版，第 9 页。

之人。颂其诗，读其书，不知其人可乎？是以论其世也，是尚友也。

从整个语境来看，颂其诗、读其书、论其世，都是为了知其人，而最终则是为了将其引为知己（"尚友"）。也就是说，孟子这里处理的问题是：如何理解作者本人（的意图）？因为既然是为了要与古人交朋友，所以，了解这个人而不是理解他的作品（"诗书"）才是孟子关注的问题。由此来看，理解他的作品只是手段，却不是目的。那么，这相当于孟子承认了通过作品可以通达一个作者的意图，并且可以与此人达到心有灵犀，这也符合孟子人同此心的一贯理论。于是，我们想起了西方古典诠释学中（主要指狄尔泰、施莱尔马赫的方法论诠释学）的同质性、重构作者的意图等核心观点，这与孟子何等相似。如果是这样，孟子的诠释学（如果可以这么说的话）并不与此在诠释学、哲学诠释学相似，恰恰相反，它恰恰应该归属于海德格尔尤其是伽达默尔所批评的那些方法主义或客观主义的解释学类型。

不过，孟子的这段话解读起来似乎有点捍格不通。由于今古悬隔，所以要想与古人神交，就必须通过流传物（包括传说、与作者同时代的其他人的作品、作者自己的文本等）的媒介作用才行。由此，孟子所言之意，就可以做如下几种解释：

第一种理解：读其书、颂其诗，但如果事先并不知道他这个人怎么行呢（相当于说首先要知道某个作者，其次才能理解乃至更好地理解他的作品）？这就要先通过其生活背景了解他这个人，之后才能理解他的诗书，才能更好地与作者做朋友（不是事实上的朋友，而是神交）。

这个解释并非完全行不通。比如，我事先通过与该作者同时代的其他人的作品了解这个人的生活背景、了解这个人乃至其创作作品的大致过程（虽然这种了解只是间接的、外在的，有待深化，但这种理解有时也是必要的，它有利于我们更好地理解这个人的作品以及这个人），之后再来阅读这个人的作品，由此，我对这个人的作品的了解更为深入，对这个人的了解也更为透彻。这相当于说，这种解释遵循了读者与其作品、读者（包括其作品）与其世界的解释学循环，而由于我作为读者也在这个循环中，所以，作者更为清晰地被我重构出来了，而我也真正地与之成了"知根知底"的朋友。于是，这个循环过程的主要脉络如下：

（其他流传物→）作者的世界→①作者以及该作者大致的创作其作品之过程→作者的文本→②作者

既然说是循环过程，那么这个过程就是可逆的，但最终的目的乃是为了理解作者这一点却不能变。当然，①处对作者的了解相对外在，②则由于是通过第一手资料（作者的作品）所获得的，因而比较可信。另外，其他流传物之所以要用括号括起来，就是因为除了作者本身的作品，孟子的确并没有明确提到其他的流传物，而这里的整个分析却都基于其他流传物的必然存在。由此，这整个的解释过程只能是间接的，而不是直接的；尽管如此，这个解释也并非完全不可行。当然，这仍然只是相当而言。

第二种理解：读其书、颂其诗，但如果不进一步了解这个作者怎么行呢？这相当于说，如果不进一步了解该作者，就不能很好地了解他的诗书作品。所以，为了更好地理解其作品，还需要了解他这个人。但怎么了解这个人？这就需要通过了解其生活背景（怎么了解其生活背景呢？这个问题可以不问，但对它的回答势必需要追溯到其他的流传物那里）才行。

这个解释就很成问题了。因为，孟子的目的不是为了了解作品，而是了解作品的作者以便与之为友。但这第二个解释却导向了如何更好地理解作者的作品，了解作者本人反而只是了解其作品的手段，因而也就无法回应孟子的"尚友"问题。当然，了解一个人的作品与了解该作者并不能做如此清晰的区分，但是，这个最终的导向却决定着如何理解孟子诠释学的问题，因而不能回避。

第三种理解：读其书、颂其诗，本来是为了了解其作者，但在读过其作品后，还是不能深入透彻地了解它的作者，怎么办呢？这就进一步需要通过了解其生活背景才行（这仍然需要借助于其他流传物的帮助，当然，此处这个问题也可以不予理会，但存在着其他流传物的预设却是必需的）。一旦熟悉了作者的生活背景，再来读其作品自然就能事半功倍，才能更好地理解他的作品以及更好地认识作者，从而才能实现与之做朋友（神交）

的目的。这个理解虽然可行，但还是有点不通畅。

乾嘉汉学家的"实事求是"与孟子的"知人论世"，在精神上颇为相通。比如，汉学家的"实事求是"在经学考证中主要就是表现为"知人论世"或"论世知人"，所谓以孔子之是非为是非，所谓求取圣人原意，皆是如此，尤其是戴震、焦循等人更明确地提出通过心志、性灵来与上古之人相契等观念。我们也看到，在古典解释学中，无论中西古今，这种客观主义的诉求始终存在。但既然"世"、"人"终究要靠后来者的不断去"论"、"知"，就可见这种"论"、"知"却无法摆脱主观性的参与，更何况"论"、"知"本就是主观性（能动性）的一个鲜活的表现呢。而这就表明，所谓的"论"、"知"，必然只能是后人在解读流传物过程中不断推陈出新的"新"论、"新"知，或者说，此时的"世"不是而"人"亦非。

比如，乾嘉汉学家企图还原经书或圣人的原貌，但事实上又是如何的呢？众所周知，孔孟之后，圣人的形象越来越丰富、饱满，但后人在理解上却很难达成绝对的一致。其实，孔子之后，儒分为八，哪一种才合乎孔子本意，又如何说得清？更何况，时至今日，圣人之原貌越发模糊，但也越发促成了多样性的解释（解释的丰富性，反而是一种生存论上的本真现象）。近年来李零企图将孔子还原为"丧家狗"的形象，然而这充其量只是众多解读中的一种罢了。在"层累地造成的古史说"中，顾颉刚曾指出"时代愈后，传说中的中心人物愈放愈大"等现象[1]，的确道出了历史实情。与此相通，在经学解释学历史上，汉学、宋学皆致力于"代圣人立言"、"为往圣继绝学"，普遍都持有一种接续原本的道统的信念，然而，若要判定哪种诠释合乎圣人原义，或者哪种学说才是真正接续了道统，恐怕并不是一件容易的事。比如，焦循虽然承认"宋之义理诚详于汉"，但又强调"宋之义理，仍当以孔子之义理衡之。未容以宋之义理，即定为孔子之义理也"[2]。然而，就那些对义理有所阐发的汉学家而言，汉之义理亦

---

[1]　顾颉刚：《与钱玄同先生论古史书》，《古史辨》（第一册），上海古籍出版社1982年版，第60页。

[2]　焦循：《雕菰集》，商务印书馆1936年版，第203页。

应以孔子之义理衡之，但如此权衡的结果又是怎样的呢？

胡适将汉学家的治学方法归结为剥皮主义，认为这种方法可以将朴素的原义还原出来，我们业已看到，汉学家实际上并未达成这一目标。但胡氏毕竟同时承认了戴震等人阐发的乃是"新理学"，是一种新的义理形式，如此一来，如何判定旧义理与新义理的边界？若"以孔子之义理衡之"，则又当如何？尤其是，从哲学解释学上讲，即使一个时代能够对于它的传统作出无穷无尽的理解，它也不能完全穷尽它的传统所能是的东西，因为这些东西总是要在随后的时代中被继续理解，虽然并不一定就是更好的理解，但至少是不同的理解。事实就是如此：一面是理解的实在，另一面是历史理解的实在，此二者的统一，乃是效果史的必然发生形式。比如，胡适虽然颇是信赖汉学家的剥皮（科学）方法，但他本人对汉学的解读究竟是剥皮，还是继续裹皮或包皮？答案只能是后者。晚清以降，胡适等人所践行的以西解中，岂不更是包皮？如何才能说汉学家的解释就一定是剥皮，而不是继续包皮？

胡适称许说，汉学家追求朴素的本义而非后起的意义，这反映出的就是一种"历史的眼光"，认为"只有用历史眼光与归纳方法，能使人大胆地把这样一个抽象的观念剥皮到那样朴素的本义"[1]。可见，所谓剥皮主义、还原主义，其实就是历史客观主义。历史客观主义追求历史真相，但问题是，历史真相并不是一堆历史材料，对这些材料的"意义赋加"才构成了流动着的历史。如果说"通古今之变"是偏重于材料的客观梳理，那么，"成一家之言"则是偏重于意义的主观附加，由于各家不同，意义自然也是常变常新，因此说，这个意义始终是不断生成的，而材料真实并不等同于义理真实。与此相反，历史客观主义最终反而会与历史主观主义殊途同归，那就是历史虚无主义。由此，任意涂抹历史、随意为历史贴标签，当然是不"科学的"，但历史也绝不能不贴"标签"、不能涂抹（包皮），否则我们终将不能经验到一种存在着的历史。

从儒学的解释史或效果历史来看，汉学家不仅没有剥去他们所自认

---

[1]　胡适对历史眼光的解释，可参见胡适：《戴东原的哲学》，安徽教育出版社 2006 年版，第 9、110、128—129、140 等页。

的那些看似多余的东西，他们自己反而亦为儒学解释添上了重重的一笔。即便是他们将经学降格为史学（钱穆、劳思光等人都谈及这一点），乃至以极端经学的形式所做的（实际上等同于解构经学）的工作，① 他们仍旧延续了儒学的生命，甚至可以说恰恰开启了儒学的近现代转型。据此来讲，剥皮即包皮，解构即建构，这里就有一个辩证理解的问题了。

汉学家表面上似乎也有这种解构与建构的辩证理解，如戴震所言："以六经孔孟之旨，还之六经孔孟，以程朱之旨，还之程朱，以陆王佛氏之旨，还之陆王佛氏，裨陆王不得冒程朱，释氏不得冒孔孟。"② 然而，破程朱（解构）而入孔孟（建构）虽看似辩证，但问题在于，从戴震等汉学家自身的定位来讲，他们的上述主张只是基于重构而言的；且不论多数汉学家并没有真正建构义理，即便是就少数几个试图建构义理的汉学家而言，他们仍主要是将自己的工作视为重构而非建构，而实际上，理解的真正的辩证性就体现在这样一点：重构既是解构，同时亦是建构。

大体讲，汉学家持守素朴主义的历史观，并由此而过于信赖剥皮主义似的重构或还原的方法。然而，剥皮主义以原义、真义的客观存在为前设，由此，当客观性被视为"实事求是"的目标时，"实事求是"就被定性为一种认识论的态度与方法，而怎样才是（或才能）"实事求是"，亦即如何通过一套受控的实证方法来寻求客观事实，随之成了一个必须加以探讨的问题。这种探讨必然会使得方法的重要性得以凸显，而方法论主义的扩张也就不可避免。

汉学家之所以重视实证方法，梁启超、胡适等人之所以将汉学家的"实事求是"比附于西方的科学精神，其实都与这种逻辑直接相关。即便侯外庐、徐复观等人质疑这种比照科学的做法，然而，他们自己亦未能真正走出这种思维模式。因此，侯氏、徐氏等人的质疑最终只是素朴性的。尤须注意的是，历史虽然赋予今人以适当的理解间距，但学界迄今对"实事求是"的批判性反思仍明显滞后。由于受到国内马克思主义传统见解的

---

① 姜广辉：《传统的诠释与诠释学的传统》，载《经学今诠初编》（《中国哲学》第二十二辑），辽宁教育出版社 2000 年版，第 18 页。

② 段玉裁：《戴东原先生年谱》，《戴震文集》，中华书局 1980 年版，第 240 页。

影响，乾嘉汉学"实事求是"的话语大都被想当然置于认识论、方法论的论域中被理解的。① 如有论者就继续在此论域中探讨古代史学"实事求是"的观念与唯物史观之间的关系②，虽然他也认识到对于乾嘉历史考证学家而言，"实事求是"并非只是一般所谓的考史特征或考据方法，但却依然认为应当将之"归属于史学的理论与方法论范畴"③。可见，与汉学家、龚氏、方氏等相比，这种论断并未取得实质性的理论突破。

乾嘉汉学家们的问题就在于将手段与目的倒置了，文字训诂只是通达义理的手段，但一如段玉裁晚年的悔过语，汉学家更多地却只是纠心于末节而忘却了根本。对一个文本或一句话的条分缕析，并不能让其意义自发地显现出来。

在一封家书中，针对汉学家究心于考据而无心于义理的倾向，章学诚明确提出了"不为训诂牢笼"④ 的庭训，此中已包含有章氏试图克服对经义的客观性的、形而上学式的理解的用心。尤其是，章氏还提出了著名的功力与学问的区分，在更为一般的意义上探讨训诂与义理的关系。章氏说："记诵名数，搜剔远逸，排纂门类，考订异同，途辙多端，实皆学者求知所用之功力耳。即于数者之中，得其所以然，因而上阐古人精微，下启后人津逮，其中隐微可独喻，而难为他人言者，乃学问也。"⑤ 依此所论，训诂是功力，是"知其然"，而义理才是学问，才是"知其所以然"。

---

① 对"实事求是"的探讨，虽然并非都是在传统的认识论、方法论层次上，如有的学者试图深入到存在论（生存论）的层面上，但这些探讨仅仅是在马克思哲学内部展开的，并没有涉及乾嘉汉学的问题。参见黄玉顺：《"实事求是"命题的存在论意义——依据马克思"实践主义"哲学的思考》，《广西民族学院学报》2001 年第 6 期；徐晓风、张艳涛：《对实事求是的当代现象学解构》，《理论探讨》2004 年第 5 期；何强：《"实事求是"：当代诠释学视角的再理解》，《学术交流》2007 年第 12 期。

② 参见罗炳良：《从"实事求是"到唯物史观》，《高校理论战线》2006 年第 6 期。

③ 罗炳良：《清代乾嘉历史考证学研究》，北京图书馆出版社 2007 年版，第 39 页。需要说明的是，这里虽然只是就史学而论，但乾嘉汉学家往往"以史证经"，治经、治史在方法上是相通的，所以可以一概而论。如梁启超就说："总而论之，清儒所高唱之'实事求是'主义，比较的尚能应用于史学界。"见梁启超：《梁启超论清学史二种》，复旦大学出版社 1985 年版，第 409 页。

④ 章学诚：《章学诚遗书》，文物出版社 1985 年版，第 92 页。

⑤ 章学诚：《章学诚遗书》，文物出版社 1985 年版，第 337 页。

章氏认为，汉学家只是"知其然，而不知所以然"①，并进一步指出"学问之事，则由功力以至于道之梯航也"②，由功力而学问进而至于道（功力—学问—道），可见，章氏仍以"期于明道"③为最终归属。章氏所论虽有卫道和泥古的一面，但他毕竟看到了道的历时性特征，认为只有在具体的历史运作中才能领会经义、圣人之道。也正是基于这样的考虑，章氏才主张以文史校雠对抗经学训诂、以"六经皆史"取代道在六经。

在经学研究中，汉学家尽力回避主观态度的影响，而章氏则在反省汉学之弊中有意凸显人的主观能动性。山口久和指出，章氏的此类主张可以一言以蔽之为"恢复知的主观契机"④。虽然山口久和对章氏的解读未必没有问题（详后），但必须承认的是，章氏无疑揭示了这样一个解释学原则，此即："解释从来不是对先行给定的东西所作的无前提的把握。准确的经典注疏可以拿来当做解释的一种特殊的具体化，它固然喜欢援引'有典可稽'的东西，然而最先的'有典可稽'的东西，原不过是解释者的不言而喻、无可争议的先入之见。"⑤就这一原则而言，无论形式分析或训诂学方法对解释者有多大的帮助，源初的解释学基础必然是解释者自己同实际问题的关联。因此，训诂方法有着自身的界限，它不足以完全实现对经义的探求，而章氏之所以批评汉学家"昧今而博古"⑥，其实也是想恢复治学与致用之间的关联。

据此而言，既然客观主义的诉求难以实现，那么，"颇乖时人好恶"⑦的章学诚，在其"有意识地将自己的思想作为戴震学术的反命题来构筑"⑧的做法中，或许早已为我们走出"回到……"的思维架构提供了契机。但这一契机是否就是如山口久和所说的"主观契机"？摆脱训诂牢笼、

---

① 章学诚：《文史通义校注》，中华书局 1985 年版，第 154 页。
② 章学诚：《文史通义》，古籍出版社 1956 年版，第 324 页。
③ 章学诚：《与孙渊如观察论学十规》，转引自《图书集刊》1942 年第 2 期（四川省立图书馆编辑）。
④ 参见山口久和：《章学诚的知识论》，上海古籍出版社 2006 年版，第 257、170、172 等页。
⑤ 海德格尔：《存在与时间》，生活·读书·新知三联书店 1999 年版，第 176 页。
⑥ 章学诚：《文史通义校注》，中华书局 1985 年版，第 231 页。
⑦ 章学诚：《章学诚遗书》，文物出版社 1985 年版，第 332 页。
⑧ 山口久和：《章学诚的知识论》，上海古籍出版社 2006 年版，第 9 页。

超越客观主义，是否就必然走向主观主义？

　　总的来看，山口久和主要是以"恢复知的主观契机"来解读章学诚的相关论述，他虽意识到"主观对客观的图式并不符合章学诚的思想"①，但终究对主观一面发挥过甚；虽然他也试图将其解读建基于哲学解释学的理论之上，但却没有充分注意到章氏为寻求读者（主）与文本（客）之间的平衡所做的努力。其实，章氏本人对主观主义有着鲜明的警惕意识。如章氏指出，与程朱之末流相比，陆王之末流多因"空言易"而有不实之处，这表明他并不主张由脱离训诂而走向完全义理化或主观主义的道路。② 基于此，章氏虽然将自己的学术渊源追溯至陆王一脉，但他并不要全盘是陆王而非程朱，相反，他所希冀的学术图景乃是高明的陆王与沉潜的程朱能够并行不悖，或者说，他力图寻求主客体之间的平衡。不过，虽然他并不将为学对象（如文本）视为另一个主体，但他亦并未将之简单地视为客观的探究对象。这就表明，章氏既不是一个单纯的反汉学者，亦不是一个纯粹的主观主义者。他既是那个时代的产儿，又是那个时代的反动者，由此之故，他不得不常常陷入古与今（虽尊古，但亦重今）、权威主义与革命主义、保守与现代（虽有乌托邦观念，但又贵时王制度）等种种纠缠之中。③ 据此来讲，山口久和的论断难免有所偏颇。④

　　综论之，章学诚主张摆脱训诂之牢笼，其《文史通义》恰如梁启超所说"实为乾嘉后思想解放之源泉"。但是，章氏虽有意超越客观主义，但这种超越却并不是要重回类似于陆王心学的主观主义。比如，章学诚虽然自认归宗于浙东的阳明学一脉，但其用心却不在于修正阳明，而是力主将时人的视域从经学扭转至史学。不过，亦如梁启超所说，章氏"为晚清学者开拓心胸，非直史家之杰而已"⑤，由此，我们希望顺着他所开启的方

① 山口久和：《章学诚的知识论》，上海古籍出版社 2006 年版，第 242 页。
② 参见章学诚：《文史通义校注》，中华书局 1985 年版，第 262 页。
③ 凡此，可参见倪德卫的详细分析。参见倪德卫：《章学诚的生平及其思想》，江苏人民出版社 2007 年版。
④ 若是考虑到山口久和毕竟是为了凸显章氏试图冲出训诂之牢笼的实情，以及表达他对当时日本的中国学界将清朝考证学之方法论视为金科玉律的不满，则我们亦可同情地了解其对章氏的主观解读。
⑤ 梁启超：《饮冰室合集》专集之三十四，中华书局 1989 年版，第 50 页。

向，进一步从史学走向某种更具普遍性的解释学立场，从而借以更为准确地把握汉学家的经学解释。

第二节　存在论的启示："面向事情本身"

与一般解释学偏重于方法不同，哲学解释学实现了解释学的本体论转向。不过，它所揭示的"事情本身"，并不是胡塞尔纯粹主观主义式的意识现象，而是在遵循海德格尔存在论的基础上所展现出来的理解现象。

乾嘉汉学家的"实事求是"，以"回到"本文或本义为旨归。可见，无论是汉学家的"回归经学"，还是当今的"回到孔子"、"还吾庄子"，反映出的乃是一种同构性的思维范式。在这种观念中，"回到……"是完全可能的。然而，这只是一种认识论上的论断，但认识奠基于理解，所以我们势必要从根本上弄清楚理解这一本体论现象。从哲学解释学来看，"回到……"如何可能，根本上就是"理解如何可能"的问题。

从存在论上讲，任何一个致力于"回到……"的历史性主体，既不可能从纯粹的起点处出发，又不可能在绝对的终点处结束。因为任何理解或解释，既有前史，亦有后史，它总是从效果史而来，且亦归属或隶属于效果史，此即哲学解释学所说的历史的实在与历史理解的实在的统一。这就表明，倘若"回到……"只是意味着要回到原本的客观对象那里去，那么，我们就已经错误地理解了"事情本身"。或者说，倘若"回到……"意味着追求纯粹的客观性，那么，怎样才能"回到……"终究是一个无法解决的问题。因为，"回到……"根本就不能确保这种客观性的达成，但这首先还不是"回到……"自身的问题，而是认识论自身在提出问题上的不对头。

为此，就有必要转换问题视域，而首先就是破除这种解释上的客观性迷信。在《赞美理论》中，伽达默尔说：

> 我要宣称：精神科学中的本质性东西并不是客观性，而是同对象的先在的关系。我想用参与者的理想来补充知识领域中这种由科学

性的伦理设立的客观认识的理想。①

　　这就表明，面对某个作为诠释文本的精神科学的对象，所谓"实事求是"的态度，或者说，"面向事情本身"的现象学态度，绝不意味着解释者必须设法使自己置身"是"外；恰恰相反，因为解释者对历史流传物的经验在根本上超越了它们中可被客观探究的东西，所以，他并不是理解事件的"冷眼"旁观者，而总是一同参与了这一事件。

　　可见，将"实事求是"置入存在论的视域之中，不仅合法，而且必要。在此视域下，汉学家的解释经验是怎样的呢？如果某一文本的原义是客观的，那么它就可以被重复地经验到。汉学家认为，经传则道传，经书承载着"天下之公理"，而公理之为公理，就在于它能带来确定性、客观性，并由此而能为不同时代的人提供规范。汉学家之所以十分信赖训诂之法，正是源于他们坚信这种客观性的存在。因此，在汉学家那里，传统和理性之间并不存在绝对的对立，尊经崇圣从来不会成为他们客观地探求经义的障碍；相反，他们强调，客观探求必须从对这些传统权威的认可出发才是合法的。所以，我们仍可看到汉学家对"周孔之道"这一传统权威的维护。对于乾嘉汉学，学界以往多是注重其学统，有学者甚至用"打破道统，重建学统"来概括这一为学取向，然而，另有学者指出，"除了重建学统外，乾嘉学者中间确实存在一种打破理学式道统观念、重建'道论'的共同趋向"②。其实，早在乾嘉时期，就已有这样的评述与自觉。汉学家至少仍持守这种观念，虽然他们并不一定就能如实地落实下来，如焦循、阮元就以此来纠偏汉学风气。而宋学家更是感觉到了（宋学意义上的）儒家道统受到了严重威胁，如方东树就批评汉学家抱有一种异化的或"变相的道统意识"，实质上却是对儒学正统的背离，其言曰：汉学家"名为治经，实足乱经，名为卫道，实则畔道"、"务破义理之学，桃宋儒之统而已"、"以此欲蓦过宋儒而蔑之，超接道统。故谓由考覈以通乎性与天道，

---

① 伽达默尔：《赞美理论》，上海三联书店1988年版，第69页。
② 吴根友、孙邦金等：《戴震、乾嘉学术与中国文化》（下），福建教育出版社2015年版，第1115页。

由训诂以接夫唐虞周孔正传"①。由此而言，汉学家虽是做知识探求、知识考古，但其背后却又有价值依托。② 这样一来，汉学家"实事求是"的结果，不仅未能"回到"汉代、六经、孔孟的原义；相反，仅就戴震、焦循、阮元等少数几个阐发大义的代表而言，其经学解释最终只是促成了"新义理"或"新理学"（胡适语）的诞生罢了。

那么，这种经学解释的事件说明了什么？汉学家批评宋学家于"事"外求理而将己意羼入"是"中，但反观汉学家自身，他们虽然没有置身"事"外（强调"实事"的完备），但同样难以置身"是"外，他们最终并没有实现"回到……"的愿望。余英时虽然致力于阐发有清一代"道问学"的传统，寄希望于为儒学从传统到现代的过渡提供一个"智识主义"的基点，但他也明确承认，清儒其实并不具有追求纯客观知识的精神。③不过，汉学家之所以不是纯粹的学者，并不仅仅是由于他们仍有某种道统意识，更在于他们根本上就无法寻求到纯粹客观的意义。伽达默尔说："甚至在客观的历史研究这一极端情况里，历史任务的真正实现仍总是重新规定被研究东西的意义。"④ 就汉学家来说，在研究起点上，他们将尊经崇圣视为推阐经义的无可辩驳的合法性来源；而在研究结果上，他们要么忽略了义理，要么建构的只是自己的新义理。

不过，在哲学解释学的视域中，客观性是否完全没有它的位置了呢？伽达默尔批评说："如果有人……担心我所提出的解释学反思会使科学客观性烟消云散，那只是一种天真的误解。"何出此言呢？在认识论层面上，由于迷信客观性而导致科学方法在精神科学领域的滥用，为了批判这种现

---

① 方东树：《汉学商兑》，商务印书馆 1937 年版，"序例"第 1 页，第 134、99 页。

② 有学者指出，清中叶以来，政治黑暗、虚假道德盛行，为此，汉学家们常以"存天理、灭人欲"作为批评理学的口实。就此来看，戴震、钱大昕、汪中等对程朱理学的批判、对新义理的阐发，或可说正是对当时虚伪道德、禁欲主义的现实主义批判。如戴震的《孟子字义疏证》，亦表现出戴氏"对当权者'以理杀人'黑暗现状的不满和抨击"。参见汪学群：《中国儒学史·清代卷》，北京大学出版社 2011 年版，第 361 页；陈祖武：《清代学术源流》，北京师范大学出版社 2012 年版，第 255 页。

③ 参见余英时：《论戴震与章学诚》，生活·读书·新知三联书店 2000 年版，"自序"第 5 页。

④ 伽达默尔：《真理与方法》，上海译文出版社 2004 年版，第 365 页。

象，伽氏有意在策略上采用了"过头"的做法，"真理和方法之间对立的尖锐化在我的研究中具有一种论战的意义。正如笛卡尔所承认，使一件被歪曲的事物重新恢复正确的特定结构在于，人们必须矫枉过正"①。可见，伽达默尔对方法的解构乃是特指，他并不是一般地反对方法，而只是反对将方法做超越其界限的应用。换句话说，在精神科学领域中，认识论意义上的客观性或方法有着自身的限度。从这个意义上讲，哲学解释学并非是要彻底抛弃认识论意义上的客观性诉求，而是要明确其边界何在，更准确地讲，是人的认知能力的边界何在。

不过，哲学解释学认为，首先应该揭明的乃是另一种客观性的存在，而这种客观性才是伽达默尔所说的真理或"事情本身"。这是一种怎样的客观性呢？从存在论出发，伽氏指出："这里除了肯定某种前见解被做了出来之外，不存在任何其他的'可能性'。"② 在一般的认识论中，前见往往被视为通达客观性的障碍，但在哲学解释学看来，前见不仅不是障碍，反而恰恰是我们理解得以可能的条件。格朗丹指出，在客观性问题上，哲学解释学之所以优于朴素实在论，就在于它明确地意识到前见对于解释的创造性贡献。"诠释学意识并不导致客观性，而是相反，严格以客观性名义要求解释者。……使那些指向理解的前见得以明显，并不是命定要消灭客观性，而是使客观性可能。"③ 据此，真正的、真实的客观性，必然是承认前见在理解中的位置。但凡理解现象，都已有前见的作用参与其中了，否则我们就无法达到任何理解。当然，这乃是存在论意义上的客观性，是必须承认的存在论事实。

然而，在认识论意义上，难道就经验不到任何的客观性吗？承认存在论上的客观性，承认前见的客观存在，并不是要摧毁认识论意义上的客观性，而只是要揭示此间的层级性。从层级上讲，认识论奠基于存在论，但将存在论事实揭示出来，却并不是要取消认识论曾经取得，乃至将来仍会进一步获得的成就。这是因为，只有认识论才能将事物对象化出来，而

---

① 伽达默尔：《真理与方法》，上海译文出版社 2004 年版，第 751 页。

② 伽达默尔：《真理与方法》，上海译文出版社 2004 年版，第 345 页。

③ 格朗丹：《诠释学与相对主义》，载洪汉鼎、傅永军主编：《中国诠释学》（第五辑），山东人民出版社 2008 年版，第 59 页。

主体对于客体的认知与改造，正是建基于这一对象化的行为之上；否则，人类迄今为止的发展将是难以理解的，也是根本不可能实现的。由此来讲，存在论根本上就不能、也不应取消认识论的合理性与有效性。不过，这只是问题的一个方面，从另一方面看，我们也必须清晰地意识到，若仅仅是从认识论上来衡量人类社会的发展，必然遭遇诸多的负面影响，如当前我们所遭遇到的工具理性的泛滥、生态危机的严峻等问题，就是由于认识论或方法主义扩张的必然后果。因此，无论是海德格尔的生存论现象学或此在解释学，还是伽达默尔的哲学解释学，均强烈反对方法主义的无边界的应用，甚至表现出了矫枉过正的一面而遭到诸多批评（详后）。

但是，问题的关键就在于，我们怎样才能恰如其分地谈论一种认识论意义上的客观性呢？为了便于分辨其中的原委，我们这里尝试借用王庆节曾经明确区分的两个概念，即："解释的真"与"真的解释"。① 王氏认为，此二者所说的"真"的内涵有着根本上的差别，或者说，它们处于不同的层级。依照王氏的分析，所谓"解释的真"乃是从认识论或知识论的"真理"意义上谈"真"，或者说，此时的"真"乃是一种认识论层面上的正确，如主客相符之类；而"真的解释"则是从存在论的"真相"意义上谈"真"，或者说，此时的"真"乃是一种海德格尔所说的"本真"状态，如人的被抛的"实际性"。

从层级关系上讲，解释的"真理"首先是"真相"的解释性展现。在不同的历史情境中，同一文本总会展现不同的"真相"。不同的真相总是针对同一文本的某个方面，而这一方面却不能自称是唯一的一方面。因为不同的展现总有不同的突出和删除，这些针对同一文本的解释，只有程度上的差别，而没有根本上的、性质上的不同。埃布林指出："实际上，同一性和可变性这两个因素不可分割地相互依赖并共存于解释的过程之中，解释的本性就是用不同的方式说出相同的东西，而且，正由于是用不同方式说，它们才说出了相同的东西。如果想通过纯粹的重复在今天说

---

① 参见王庆节：《解释学、海德格尔与儒道今释》，中国人民大学出版社 2004 年版，第 25—28 页。以下对"真的解释"与"解释的真"的探讨，重点参考了此书的有关分析。

出两千年以前说过的相同东西，那么我们仅仅是想象我们在说相同的东西，而实际上我们说的是完全不同的东西。"① 也就是说，同一与差别的统一性，乃是无区分的差别，是隶属于该文本自身的不同的存在等级。这就表明，历史流传物的本性，只有在具体的历史展开中得到领会，恰如王船山所谓"性日生日成"者也。比如，清代汉学批判宋学，并没有使宋学成为过时的东西，不惟如此，清学自身仍旧是在对儒学进行包皮，并与宋学一同隶属于儒学的诠释历史或效果历史。与此相应，一个人若想把握儒学的"真相"，那么，他除了从汉学、宋学或其他不同的解释样态那里入手外，也没有其他路径可寻。由此可以说，对于儒学而言，汉学、宋学同是"真"的展现，"真"的解释，只是这"真"的解释有所不同罢了。

　　"真的解释"，即"真相"的解释性展现，在自身的运作中常常会发展出一系列"技术性"的要求，诸如正确性、一致性、融贯性、有效性、预测性，等等。这些要求随之又构成了认识论上"解释的真"的判准。"如程朱理学对儒学的诠解，在随后相当长的一段时间内就被视为儒学解释的惟一准则。因此，存在论上的'真'与认识论上的'真'并不总是同步的，有可能出现存在论上为'真'而知识论上却不那么'真'，或者认识论上为'真'而存在论上却不那么'真'之类的情形。比如，心学作为一种存在论意义上的'真的解释'，在心学盛行的时代成为人们趋之若鹜的解读模式，但随着人们视域的转换，心学在认识论上是否达到了'解释的真'，就会遭到不同程度的质疑。"②

　　不过，存在论上的"真的解释"，并不必然与知识论上的"解释的真"相冲突。承认其中的一个，并不必然否认另一个，二者之间并不是非此即彼的关系。比如，人们常说太阳东升西落，在存在论上这是一种真的解释，但在认识论上，这种解释的真实性就成问题了。不过，虽然有这种认识论的事实，但太阳东升西落并不由此就被证伪了，因为不可否认的是，在日常生活中，这种表达仍旧有其不可替代的意义。由此，"真"在

---

① 格哈特·埃布林：《历史性问题》，转引自伽达默尔：《哲学解释学》，戴维·E.格林编，上海译文出版社 2004 年版，"编者导言"第 18 页。
② 参见崔发展：《乾嘉汉学的解释学反思》，《思想战线》2013 年第 3 期。

认识论与存在论上的分辨标准虽然是不同的，但二者可以相携相宜。不过，也应注意到，在不同的知识领域或同一领域的各个时段，在上述两种"真"中，何者为主而何者为辅，往往会出现差别。比如在人文领域一般倾向于"解释的真"，而自然领域更看重"真的解释"（虽然仍然是解释）；再如以库恩所说的范式转换为例，在常规阶段一般以"解释的真"为主，而革命阶段则会以"真的解释"为主。基于此，在日常的解释中，我们就应有意识地在这两种不同的"真"中寻找平衡，既不能独断地固守某种"真的解释"，亦不能放任某种"解释的真"，由此才能让两种"真"并行而不相悖，既充分地释放出解释的创造性与开放性，又不会误入解释的虚无主义与相对主义。

从存在论上看，宋学虽然同样是一种"真的解释"，但是，汉学家还原经文与经义的考证方法，由于更注重贴近经书文本，所以，其认知结果与宋学相比或许更接近"解释的真"。但问题是，汉学家坚信解释的唯一性与可重复性，随着他们对"解释的真"这一面的过分强化，造成了他们一以训诂为法则，沉溺于对虚拟现实的书卷世界（钻故纸堆）的琐碎考据之中。这种方法主义扩张的结果，使得汉学家见物不见人（忽略主体）、见树不见林（忽略义理），最终只能是像方东树所批评的那样，"马愈良，离楚愈远"①，虽以崇实而兴，亦因过实而衰。基于此，一方面，我们应该认可汉学家在认识论上的无与伦比的成就；但另一方面，在存在论的视域下，"面向事情本身"的态度必然是要审慎地对待汉学家在治经方法上的限度问题。简言之，这种限度源自于人的存在论或生存论特性，即：人的被抛的历史性、时间性。②

第三节　实践论的归属：回应相对主义

进一步需要探讨的问题是，哲学解释学虽然既不是追求唯一真理的

---

① 方东树：《汉学商兑》，商务印书馆 1937 年版，第 150 页。

② 以上所述，亦可参见崔发展：《乾嘉汉学的解释学反思》，《思想战线》2013 年第 3 期。

客观主义，亦不是否认客观真理的主观主义，但它何以不是一种相对主义？① 比如，当哲学解释学承认了不同的解释或许同样是"真的解释"时，当伽氏宣称"实际上，理解并不是更好理解，……我们只消说：如果我们一般有所理解，那么我们总是以不同的方式在理解，这就够了"② 时，它又如何回应相对主义的质疑？可以说，在哲学解释学所遭受的诸多批评中，相对主义是其中的一个焦点问题。同样的，本书批判地审视汉学家治经的理念与方法，尤其注重凸显其中的客观主义倾向所面对的限制，这是否就是对相对主义的一种变相支持？为此，下面分别从解释学的立场与实践论的立场来应对这一问题，但这两个立场只是着重点的不同，而不是截然相对的关系。

从解释学的立场看。在格朗丹看来，相对主义乃是双重误解的结果。首先，事实上从未有过像绝对的相对主义这样的东西。相对主义通常被理解为那样一种关于主题的一切意见都是同样好的学说，但这种主义从未被任何人所主张。因为在实际的解释学处境中，人们总会出于某个或某些理由而去支持一种意见而不是其他。其次，相对主义只有相对于绝对主义才有意义，因为只有那种要求绝对主义标准的人才能讲相对主义。然而，一边是绝对真理的要求，另一边是人类自身的有限性，二者之间如何协调？或者说，一个有限者如何能够合法而有效地宣称自己把握到了无限？基于此，无论从上述哪个方面讲，相对主义都不过是那些对"真理或解释应该（而非实际）是什么"持有基本看法的人所虚构的一个概念而已。简言之，相对主义是没有对手、没有对象的东西，是一种不再有效的先入之见的结果。③ 这样一来，相对主义的提法本身就不合法，既如此，自然就没有必要再去回应相对主义的质疑了。不过，这种辩护终归只是理论意义上的，比如，在具体的诠释实践中，如何在不同的解释中择取更为恰当的那

---

① 伯恩斯坦提醒说，相对主义者不需要是主观主义者，而主观主义者则不一定是相对主义者。参见伯恩斯坦：《超越客观主义与相对主义》，光明日报出版社 1992 年版，第 14 页。

② 伽达默尔：《诠释学Ⅰ：真理与方法》，商务印书馆 2007 年版，第 403 页。

③ 参见格朗丹：《诠释学与相对主义》，载洪汉鼎、傅永军主编：《中国诠释学》（第五辑），山东人民出版社 2008 年版，第 54—55 页。

一种，始终是个绕不开的解释学任务。在这一点上，此类辩护未免乏力。

再从实践论的立场看。其实，在解释学立场上，当我们揭示出相对主义只具有理论意义而没有实际意义时，就已经表明相对主义在解释学的实践上是很成问题的一种主张。而这也恰恰说明在应对相对主义问题时，解释学立场与实践论立场所具有的某种一致性。马克思指出："人的思维是否具有客观性和真理性，这不是一个理论的问题，而是一个实践的问题。"[1]解释世界与改造世界毕竟是不同的，伯恩斯坦、何卫平等人也都指出，超越客观主义和相对主义的运动，首先不是一个理论问题，而是一个实践的任务。[2]

伯恩斯坦认为，我们甚至可以将"超越客观主义与相对主义"视为伽达默尔的整个事业，[3]尤其是伽氏晚年走向实践解释学，更明显地包含有对相对主义问题的解决方向。在伽氏看来，解释学与实践哲学本就彼此相通，解释学就是理解的实践哲学；反之，实践哲学则是在解释学基础上对实践活动的理性反思。伽氏早期讲应用是理解自身的一个内在要素，晚期则讲实践哲学，但应用与实践却是共通的。因为理解在本质上仍然是把过去的意义置入当前情境的一种应用性的调解或翻译，所以应用总是当下实践中的应用，这里并不存在海德格尔早期与中晚期的那种观念的转折。[4]基于此，有学者指出，实践哲学的原则鲜明地体现出伽达默尔解释学的一贯性，而这个原则也是我们理解伽达默尔整个思想体系及其意义的一条关键线索。[5]总体而言，伽氏前后期的思想还是比较连贯的，这一点应该得到肯定。

但需要指出的是，实践解释学虽然同样认为理论需要在实践中检验，

---

[1] 《马克思恩格斯选集》（第1卷），人民出版社2012年版，第135页。

[2] 参见伯恩斯坦：《超越客观主义和相对主义》，光明日报出版社1992年版，第286—288页。或许是受到了伯恩斯坦的影响，何卫平基本也是如此回应相对主义。参见何卫平：《通向解释学辩证法之途》，上海三联书店2001年版，第388—394页。

[3] 伯恩斯坦：《超越客观主义和相对主义》，光明日报出版社1992年版，第142页。

[4] 有学者指出，伽氏晚期哲学只是实践哲学的"走向"而非"转向"，中晚期哲学的主题虽有差异，但二者实质上都属于哲学诠释学。参见吴通福：《理解之思》，安徽人民出版社2005年版，第120页。

[5] 参见张汝伦：《思考与批判》，上海三联书店1999年版，第437页。

但这却不同于马克思的观点。因为，马克思所说的实践，主要是指物质性的生产实践，而伽达默尔、伯恩斯坦并不这么认为。伽氏说："实践一词指向我们的实践生活的总体，……简言之，我们的实践，就是我们的生活方式。"① 伯恩斯坦也指出，西方近代以来，"practice"作为"实践"一词的英文译文，就表明了人们基本上是把实践当成了一种物质性的活动。显然，这种理解是与亚里士多德的看法相违背的，"亚里士多德是从根本上将实践理解为关于人的伦理行为、政治行为即人的存在行为的理性思考"②。由此可见，在伽达默尔、伯恩斯坦那里，实践概念具有鲜明的伦理意义，它有个体化指向，取决于个人对生活行为的理性反思，并由此而对各种可能性加以选择和决定。简言之，诚如伽氏所说："生活就是理论和实践的统一，就是每一个人的可能性和任务。"③

那么，实践解释学所谓的生活究竟是怎样的呢？解释学起源于主体性的断裂，理解现象反映的正是由弥合这种断裂而来的冲动与热情。理解总是相互理解，而相互理解必然通过对话来达成，为此，每一个体就必须敞开自身、走出自身而参与到与他者的对话中来。理解与对话的达成，要求相互之间的宽容与倾听，而这之中恰恰生长着克服相对主义倾向的积极力量。

实践解释学正是从对人能够达成相互理解的"善良意志"这一鲜明的设定出发的。尽管在与德里达进行辩论时，伽达默尔明确说他不是在康德的意义上而是在柏拉图"eumeneis elenchoi"（善意的决断）的意义上使用这一概念的，④ 尽管他宣称"我认为惟一科学的做法就是承认实际情形，而不是从应该如何和可能如何出发进行思考"⑤，但无论如何，善良意志以及对话共同体的达成，不仅是实然的，更是应然的。伽氏身上绝不缺少伦理关怀，他的解释学仍旧有鲜明的浪漫主义或乌托邦色彩。不过，这

① Palmer, *Gadamer in Conversation*: *Reflections and Commentary*, Yale University Press/New Haven & London, 2001, pp.78—79.

② 参见张能为：《理解的实践》，人民出版社 2002 年版，第 95 页。

③ 伽达默尔：《赞美理论》，上海三联书店 1988 年版，第 45 页。

④ 伽达默尔、德里达等：《德法之争》，同济大学出版社 2004 年版，第 45 页。

⑤ 伽达默尔：《真理与方法》，上海译文出版社 2004 年版，第 689 页。

不是理论的缺陷，而是必需的，若是没有对未来的导向，一种理论就没有意义，尤其是对于精神科学而言。事实上，伽氏（从实然上讲）并不是一个"客观主义者"，相反，无论是哲学解释学，还是实践解释学，都显示出他在精神科学内部抵制滥用自然科学方法的良苦用心："如果科学的应用不过是我们如何借助科学的帮助做我们所能做的事情的话，那么，它肯定不是要对未来负责的我们人类所需要的应用。因为科学本身决不会阻止我们做我们能做的任何事情。但人类的未来不仅要求我们做我们能做的事，而且要求我们为自己应该做的事做出理性的解释。"① 哲学很多时候正是在对科学的自卫中被建构起来的，伽氏无疑仍深深地置身于这样一种拯救哲学的传统意识之中。不惟如此，在拯救哲学的背后，有时候甚至声称自己也是一个浪漫主义者的伽氏，所希冀的乃是"从根本上改变人们的哲学观念和思维方式，要重新树立起实践理性在人类生活中的基础与核心地位。……以此拯救人类于现代文明危机之中，并指明如何在协调科技理性与实践理性、理论哲学与实践哲学基础上使人类踏上一条美好的生活坦途"②。

在乾嘉时期，某些汉学家似乎是意识到了实践检验理论的必要性，如卢文弨有言："时时省察，处处体验，即米盐之琐，寝席之亵，何在非道，即何在非学，在不待沾沾于讲学议论之为功也。"③ 不过，在汉学家那里，这种意识却不一定就能真正付诸实践。表面上看，某些汉学家兼采汉宋的主张与实践解释学的主张类似，但事实上却并不如此简单。因为在汉学家那里，"为学尊汉"（知、理论）与"为行尊宋"（行、实践）事实上毕竟是分裂着的，他们似乎并不在意理论（不完全关乎道德）能否在行（并非就一定是道德实践）上得到切实的检验，尤其是在他们将道德问题完全交付宋学时，这种割裂更加严重，汉学家多遭到轻视致用的指责亦是由此引发。

在儒学解释传统中，汉学、宋学作为不同的阐释范式，从存在论上

---

① 伽达默尔：《哲学解释学》，上海译文出版社 1994 年版，第 193 页。
② 张能为：《理解的实践》，人民出版社 2002 年版，第 214 页。
③ 卢文弨：《抱经堂文集》，中华书局 1990 年版，第 270 页。

讲，二者都是真的解释，由此必须承认二者的价值。换言之，不同的儒学解释范式，具有相对性，不能非此即彼地看待它们之间的不同。学术间的争论是常有的、也是正常的，否则学术就没有发展的动力了。问题的关键在于如何认识这种争论。一般认为，就传统儒学的不同流派而言，目标虽然都是希圣希贤，但争论的焦点只是在于如何达成这个目标，也就是说争论主要针对途径、方法而言。但是，这个认识很成问题。试问：汉学、宋学何以偏重不同的解释方法？对这个问题的回答，显然就不仅仅是个方法论的问题了。世界观、价值观（这构成了解释者的前见）决定方法论，梁启超所谓汉学是"方法"而非"主义"的论断，就是没有看到考据方法的凸显，所反映的正是思想或价值观念上的变化这一关键性问题。

从理想解释的角度讲，望文生义固然不好，但死在字下亦不值得称许。解释固然不能走极端，但也不能由此就必然是在走相对主义的路子。因为承认理解的相对性，并不等于就是赞同相对主义。

不过，所谓开放性、多元性，只是就理解的本体论层面而言的。对此，我们可以说理解总是不同的理解，但问题在于，这些不同的理解显然不会同样的正确，否则，就仍然无法回避相对主义的质疑。因此，从认识论上讲，判定哪一种解释或意义更好，仍然是一项重要的解释学任务。伽氏曾为其文字的模糊性作出辩护，认为真理本身就有某种不可一言而尽的本质，然而，如果精神科学不能提供确定性，不能在不同的解释之间判定孰优孰劣，那么，精神科学存在的必要性仍然会遭到质疑。伽氏虽然并不否认认识论上的客观性，但对此毕竟没有展开，尤其是他对方法与真理之间的本体论对峙的强调，更会引发对哲学解释学的认识论或解释学批判。如赫施对"解释的有效性"的辩护，如利科重新安置"方法"、"说明"的解释学地位，等等。

那么，如何在各种相对性的解释中进行取舍？这只能依赖于诠释者当下的实践活动，从具体的解释学处境中来判断了。问题是，这之中是否有一个硬性的标准呢？我们这里选择两个比较具有代表性的解答来做进一步考察。

首先来看赫施的解答。在其名著《解释的有效性》中，赫施旨在捍卫作者在判定文本之客观性的唯一标准地位，认为"拯救作者，才能拯救正确性原则",只有作者才保证了文本的客观含义。由此,客观性诉求的问题就转换为:"一切正确解释都基于对作者所指事物的再认识",亦即如何复原或重建作者在创作某一文本时的特殊意识活动。在赫施看来,因为意识重建是一种非物质重建,这样就必须依赖心理上的假设、想象或推测,而此时的"作者"并不是作者的主体性或真实作者,而是在想象中所"重建的陈述主体",但这样一来,岂不表明了恰恰是本文而非作者才给出了含义的固定性与确定性?岂不与其旨在重建作者原意(作者在其意识活动中所设定的上下文关联中的含义)而非文本表述了什么(文本并不具有生命)的初衷正好是相悖而行?即便我们承认赫施所给出的文本之含义的确定性是由作者给出的这种论断,承认所谓"没有任何一个含义能够离开它的创造者而存在",但正如他本人所坦陈的那样,对正确性或有效性的验定,乃是在某个特定情形中大致地(而非精确地)被达到的,因为作者意图总是要凭借读者的猜测或推想,用更符合赫施本意的观点讲,"陈述主体"的意图往往是要凭借"理想读者"的推定,那么,对客观含义或有效性的追求,最理想的结果也无非只是那些"最具有或然性"的含义。①可见,无论如何,在赫施这种依据或然性判断、推测能力的解释学中,我们并不能找到汉学家所希望的那种硬性的标准。经书文本的作者更具权威性,但这种权威性却更容易导致排他性的独断解释,而更倾向于理解的相对主义。更何况,这种理解多少又与其经学信仰纠葛在一起,而汉宋之争的原因亦可从这里找到些许根由。

再来看看艾柯的解答。在《诠释与过度诠释》中,艾柯对"过度诠释"提出批评,借以为解释的客观性做辩护,但他也只是提供了某个弱化的"类波普尔式"准则。借用波普尔的证伪原则,艾柯指出:"如果没有什么规则可以帮助我们断定哪些诠释是'好'的诠释,至少有某个规则可以帮助我们断定什么诠释是'不好'的诠释。"②艾柯并不反对对文本的开放性解读,但他希望为读者的创造性阅读划清界限,并反对那些对文本的

---

① 参见赫施:《解释的有效性》,生活·读书·新知三联书店1991年版,第14、147、187、235、269等页。

② 参见艾柯等:《诠释与过度诠释》,生活·读书·新知三联书店1997年版,第61—62、20、27、108、176等页。

任意性解读。至少从文本的制约性这一面看，这个解释学上的证伪原则还是值得肯定的，更何况从具体的解释学实践来看，我们总会觉得某种解释比其他解释更值得可信，虽然我们并不总是能够证实它的确如此。但随之而来的问题是，排除不好的、模糊的理解，并不意味着就一定能够获得确定的、好的理解。在实际的诠释或理解中，这种弱化或消极的准则，并不足以满足诠释者对确定的或好的理解的寻求，也就是说，诠释者的直接或主要目的往往就是要去积极寻求那些好的、确定的理解，而不是要用排除法（证伪原则）抵制那些不好的或模糊的理解。这就表明，这种"类波普尔式"的标准不仅并不符合艾柯所宣称的那种简洁"经济"的原则，反而容易增添一些无谓的负担。与赫施力主由作者来确保有效性不同，艾柯只是在有限的意义上才承认作者的间接作用，其宗旨则是寻找出文本的权利与读者权利之间的辩证关系。而其"类波普尔式"的证伪主张基本依赖于对"本文意图"的推测，但这个推测的唯一办法乃是将其验证于文本的连贯性整体。其所谓的"诠释学循环"类似于波普尔的"问题→理论假设→证伪→新问题"的进路，也与伽达默尔的"完满性的前把握"（此把握或筹划在理解文本的过程中不断得到修正）有类似之处。也就是说，艾柯认为，在这种验证或推测的过程中，意义预期需要不断调整。但这样一来，他也不得不依赖他所宣称的"标准作者"、"标准读者"，设想出一种理想的标准来，从而面临着与赫施相同的理论问题，乃至在艾柯这里我们看到了那种"文化达尔文主义"，即所谓让历史自身选择正确的或标准的解释，让各种解释优胜劣汰。就此而言，汉学家显然并不愿放弃"实事求是者"（"读者"）的主动权，他们尤其不相信历史间距会赋予理解一种自我修复能力，而是希望通过经验实证的手段或方法来卫护"经验作者"或"实际作者"（艾柯语）的权威性，而让"经验读者"或"实际读者"服从这一权威或道统意识之下。由此，倘若汉学家的这种希望具有现实的普遍性，如果我们不依赖于艾柯的这种达尔文主义式的解答，那么，我们又如何在理论上给予积极的回应呢？

无论如何，在不同的理解中，如何寻找到（比较而言）最恰当或最好的解释，仍是一项现实的、必要的解释学任务。为此，我们就不能只是满足于对不同理解之存在的本体论承认，而是必须寻求某种（相对而言）

积极的、硬性的解释学方法或准则。在这个层面看，哲学解释学的确有明显的不足。大体讲，伽氏对于理解现象的相关分析，或许更在于证明精神科学的（存在论或本体论上的）合法性，而对其（认识论上的）有效性却甚少关注。然而，现实的诠释者无疑更在意有效性，即在不同的解释中如何取舍，而有取舍就有比较，有比较就需要给出比较的标准，因此，伽氏的实践哲学或解释学虽然有致力于回应相对主义的一面，但这种本体论的解决方案的现实性关怀仍然不够。比如，伽氏十分注重解释学对话中的善意理解（同情理解），然而，在诠释实践或交往行为中，如何才能保证这种善良意志（good will）不是权力意志（will to power）或意识形态的变形或异化？同样的，如何才能保证视域融合的顺利实现（即伽氏所谓"向一个更高的普遍性的提升"[1]），而不是一方对另一方的强行的同化或吞噬？凡此种种，都提醒我们必须对伽氏的解释学保持足够的批判意识。

---

[1]　伽达默尔：《真理与方法》，上海译文出版社 2004 年版，第 394 页。

结　语

秉承河间献王的"实事求是之教"，乾嘉汉学以"道问学"为旨归，依循穷经之法，精校博考，故其考证成绩颇为显著。对此，即便是对汉学多有批评的方东树，亦明确表示赞许：

> 国家景运昌明，通儒辈出，自群经诸史外，天文、历算、舆地、小学，靡不该综载籍，钩索微沉，既博且精，超越前古，至矣，盛矣，蔑以加矣。

然而，汉学虽有功，但亦有明显不足，方氏转而又说：

> 然窃以为物太过，则其失亦犹之不及焉。[1]

对于汉学的功过是非，自乾嘉至今，多有评论。不过，这些评论大多未能摆脱汉宋轮回的内卷式演替的思维框架，如所谓汉宋兼采、汉宋持平之类。即便是梁启超的复古解放说，钱穆的余绪说、余英时的内在理路说，乃至新汉学、新宋学的后续接力，以及当今的复兴传统等，虽已脱离经学藩篱，但多少仍有此类痕迹。比如，本书曾以乾嘉汉学为中心，在梳理梁启超、钱穆、余英时的清学史研究的基础上，对"反动说"、"余绪说"、"内在理路"三种模式进行比较，指出三种模式其实并不是非此即彼

---

[1] 方东树：《上阮芸台宫保书》，载黄爱平、吴杰编：《中国近代思想家文库·方东树唐鉴卷》，中国人民大学出版社 2015 年版，第 278 页。

的独断论，而是有一定的关联，而这种关联最主要的就体现在他们均认可汉宋学术之间的内在循环。宋儒汉学代汉儒之学而兴，清儒汉学又代宋儒之学而行，虽然清代汉学与汉儒之学有所不同，但此间循环的意向毕竟不可否认。朱子曾有言：

> 窃谓秦汉以来，圣学不传，儒者惟知章句训诂之为事，而不知复求圣人之意，以明夫性命道德之归。至于近世，先知先觉之士始发明之，则学者既有以知夫前日之为陋矣。然或乃徒诵其言以为高，而又初不知深求其意。甚者遂至于脱落章句，陵籍训诂，坐谈空妙，展转相迷，而其为患反有甚于前日之为陋者。①

可见，当年朱子已经论及了执此二端的问题，而这恰恰表明走出汉宋轮回的艰难。自汉而宋，自宋而汉，循环不已，至今不衰，这也是本书围绕乾嘉汉学来探讨汉宋关系的意义所在。

那么，乾嘉汉学向我们提出了怎样的哲学论题？本书选取"实事求是"作为切入点，并非只是一种观念分析，而是试图在解释学的视域下宏观性地梳理乾嘉汉学，进而适时回应汉宋关系问题，并由汉学、宋学两种经典解释模式反观西方解释学，在中西参照中探求建构中国解释学的路径。比如，本书通过梳理清代汉学、宋学在解释的观念、方法、结果等方面的解释学关联与差异，在充分肯定汉宋双方各自成就的基础上，尝试在哲学解释学视野下，梳理出二者所存在的共通性问题，主要包括本体论上的形上预设、认识论上肯定式的线性思维模式、方法论上的客观主义诉求，进而揭示出汉宋两家所造成的义理与考据之间的形式主义问题（由忽略解释学循环，尤其是外在性的解释学循环所致）、穷经与进德之间的因果性错误推因问题等。此外，本书既注意从西方解释学来分析汉学、宋学，亦注意从汉学、宋学来反观西方解释学，由此，在中西解释学的比较中，尝试给出今后建构中国解释学的定位与方向，探究当下建构中国经典解释学的可能性与可行性。

---

① 朱熹：《朱子全书》（第24册），上海古籍出版社2010年版，第3640页。

一、"实事求是"的存在论边界

迄今为止，学界虽然多将"实事求是"视为汉学家的为学理念，但却很少从问题的视角来分析其根源，也就是说从未考量这个理念本身有无问题。"实事求是"作为一个命题，若要从哲学的思维模式来分析，首先就应将这一命题转换为问题，而哲学独特的思维模式或追问方式就是："实事求是"如何是其自身，或者说，"实事求是"如何可能？不过，我们不再只是类康德似的认识论追问，而亦注重类伽达默尔似的存在论考量。在此视域下，"实事求是"并非只是一个考证性命题、认识论命题，而更本源的则是一个存在论命题。这也是本书为何从认识论转向存在论的原因。

在认识论下，"实事求是"本身既然完满自足（自明性、自足性），自然无须追问"实事求是"如何可能之类的问题，也就是说，此时"实事求是"本身被认为是可以通达的，问题只是在于如何通达，亦即采用怎样的方法才能通达。这样一来，方法的重要性也就不言而喻了。在此逻辑下，我们可以看到，在通达或贯彻"实事求是"的方法（论）上，汉学家投入了巨大的热情，而方法主义的扩张与局限皆由此而来。换句话说，在认识论或方法论视域下，"实事求是"的解放性与保守性彼此纠缠。就汉学家而言，在其"实事求是"的考证过程中，一方面讲求质疑、寻求证据，有助于打破思维禁锢，如梁启超所谓的"以复古求解放"，再如汉学家突破经学藩篱的倾向，焦循所谓的"不轨乎孔子可也"[1]、龚自珍所谓的"本朝别有绝特之士，涵咏白文，创获子经，非汉非宋，亦惟其是而已矣"[2]，皆与此不无关联；另一方面，以"实事求是"为戒条，却又使得多数汉学家画地自限，信奉"与其过废，无宁过存"[3]的宁滥勿缺的考证原则，遵循

---

[1]　焦循：《雕菰集》，商务印书馆 1936 年版，第 150 页。

[2]　龚自珍：《定盦文集补编》（卷四），《龚定盦全集》，世界书局 1935 年版，第 7 页。

[3]　章学诚批评说："自四库馆开，寒士多以校书谋生，而学问之途，乃出一种贪多务博而胸无伦次者，于一切撰述，不求宗旨，而务为无理之繁富，动引刘子骏言'与其过废，无宁过存'。即明知其载非伦类，辄以有益后人考订为辞，真孽海也。"见章学诚：《章学诚遗书》，文物出版社 1985 年版，第 390 页。

"言言有据、字字有考"① 的无征不信的考证方法，凡物皆考，且惟考而已。与此相应，一切无法进行经验实证的对象或领域多被舍弃，尤其是训诂对义理或思想的钳制，常为后人诟病。

学界多有认为汉学家未脱经学藩篱，仍身处经学意识形态的控制之下，由此否认汉学家有智识主义的一面。这类结论未免泛化，尤其从效果历史而言，更是与事实有所不符。无疑，汉学家这里至少已经有了智识主义或科学精神的因子，虽然他们仍旧是心归大道（类宗教心理），但心理事实与历史事实毕竟不同。从其效果历史看，一些经学的附庸最初虽是服务于经学这一母体的发皇张大，但瓜熟蒂落的结果却使得附庸蔚为大国，进而为对接现代分科体制做了预备。汉学家未必没有"尊德性"之诉求，但在"道问学"成为人心所向的大背景下，汉学家要么是将尊德性归之于宋学，并因对（义理意义上的）宋学的过度审慎（忌讳、忌惮）而使得尊德性常常成了口头禅或口号，要么是有意或无意地将尊德性纳入道问学的知识脉络中，成为辅翼道问学的力量，由此，尊德性从求善的人伦诉求转换为求真的知识诉求，内化为求学上的真诚、热情、精神寄托等。即便汉学家仍心归大道，但对于道的重新（实证化、经验性的）释读，却转而赋予考证以知识合法性，成为汉学家为学的精神动力，催生出汉学家群体对于考证工作的职业认同，乃至成了其"安身立命"的某种东西。

从存在论上讲，把"实事求是"从命题转化为问题，并不意味着对这种认识论上的"求是"或实证精神的否认；恰恰相反，认识论奠基于存在论，为了更好地对"实事求是"进行定性或定位，就有必要首先给予其以存在论考察。"实事求是"命题包括"实事求是者"、"实事"、"求"、"是"等核心要素。对这几个要素的理解与定位若有不同，"实事求是"命题就会在考证性、认识论、存在论等不同层面展现自身。由于乾嘉汉学将"实事求是"视为自足性命题，他们对"求"有大量的探讨与研究，如对《说文》、《尔雅》的重视，但对其他三个要素却缺少质疑。在汉学家这里，"实事求是"的考证工作，就是一个受控实验的过程，而所谓"求"就应当是从"实事"（始点）到"是"（终点）的实验室条件或方法，在这个过程中，

---

① 方东树：《汉学商兑》，商务印书馆 1937 年版，第 39 页。

"实事"与"是"具有毋庸置疑的客观性，而"求"则是一套可以确保客观性的受控方法。在这个过程中，汉学家普遍的门户之见使之将"实事求是者"框定在汉学阵营之中，宋学家被剥夺了这种权利而成了空谈者，这一点引起方东树、龚自珍等人的不满与批评。然而，双方对"实事求是"其实所持有的都是一种静态理解，并无根本不同，但这种理解却颇成问题。比如："实事"是否就是绝对或客观的始点？"是"又能否被视为绝对或客观的终点？"实事求是者"（汉学家）的门户之见是否构成了其解释学前见？"求"的方法能否顺利实现客观性的达成？综而言之，认识论上的客观性如何可能？这也是本书为何从认识论转向存在论，进而引入哲学解释学的原因。

如前所论，汉学家普遍认为，合法性为有效性奠基；否则，即便有效，亦不可取。也就是说，对于汉学家而言，一个概念或命题有无意义，主要取决于其真值条件。而真值条件或合法性，首先就要看其是否始于"实事"，是否从事实出发，能否被验证或实证。若不能被验证，则是毫无意义的形而上学的概念或命题，或者说是虚玄的意识哲学（如义理意义上的宋学）。由此，实证原则甚至成了判断一个概念或命题有无意义的唯一标准。这也是汉学家之所以反复强调"实事"这个出发点的根本原因。就此而言，虽然在研究的对象、目的、方法等方面与西方实证主义有着根本性的不同，但汉学仍表现出了某种"人文实证主义"[①]的鲜明特点。这也是胡适、梁启超、丁文江等人之所以从科学角度看待汉学"实事求是"的原因。

但问题是，基于"实事"不一定就能求得客观之"是"，或者说，对事实的尊重，并不一定推导出科学的结论。因为实事本身无所谓真假，真假只出现在认知判读之中，由此，"实事"（作为"事实"）这个出发点本身就已经是一种判断了。这就意味着，没有纯粹客观的出发点。汉学家虽然重视"实事"，但其实他们只是强调这一始点的重要性，尤其是他们将实事局限于书本之上的以经（史、子）证经、以文本证文本之上，更使得

---

① "人文实证主义"是吴根友提出的一个概念，参见吴根友：《言、心、道——戴震语言哲学的形上学追求及其理论的开放》，《哲学研究》2004 年第 11 期。

汉学家的客观主义诉求面临着"先天不足"。因为文本乃是话语的"异化"（verfremdung），而异化就是"间距化"（distanciation），亦即文本的本质性特征，"是作为书写的文本现象的建构"，而"间距化确立了文本相对于作者、情景及其原初听众的自主性"，① 这种相对于作者意图、生产语境、原初读者的"自主性间距"的存在，表明彻底的还原主义或纯粹的客观主义不再可能。其实，在利科看来，话语本身就是间距的原始类型的表现，即事件与意义的间距，或者说体现出事件与意义之间的辩证法，"如果所有话语都表现为一个事件，那么，所有话语都被理解为意义"②。

据此，从存在论上看，阮元所谓"凡古儒所误解者，无不旁征曲喻，而得其本义之所在。使古圣贤见之，必解颐曰：'吾言固如是！数千年误解之，今得明矣'"③ 的判定，只能是一种浪漫主义或乐观主义的表达。在阮氏看来，宋儒之学乃是对圣贤之学或经学的认识论"误解"，或者一般解释学所要消除的那种仅具有消极意义的"误解"，如施莱尔马赫就曾将解释理解为"消除误解的艺术"；而依照哲学解释学的立场，或可谓宋儒之学并非"误解"，而是那种具有积极意义的"误读"。依照傅伟勋在其"创造的解释学"中的相关论述，误读不同于误解，误解乃是一种无意识的误会，并非出于本心，是对作者本意的错误理解；而误读则是有意识的行为，其本质是"明知其意而故作它解"，是对作者本意的故意引申或曲解，属于意义创造的"生产性行为"，也是创造性解释的一个常用的路子。④ 由此反观宋儒之学，可知其恰恰是一种创造性解释的典型，而汉学家并不是在同一个层面上给出相关的论断。

其实，即便是就汉学家自身的研究来看，与前述龚自珍所说，清学与汉儒之学仍旧不同，比如戴震、焦循、阮元等人的相关解释，反而也是一种创造性的解释或误读，而并非是简单的误解而已。由此，或可说，回到孔子、回归经学、回到传统之中的"回"，不会是原教旨主义的重回，而只能是依赖于重新的解释、应用或"占有"（appropriation）的迂回。

---

① 利科：《诠释学与人文科学》，中国人民大学出版社 2012 年版，第 99—100、72 页。

② 利科：《诠释学与人文科学》，中国人民大学出版社 2012 年版，第 93—94 页。

③ 阮元：《揅经室一集》，商务印书馆 1937 年版，第 104 页。

④ 参见潘德荣：《诠释的创造性与创造的诠释学》，《中国哲学史》2002 年第 3 期。

二、解释的有效性：剖析哲学解释学的不足

　　然而，异化、间距化却又是理解的条件，是理解的有效性的保证。在这一点上，伽达默尔虽然认可了间距作为理解条件的一面，但却忽略了间距对于理解之有效性的重要意义。由此，引入哲学解释学，虽然有利于我们从存在论上理解与追问"实事求是"，但是，我们也应充分认识到哲学解释学的不足，以便更好地理解汉学与宋学的得失利弊。大体来讲，哲学解释学的不足，主要表现在如下四个方面。

　　一是坚持不同理解、否认"更好理解"，缺乏辩证发展的观念。伽氏认为，理解只有程度差别（存在等级），而无根本区别。但这样一来，在回应相对主义的问题上难免显得乏力。在伽氏看来，"更好理解"体现的乃是启蒙时代的进步观念，但这种观念却不能转用到理解之上，不管是有意识相对于无意识，还是有了更清晰的概念或更完善的知识，都不足以保证后来者在理解上的优越性，或者说，人体解剖并不一定就是猴体解剖的一把钥匙。但由于深受黑格尔辩证法的影响，伽氏提出视域融合与效果历史，为"恶无限"正名，然而，承认理解的开放性与多样性，其实恰恰是对理解的进步性的认可。此外，对"更好理解"的否认，亦突出表现在伽氏对于方法（主义）本身的不信任。伽氏认为"先行东西的意义正是由后继的东西所决定"①，这里面表现出他对方法论上的还原主义与复古主义的一贯的批判态度，但其中亦有变相承认（置身于效果历史、视域融合之处境中的）后继者的优先性的意味，如伽氏所谓"时间距离才能使诠释学的真正批判性问题得以解决"②。可见，在"更好理解"与视域融合、效果历史之间的矛盾，显然并不只是伽氏所认可的语言的模糊性的问题，而是其在发展观念上缺乏辩证理解的表现。比如，汉学固然与宋学不同，但我们绝不会满足于此，而是总要进一步追问哪一种理解更好。如果说"应用"是理解的固有因素，那么，汉学、宋学哪一种更适用于今日就绝不是一个

---

① 　伽达默尔：《诠释学Ⅰ：真理与方法》，商务印书馆 2007 年版，第 280 页。
② 　伽达默尔：《真理与方法》，上海译文出版社 2004 年版，第 386 页。

无足轻重的问题。

二是一方面坚持理解的不同，另一方面阐发理解的可分有性、参与性，此二者之间有明显的扞格之处。伽氏说："在精神科学里所进行的理解本质上是一种历史性的理解，也就是说，在这里仅当本文每次都以不同方式被理解时，本文才可以说得到理解。"① 又说："历史认识的理想其实是，在现象的一次性和历史性的具体关系中去理解现象本身。"② 伽氏强调每次理解的具体性与独特性（不同理解），但既然理解就是参与与分享，那么，就不能排斥理解的相对确定性、可分有性；否则，取得共识如何可能？又如何才能达成理解的善良意志？如方东树等人批评汉学家误解了宋学，徐复观甚至认为有些事实经汉学的考证反而更加模糊，由此，就要探明汉学家是否误解了宋学，而这显然不能止步于汉学不同于宋学这一点上。不过，徐复观却又乞求于"追体验"的解释方法，未能认识到间距的客观存在，其解释的有效性仍值得商榷。比如，徐氏认为"清代汉学家在完全不了解宋学中排斥宋学"③，但这种"衡论"却令人质疑。不过，若要澄清这一点，仅仅说这是不同理解的表现，那就是在回避而不是解决问题。

三是把理解视为最基本的实践行为（生存论事实、事实本身），历史就是理解或思想的历史，体现出明显的唯心论、理想化色彩。由于深受海德格尔、黑格尔、亚里士多德等多方面影响，伽氏坚持理解的本体论化或形而上学化，认为人是一个理解的存在者，人总是置身于前见与效果历史之中，理解总是处在循环之中，没有封闭的圆圈（承认理解的开放性），也没有螺旋式的上升（否认更好发展），从理解到理解，从思想到思想，从意识到意识。然而，在思想、意识、前见、效果历史何以形成的问题上，或者说，在理解的前提与基础之类的问题上，势必又要遭到马克思意义上的"实践论"的挑战。在这一点上，汉学对"实事"的强调就应引起重视，虽然汉学考证受限于经书，但其经典考证却已有对经学的突破，

---

① 伽达默尔：《真理与方法》，上海译文出版社 1999 年版，第 397 页。

② 伽达默尔：《诠释学Ⅰ：真理与方法》，商务印书馆 2007 年版，第 13 页。

③ 徐复观：《"清代汉学"衡论》，上海书店出版社 2004 年版，第 369 页。

如戴震、汪中、钱大昕、纪昀、焦循、袁枚等人对妇女在守节、殉葬、离婚、再嫁等问题上的关注，"在一定程度上表达了提倡妇女解放的思想，是 18 世纪中叶清代思想界主张达情遂欲、反对存理灭欲的新伦理观的一部分"①。从时代提出的问题（"实事"）出发，并注重提供学理上的分析论证，汉学由此表现出了某种社会批判的性质。

四是偏重于对理解进行文本式的宏观分析，而对于文本自身却缺乏认识论、方法论的考察。在伽氏那里，"不仅原始资料是文本，而且历史实在本身也是一种要加以理解的文本"②。对于伽氏，泛文本主义其实是理解本体论化的突出表现，即便是他强调每一次理解的独特性与个别性，也主要是一般地（本体论地）进行文本式的、外在的宏观把握。由于对于认识论方法的不信任，使得伽氏对于具体文本缺乏内在的语义学分析与结构性说明，这样一来，就难以真正回应相对主义的质疑。汉学虽然也是偏重于文本分析，但它对文本的内在分析、微观考察却颇为丰富，借此可以反观、弥补哲学解释学的不足。

伽氏关注本体论或存在论上的合法性，却忽略了认识论或方法论上的有效性。而问题是，如果认识论意义上的客观、方法仍然是必要的，伽氏本人也明确承认这一点，那么，就要进一步探讨如何才能摆正认识论的位置。比如，伽氏认为理解就是调节，但哪一种调节较好、更好？伽氏认为理解具有不同的层级或程度，但哪种层级或程度更接近"真相"？伽氏力辩存在论上的视域融合，但如何才能在认识论上有意识地促成视域的有效融合？其实，既然理解总有不同，那么，有不同就有比较，亦即必然有一个在不同理解之间如何择取的问题，也就自然会引出何者才是"更好理解"之类的研判。更何况，伽氏本人也主张区分不同的前见，将那些不合法的前见、坏的前见排除掉，这就不仅仅是"不同理解"，而恰恰是通达"更好理解"的前提了。伽氏强调，视域融合克服了个别性而向普遍性提升，从而能够"在一个更大的整体中按照一个更正确的尺度去更好地观看"③，

---

① 吴根友、孙邦金等：《戴震、乾嘉学术与中国文化》（中），福建教育出版社 2015 年版，第 481 页。

② 伽达默尔：《真理与方法》，上海译文出版社 2010 年版，第 285 页。

③ 伽达默尔：《真理与方法》，上海译文出版社 2004 年版，第 394 页。

这难道不是对"更好理解"的支持吗？其实，伽氏对于"不同理解"主要是一种存在论分析，而在现实的诠释活动中，认识论上的"不同理解"，本身却是认识论区分（亦即伽氏强烈批判的"审美区分"）的结果。

简言之，伽氏由于对方法的过度警惕，反而有从一个极端走向另一个极端的明显倾向（伽氏坦言自己就是要矫枉过正），虽然他并非绝对反对方法，但却有割裂真理与方法之嫌；虽然他并不否认客观性，但却难以有效回应现实生活的客观诉求。伽氏对于存在论立场的片面强化，使得其难以真正应对相对主义。

其实，真理并不排斥方法，虽然方法并不足以保证真理。在这个方向上，我们看到利科在伽氏基础上的进一步推进，他试图将语义学"解释"（interpretation）与结构性"说明"（explanation）内置于文本解释学之内，强调解释学的客观性特征，使得现象学或存在论解释学更具现实色彩与批判精神。但利科的出发点与终点都是存在论，而我们这里将着重从认识论上进行辨析。

三、解释的两种定向：认识论上的客观性诉求

基于哲学解释学的短板，从认识论上应对相对主义，或者说，认识论意义上的解释学探讨仍然必要。不过这类工作首先应明确解释的方向，也就是说，某种解释的目的是什么。这里就要有明确的区分，否则，就仍会陷入汉宋之争中考据与义理非此即彼的两难中。在这点上，学界已有相关探讨。大致讲，主要是二分法，如所谓考据与义理、我注六经与六经注我、文本研究与问题研究、知识与价值、是与应当、赫施的含义与意义、刘笑敢的文本定向与表现定向、彭启福的文本契合度与现实相关度，等等。一般而言，在每一种划分中，前者以回溯过去的事实性"求同"为基本取向，而后者则以应用当下或展望未来的价值性"存异"为基本取向。比如，汉学家之所以更注重前者，宋学家之所以更在意后者，原因就在于各自的取向不同。当然，从存在论上讲，所谓"取向"本身就是解释学处境所带来的解释学前见的表现，但从认识论上看，这种取向对于理解汉宋

各自的为学路向却十分必要。就此而言，或可说，汉宋本就不是同一方向下的致思路径，不能完全是汉非宋或是宋非汉，二者各有存在的必要性，基于此，汉宋之争也可以减少针锋相对的意味，而能同情地理解对方。

当然，两种取向并非截然二分。就如同汉学亦有义理，而宋学亦讲考据，只是偏重不同而已。文本取向虽然必要，但从哲学的角度考量，这类研究只是基础性工作，更重要的则是由此进一步推阐哲理。如汉学家也存在这个问题，不过要切忌文本研究成了哲学的主题。虽然文本考证或训释不可或缺，但若不能提升，则又将陷入汉学家的毛病中，有"文本寄生者"、老雕虫之嫌，而无哲学味了。如当年冯友兰就批评胡适的《中国哲学史大纲》考证过多而哲学味不足。纯粹的文本研究的哲学合法性容易受到质疑，而问题的抽象程度越高，则其对文本的偏离程度越大，纯粹的问题研究甚至必然是远离文本的。不过，一般的哲学研究，则应兼有二者。章学诚说，程朱陆王是不可无之同异、千古不可合之同异。① 同样的，汉宋各有其相对的独立性，不可全无，不可强合。如翁方纲所谓："专守宋学者，固非矣，专骛汉学者，亦未为得也。至于通汉宋之邮者，又须细商之。盖汉宋之学，有可通者，有不可通者。以名物器数为案，而以义理断之，此汉宋之可通者也。彼此各一是非，吾从而执其两用其一，则慎之又慎矣。"② 晚清朱一新亦有言："汉、宋诸儒大旨，固无不合，其节目不同处亦多，学者知其所以合，又当知其所以分。使事事求合，窒碍必多，斯穿凿附会之说起矣。"③

不过，上述两种取向虽不可强合，但并非不可打通或转接。在这个问题上，傅伟勋的"创造的诠释学"、刘笑敢的"定向诠释学理论"值得关注。在伽达默尔看来，"诠释学的任务根本不是要发展一种理解的程序"④。与伽氏无视理解的程序不同，傅氏、刘氏主要采取的办法就是对解释过程进行分层，表现出方法论意义上的程序性与可操作性。

---

① 参见章学诚：《文史通义》，中华书局 1985 年版，第 262 页。
② 翁方纲：《复初斋文集》，《续修四库全书》（第 1455 册），上海古籍出版社 2002 年版，第 497 页。
③ 朱一新：《无邪堂答问》，中华书局 2000 年版，第 116 页。
④ 伽达默尔：《诠释学 I：真理与方法》，商务印书馆 2007 年版，第 402 页。

傅伟勋涵养中西，兼综众长，提出诸多有原创性的见解，且尤为注重对中国哲学的方法论重构。而这种自觉正是源自于他对中国思想传统缺乏高层次方法论反思的警醒，并最终促成了其"创造的诠释学"的提出。① 由于旨在建构一种有高度适用性的方法论，"创造的诠释学"亦由此被明确打造为"一般的方法论"，以有别于被它自身所融通、提升的中西某些"特殊的方法论"。这种方法论的一般性或高度适用性，具体展开为如下五个层次（程序或步骤）。②

第一是"实谓"层次，考证原典实际上说了什么。诠释者主要进行原典校勘、版本考证、语词考辨、文法疏通等考据性工作，旨在追求客观的"文本"（"原文"），这属于诠释的起点。第二是"意谓"层次，解析原思想家想要表达什么或他说的意思到底是什么。诠释者必须在"随后体验"（了解生平传记、时代背景、思想历程等）的基础上进行义理分析（脉络上语句的意义、逻辑上文意的贯通、层面上文本的多层义涵），寄希望于"同情地"追求"原意"，这属于对原典的非历史性的平面分析。第三是"蕴谓"层次，梳理原思想家可能要说什么或他所说的可能蕴含是什么。诠释者此时跳出文本本身，不再局限于对原典的实物考证（实谓）或义理分析（意谓）等横向考察，而能从纵向（思想传承或历史传统）上分析已有的几个重要诠释进路，借以发现原典的深层义理，这属于哲学史的训练。第四是"当谓"层次，推衍原思想家本来应当说出什么或诠释者应当为原思想家说出什么。诠释者此时基于自身的诠释学洞见与当下的问题意识，批判地比较考察已有的诠释进路、深层义理，从中挖掘出最有诠释理据或强度的根本义理、深层结构，借以说出原思想家应当说而未说的深层含义，这属于批判地继承。第五是"必谓"（后改为"创谓"）层次，阐发原思想家现在必须说出什么或为了解决原思想家未能完成的思想课题，诠释者现在必须践行什么。诠释者此时自问"作为创造的解释家，我应该说什么"，为此，他将与中外各大思想及其传统进行交流，借以超克原思

---

① 参见傅伟勋：《从创造的诠释学到大乘佛学》，（台湾）东大图书公司 1990 年版，第 1—46 页。

② 参见崔发展：《重写历史中的文化自信与中西比较》，《当代儒学》2015 年第 2 期。

想家的教义局限性或内在难题，而他亦由此实现了从诠释学家到创造性的新思想家的自我转化。这个层次属于创造的发展，虽是诠释的重点，却远非诠释的终点。

"创造的诠释学"之"创造"，特指其"哲理创造性"，这也是傅伟勋将其区分广义（包含上述五个层次）与狭义（特指必谓或创谓）的主因。不过，创造性虽较之于客观性更应值得青睐，但"必谓"却并非游离于其他层次的任意诠释，故而五个层次不能随意越级，待熟稔之后，方可同时进行。这既是"创造的诠释学"与普通的诠释学训练的同异所在，亦是它在海德格尔与伽达默尔之间、保守主义与激进主义之间采取中道的原因所在。

"创造的诠释学"的可操作性，是它的优异处。但偏重方法论，却带来本体论上的弱化，这突出表现在傅氏对一些基础性观念的失察。比如，傅氏多次使用的"救活"一词（这并非只是措辞不当），但"救活"的自明性由何而来，却在他的视域之外，而这一点恰恰是伽达默尔所关注的；再如，傅氏有"五个辩证的层次"之说，也明确提到"辩证法"是他的思想资粮之一，这种辩证性既体现在"实谓"作为诠释起点与其他四层次的关系上，又体现在"蕴谓"对于有可能在"意谓"层次产生的诠释片面性或主观臆断的超克上，亦体现在"当谓"、"蕴谓"重新安排脉络意义、层面意蕴的回溯性建构上等，但一个根本性的问题是："实谓"作为诠释起点如何可能？

既然"创造的诠释学"致力于创造"哲理"，那么，仅仅停留在方法论层次或只提供一些操作程序显然不够。尽管如此，我们仍然充分认可"创造的诠释学"的积极意义，尤其是它为中国经典的现代解读提供了新的范式。傅氏应用该方法所得到的一些极富意义的创建，如"超形上学"、"中国本位的中西互为体用论"、"科际整合"、"整全的多层远近观"、"生命的十大层面与价值取向"等，对于我们颇有启示。此外，"创造的诠释学"所具有的"辩证的开放性格"，对于构建中国诠释学亦大有裨益。

傅伟勋的创造诠释学包括了从传统的小学工夫到哲学理论的创造的具体过程，但这只是就广义而言。在实际的诠释活动中，这五个层次并不一定都会涉及。比如，一般来讲，汉学家的考据训诂主要是在实谓与意谓的层次上，而宋学家的义理阐发主要是当谓与创谓的层次，甚至有宋学家摆脱经书（实谓）而直通创谓的层次。从"创造性诠释学"的命名来看，傅氏无疑更倾向于狭义的创谓，即注重思想创造的一面，然而，创谓却并不一定必然基于实谓或文献考证而一步步上推，或者说，创谓有时并不必然借助于经典诠释的方式，因而也就不存在所谓的"原思想家"的因素了。

傅伟勋突出创谓，将理论创造视为最高境界，有可能带来轻视实谓或文献以及曲解经典等不利影响。而伽达默尔的视域融合，虽然强调视域融合、"和而不同"（理解既是不同理解，亦是相互理解），但这只是突出了生存论事实，揭示的是人的存在与理解活动的统一性，或者说，诠释活动的共性，伽氏毕竟忽视了诠释动机（定向、取向）与诠释结果的不同。对此，在批判反思中国哲学诠释传统的基础上，刘笑敢提出了自己的"定向诠释学理论"。刘氏明确划分文本性定向（顺向的诠释、创构）与表现性定向（逆向的诠释、创构），认为这两种定向虽然不可同时发生，但二者之间却可以过渡与衔接，亦即将诠释定向和诠释层次的分析结合起来。

刘笑敢最终以两种定向、四个层次作为经典诠释的分析框架和参考原则。① 具体如下：第一个层次是忠实于文本的阅读，这约略相当于傅伟勋的意谓层次，并将其实谓层次作为必要的工具和学术基础，而不是作为诠释工作的一个层次。第二个层次是忠实于文本的诠释，约略相当于傅氏的蕴谓层次，这是经典诠释工作的主体部分，从而不同于傅氏以创谓（思想创造）为主的取向。第三个层次是个人的创造性诠释，约略相当于傅氏的当谓层次。第四个层次是个人的思想体系的创构，傅氏的创造性诠释学并未标出这个层次，但其创谓比较模糊和宽泛，也可能包括这里的第三、第四两个层次，只是傅氏对这两个层次的区别没有明确的意识。但二者的区别很重要，因为第三层次只是一般的新思想、新观念的提出，而第四个层次则特指思想体系的创构。大体讲，第一、第二两个层次都是文本性定向（客观的、历史的取向）的诠释工作；第三、第四个层次属于个人表现性定向或现实性取向。

---

① 参见刘笑敢：《诠释与定向》，商务印书馆 2009 年版，第 277—279、310—314 页。

与傅伟勋仍然给予训诂考据（即实谓层次）一定的诠释学地位不同，刘笑敢将之完全排除在中国的哲学诠释传统之外。刘氏认为，"作为诠释学所讨论的经典诠释活动，重点在于文本意含和意义的探求，因此训诂考据只能是诠释学的必要准备工作，不必列入诠释学工作的一部分"①。在刘氏看来，考据训诂主要是注释性的工作，重在说明基本事实如何，而非西方诠释学所说的诠释、解释或建构，因而从哲学学科的层面看，实谓层次作为非哲学性的诠释，只是学科建设的准备工作，或者说，实谓层次只是可以作为哲学学科的诠释活动的起点，但却不能与哲学性的诠释或诠释性的哲学同等看待。然而，若由此完全将训诂考据排除在中国古典的哲学传统之外，则会带来两个问题：一是排除了大量的古典诠释的资源，如刘氏排斥了所谓的文献学的诠释、历史学诠释、文学诠释等传统资源，虽然创建诠释学不一定基于训诂考据，但对于建构中国古典哲学传统乃至创建未来范式而言，这些资源仍有其不可否认的重要价值；二是对哲学性的强调，否认实谓在诠释学中的地位，一如他对傅氏的批评，这种失衡同样容易导致轻视实谓或文献以及曲解经典等负面影响。

不过，就哲学之为哲学而言，刘笑敢注重考察哲学学科建设中的方法论问题，对哲学性的强调却是非常值得肯定的。在实际的诠释活动中，并非每一个都要以创谓或建构哲学体系为终点，同样的，并非每一个都要以实谓或训诂为起点。尤其是，哲学自身的力量，仍然存在于问题的敞开性之中，而不是达成或考究出某个固定的结论。比如，就汉学家而言，他们不相信有所谓的不同理解，而是坚信能获得比宋学更好的理解；然而，汉学家虽然在追求认知客观性上较宋学更胜一筹，但"更好地理解"却并不只是一种形式语文学或语言学的规则，而更是一种哲学性的诉求。或者说，对于哲学研究而言，虽然不可否认文本定向的价值，但以义理阐发为旨归的表现性定向（当谓、创谓），无疑更应值得重视。

这种划分对于"实事求是"意味着什么？基于不同的诠释学处境，"实事求是者"选取不同的诠释定向，通过不同的诠释方法（"求"），使得同样的"实事"或"事实"呈现出不同的面貌（"是"）。但是，这些不同

---

① 刘笑敢：《诠释与定向》，商务印书馆 2009 年版，第 310 页。

的"是"孰是孰非，或者说，比较而言，哪种"是"更好？从文本性定向看，何者更接近"实事"，则其就更好；而从表现性定向来看，何者更适用于"实事求是者"的诠释处境，则其就更好。简言之，只有在同一种定向上，才能对不同的"是"进行比较，进而得出哪一种"是"较好的结论来。不过，在表现性定向上，由于不同的"实事求是者"总会给出不同的"是"，若要判定何者更好，就难以一言而尽了。不过，即便如此，我们仍应谨慎地反省伽达默尔所谓"精神科学是不能用研究和进展这样的概念来正确描述"①的论断。

从乾嘉汉学的诠释实践来看，就其强调"是"必须基于"实事"来讲，"实事求是"无疑体现出了对任意解释的制约性，而此时的"实事求是"主要是一个认识论上的规范性概念。不过，就"实事求是"命题的普遍结构而言，换句话说，就无人会否认"实事求是"这一点而言，或可说，"实事求是"主要是一个存在论意义上的调节性或范导性概念，它划定了诠释边界，但并未由此就拒绝了诠释的开放性。伽达默尔说："哲学解释学更感兴趣于问题，而不是答案。"②其实，哲学解释学本身也只是解释学领域的一种解答，而远非最终的答案。同样的，在这种视域下来分析乾嘉汉学、"实事求是"，也只是对这一论题给予尝试性的解答，庶几有益于后续的探讨。

---

① 伽达默尔：《真理与方法》，上海译文出版社 2004 年版，第 366 页。
② 伽达默尔：《科学时代的理性》，国际文化出版公司 1988 年版，第 94 页。

附录　汉宋之争中的经典解释问题①

——以阮元对李翱的批评为例

　　李翱与宋学的渊源关系，虽已是当今学术界的共识，但前人早有论及。如以汉学为宗的阮元，就曾在此见识下极力批驳李翱，而其目的则恰如傅斯年所言："足以表显清代所谓汉学家反宋明理学之立场者也。"②由此，将阮元与李翱一起摆在汉宋之争的视域下进行探讨，应是极为允当的。

　　汉学家认为宋学之空疏源于佛老，由此，批驳佛老也就成了他们驳斥宋学的一个必然选择，如戴震、焦循、阮元等都曾以此为任。其中，阮元更将李翱作为援佛入儒的罪魁而严加指责。其实，阮元与李翱有着共同的话语平台，例如：二人都排佛老；都着重围绕思孟学派的经典之作——《孟子》、《中庸》——来解读儒家的心性论；都认为解释经典有"心通"与"事解"两种不同的进路；等等。但由于二人对思孟学派的心性论的定位有着根本上的不同，以致他们的分歧也是显而易见的：李翱虽排佛老之观念，但却特意借鉴佛老之方法，注重以"心通"解经，以期在形上的方向上进一步完善思孟学派的心性论；阮元则认为思孟的心性论并不是形上的，强调必须走以"事解"注经的经验性、实践性的形下进路，所以应该

---

① 　该文曾以《汉宋之争与经典解释——以阮元、李翱的"性命"为例》为名，发表于《四川大学学报》2008 年第 3 期，此处略有改动。附录于此，便于由阮元对李翱的批评这一个案来为上述论证提供实证。

② 　傅斯年：《性命古训辨证·引语》，广西师范大学出版社 2006 年版。

彻底排佛老，并由此指责李翱乃是阳儒阴释。于是，二人在解读儒家经典中的"性命"观时，因采用的方法论的不同，而建构起了不同的性命理论：李翱以性为善而主张善性可复；阮元则认为人性中善性与情欲兼而有之，主张性不可复而只可节。

在汉宋之争的视域下，李翱与阮元对儒家性命观的不同解读，所提交给我们的乃是一些有关经典阐释的值得反思的问题。

一、阮元对汉宋之争的溯源

乾嘉时期，汉学家普遍认为宋学的最大弊病莫过于空疏，而这一弊端实又源于宋学援引佛老入儒的通病。于是，在汉学家这里，是否与佛老相羼杂，成了判别某种儒学形态是否接续了儒家之学统或道统的标准。由此，以魏晋为分水岭，汉学家为儒学之历程划定了一个清晰的界限，此即：前魏晋时的儒学由于纯而不杂而基本可信，后魏晋时的儒学则由于入于二氏之途而乏善可陈。

其实，以儒学为正统、以佛老为异端，乃是有唐以来之儒者通行的判教法。而出入佛老、援二氏入儒，也的确是宋明以来儒者的"通病"，这一点早在当年的朱陆之争中就已被点破。如朱子就认为陆氏之学实乃禅学，"断然是异端！断然是曲学！断然非圣人之道"[1]。不过，汉学家并不只是简单重述这一做法，而是通过追溯宋学误入歧途的思想渊源，力图从根子上为儒学正本清源。其中，阮元的溯源工作颇为显著。

阮元认为，若对儒佛相附之事"溯而察之"，其大致脉络可简述如下：

> 且此儒佛相附，亦不始于阳明，……此乃晋宋间谈老庄者无可再谈之时，亦雷次宗一流人讲礼厌烦之后，乃走老聃厌弃周礼而归于元妙之故辙。

---

[1]　黎靖德：《朱子语类》，中华书局 1986 年版，第 684 页。

　　……雷次宗、周续之、宗炳与贾慧远，本皆通儒才士。……至
于翻经著论，非藉名儒文人之笔，不能踵事变本，引人喜入彼道如
此。……故由儒而玄、由玄而释，其枢纽总在道安、慧远之间；由释
而禅，其枢纽又在达摩、慧能之间。(《揅经室一集》卷九《孟子论
仁论》)

　　雷次宗等人本是通儒才士，但却由儒而入老庄、入玄，进而入释、
入禅。由此，阮元溯察到的儒佛相附的大致脉络是：儒→老庄→玄→释→
禅。不过，如果由此就将雷次宗一流人视为援佛入儒的罪魁，阮元必不赞
同。阮元认为，老庄之说虽盛于两晋，但其书其意本已明确，后人自是难
以附会己见，而浮屠之说则与此不同：

　　浮屠之书，语言文字非译不明。北朝渊博高明之学士，宋齐聪
颖特达之文人，以己之说传会其意，以致后之学者绎之弥悦、改而
必从，非释之乱儒，乃儒之乱释。(《揅经室一集》卷十一《国朝汉学
师承记序》)

　　浮屠的语言文字与中土不同，这就给当时的学士文人借译佛经而传
会己意提供了机会。在阮元看来，这种行为乃是"儒之乱释"(以儒乱释、
援儒入释)，而不是"释之乱儒"(以释乱儒、援释入儒)。所以，以此反
观因厌弃周礼而归宗佛学的雷次宗一流人，其行为不过是由儒入释、援儒
入释而已，却并不是援释入儒的远源。
　　那么，何人才是援释入儒的远源呢？阮元将矛头明确指向了李翱。
将宋学的远源溯及唐时的韩愈、李翱，虽已是当今思想界的共识，但阮元
对韩愈的批评却不多见，这主要是因为阮元眼中的韩愈"不似李习之悖
于诸经"[1]，而悖于诸经与否，仍以是否羼杂了佛老之说为标准。
　　其实，早在阮元之前，朱子对韩愈、李翱也有类似的评价。朱子对
韩愈的做法虽也有不满，但在其指责李翱陷入释氏之学而不自知时，却特

---

① 阮元：《揅经室一集》，商务印书馆 1937 年版，第 203 页。

意加了一句"不知当时曾把与韩退之看否"①的话。言下之意乃是，如果李翱当时拿给韩愈看了，应该不至于有此谬论吧？但问题是，既然韩、李同是宋学的远源，朱子、阮元何以区别对待？这是因为，韩愈排佛比较坚决，明确反对"举夷狄之法而加之先王之教之上"②；而李翱之排佛虽有类似于韩愈的理由，如他也指出兴建佛教寺观使得"惟土木铜铁周于四海，残害生人，为逋逃之数泽"③，但其"佛法害人，甚于杨、墨，论心术虽不异于中土，考较迹实有蠹于生灵"④的话，虽申明了他排佛的缘由，却也无意中透露出了他持有佛法之心术无异于中土的看法。更重要的是，李翱说佛法"论心术虽不异于中土"，一方面固然说明了他对佛教的看法，但另一方面却也表明了他对儒家心性论的定位。正是因为李翱有此见解，所以最终才会援引佛法以求自证，更准确地说，是借鉴佛法来重塑儒家心法，以期真正实现排佛的目标。

不过，无论是朱子，还是阮元，都认为李翱此举非但没有达到排佛的目的，反而恰恰是率儒学而入佛老之举。阮元痛责说：

> 六朝人不阴释而阳儒，阴释而阳儒，唐李翱为始。（《揅经室一集》卷十《威仪说》）

阮元认为，雷次宗等人乃是阳释而阴儒，因为他们虽明确倡导释学，但结果不过是援儒入释，对儒道的影响不大；而李翱则是阴释而阳儒，因为他虽主张由复礼以接续儒家道统，但却由于采用佛老心法而遁入援释入儒的旁门左道。阮元之所以大肆批驳李翱，正是因为李氏明修儒道却暗渡释老，其学使得后人虽欲学孔孟而实遁入空门，其害颇大，其弊易流。

---

① 黎靖德：《朱子语类》，中华书局 1986 年版，第 1381 页。

② 韩愈：《韩昌黎文集校注》，上海古籍出版社 1986 年版，第 19 页。

③ 李翱：《与本使杨尚书请停修寺观钱状》，《李文公集欧阳行周文集》（卷十），商务印书馆 1930 年版。

④ 李翱：《再请停率修寺观钱状》，《李文公集欧阳行周文集》（卷十），商务印书馆 1930 年版。

如果考虑到韩愈、李翱各自对宋学的实际影响，应该说阮元的见识颇是精辟。魏晋之后的儒学，无论是理论的精致化，还是方法的可操作性，都无法与佛老抗衡，而这也是儒学日衰而佛老日昌的一个主要原因。

关于这一点，程朱就有颇为明确的揭示。如对于程子所说的"佛氏其言近理，又非杨、墨之比，此所以害尤甚"①，朱子解释说，"杨墨只是硬憼地做。佛氏最有精微动得人处，本朝许多极好人无不陷焉"，又说，"杨墨为我、兼爱，做出来也淡，而不能惑人。只为释氏最能惑人"。②在此，程朱其实持有与李翱大致相同的见解。如他们虽都认为佛法之害甚于杨、墨，但却都间接承认佛法并非一无是处。其实，李翱所说的佛法"论心术无异于中土"之处，也就是程朱所说的佛学之"近理"处。如朱子在批评其时有些人只知做形下之功夫时说，释老等人"只知得那上面一截事，却没下面一截事。……那上面一截，却是个根本底"③。这里的"上面一截"，所指的应该就是心术。佛学因其心术而近儒家之理，而佛学之所以"最有精微动人处"、"最能惑人"，也正在于它的心术（心性论）。

不过，儒学之所以难以收拾人心，不仅是由于有了佛老之外患，也是因为儒学存有内忧。诚如朱子所言，孟子之后儒道不得其传，"只为后世学者不去心上理会"④，以致"吾道之所寄不越乎言语文字之间"⑤。在朱子看来，儒与佛老之争就在于心性论，但"后来儒者于此全无相著，如何教他两个不做大！"⑥由此，如果要重塑儒学之声望，后来者势必要为儒学排除内忧与外患，而首要的工作就是要在儒学的心性论上取得进展。

对于这一点，应该说韩愈、李翱都有所见，并且也都付诸了行动。不过，李翱比韩愈显然更有方法论上的自觉（详见下文）。重塑一个目标

---

① 程颢、程颐:《二程集》，中华书局 1971 年版，第 138 页。
② 黎靖德:《朱子语类》，中华书局 1986 年版，第 587 页。
③ 黎靖德:《朱子语类》，中华书局 1986 年版，第 210 页。
④ 黎靖德:《朱子语类》，中华书局 1986 年版，第 203 页。
⑤ 朱熹:《四书章句集注》，中华书局 1983 年版，第 15 页。
⑥ 黎靖德:《朱子语类》，中华书局 1986 年版，第 974 页。

容易，而如何重塑才能实现这个目标则要困难得多，也更有探索的价值。就此而言，李翱比韩愈对宋儒更有启发的意义，而且实际上李翱也更多地主导了宋学的发展取向。① 比如：李翱认为儒学发展应该借鉴无异于中土的佛学心术，朱子也认为后世儒者应该在心上理会，由此，二人在儒学应该重视心性论的建构这个问题上达成了共识。从某种意义上讲，李翱重建儒家心性论的努力虽然并不令人满意，但其重建的经验教训（包括韩愈），却能促使后儒清晰地认识到儒佛之异以及儒学应该努力的方向。正是有鉴于此，朱子虽倡理学，却也努力地协调理与心（气）的关系，以致其理学的"心学"色彩颇浓，并因而招致陆王"床上叠床，屋上架屋"的批评，但陆王实际上却又是接着李翱的路子走。

正是由于这些原因，阮元对李翱的批评才更有针对性。因为阮元对李翱的批评主要集中在其有关性命的篇章中，所以，本文下面将以性命为中心，对上述问题做进一步的探讨。

二、"心通"与"事解"：性命的方法论

依照孔子的"唯上智与下愚不移"，韩愈提出性三品说，不过，此举遭到了当时人的质疑：

（按：某人问）曰：今之言性者异于此，何也？
（按：韩愈答）曰：今之言者，杂佛老而言也。杂佛老而言也者，奚言而不异？（《昌黎先生集》卷一一《原性》）

对话中的"今之言性者"不应是指佛老之徒，因为只有"非佛老者"才谈得上是"杂"佛老。既然"非佛老者"谈性都是杂佛老而言，可见当时佛老的话语霸权何其严重。不过，佛老的话语霸权不仅表现在言性上，

① 参见杨立华：《论宋学禁欲取向的根源及其在思想史上的结果——从韩、李异同说起》，《中国哲学史》2000年第2期。

也表现在佛老之徒对于道统（正统）渊源的设计上："老者曰：'孔子，吾师之弟子也。'佛者曰：'孔子，吾师之弟子也。'"很显然，佛老之徒的这个设计是成功的，韩愈对此痛言："为孔子者，习闻其说，乐其诞而自小也，亦曰：'吾师亦常云尔。'不惟举之于其口，而又笔之于其书。"① 可见，当时的儒生（"为孔子者"）多是甘居佛老之后，已经没了为孔子争夺话语权的自觉或能力，而韩愈力排佛老、倡言道统，正是希望能够借此而为儒家重新夺回话语权。

不过，在争夺话语权之先，首先就要弄明白上文已经述及的佛老话语因何而能称霸的问题。韩愈作《原道》、《原性》，以儒家道统回应佛老之道，以三品之性应对佛性（仙性），由此而言，应该说他对这个问题是有自觉的。但是，韩愈却最终把争夺话语权的希望诉诸"人其人，火其书，庐其居"② 的强制性手段，由此来看，对于仅仅依靠倡言性道而为儒学张目的行为，韩愈缺乏足够的信心。这也难怪，因为韩愈对佛老话语权的来源虽有自觉，但并没有理清这一问题的根本，或者说，他并没有紧紧围绕这个问题的根本来对症下药。如前所述，佛老之道在理论与方法上的优势都在于其心性论，二氏之所以能够吸引众多信徒而赢得话语权，主要是因为二者都有各自的本体论承诺，亦即一切众生平等地具有佛性或仙性，从而也就保证了众生通达佛界或仙界的可能。韩愈既然要挑战佛老之霸权，首要的一点就是不能断了终生都渴望得到普渡的念头。其实，韩愈之前的儒家未尝没有类似的心性论承诺，如孟子的"人皆可以为尧舜"、荀子的"化性起伪"、"涂之人可以为禹"等，但诚如上文所引述的朱子之见解，由于此中真意并没有被后继者在心性论的方向上详细地阐发出来（更谈不上加工与完善了），再加上佛老的大肆输入和流行，以致先秦儒家的此类论说最终在魏晋之后逐渐失去了话语优势。所以，韩愈若想挣脱佛老的话语霸权，重塑儒家心性论的威严就很有必要。但令人遗憾的是，韩愈虽提出了性三品，但却将人性截为三节，并断绝了下品人达致圣域的可能，从而根本性地影响到了其理论的圆

---

① 韩愈：《韩昌黎文集校注》，上海古籍出版社 1986 年版，第 14 页。

② 韩愈：《韩昌黎文集校注》，上海古籍出版社 1986 年版，第 17 页。

融。① 因为既然韩愈言性明道是针对生活中的实际问题而言，那么，芸芸众生中何人是上品，何人是中品，何人又是下品？朱子有言："如三品之说，便分将来，何止三品？虽千百可也。"② 无论如何，韩愈给出的依据每个人身上仁义礼智信（"其所以为性者"）的含量来判定的标准，并不具有可操作性。由此，韩愈最终只得把可操作性寄托于"人其人，火其书，庐其居"的行政命令上了。不过，这些强制措施纵然得到实施，也只能服人身而难以服人心。

众生杂佛老而言性、甘以佛老为师，都是其对佛老心服口服的表现。而能够看到佛老的成功源于其心性论，且欲服人心者应当从心上下功夫，李翱对此比韩愈理解得更为透析。李翱认为，儒家并非没有关于心性论的资源，但现实的情况却是："性命之书虽存，学者莫能明，是故皆列入于庄、列、老、释。不知者谓夫子之徒不足以穷性命之道，信之者皆是也。"③ 在李翱看来，由于儒道的性命之说不得其传，后人由此反而以为儒家不善于穷性命之道，于是，佛老之说才有了收拾人心的可乘之机。而其他排佛者（包括韩愈）却不明个中奥妙，"惑之者溺于其教，而排之者不知其心"④，以致排佛总是难有成效。由此，李翱才选择了与韩愈不同的排佛方略，"我以吾之所知而传焉，遂书于书……名曰《复性书》，以理其心，以传乎其人"⑤，此即：重新阐释儒家的性命之书，发明其中的性命之道，从而在形上的心性进路上与佛老直面对抗，乃至实现真正的

---

① 对韩愈的这个处理，程朱也不满意。如程子虽认为，孟子之后，只有韩愈《原道》一篇之大意近理，但同时也指出该篇"却只说到道"、"其间语固多病"。（程颢、程颐：《二程集》，中华书局 1971 年版，第 37 页）病在哪呢？朱子接着说："某常说《原性》一篇本好，但言三品处，欠个'气'字，欠个来历处，却成天合下生出三般人相似。"（黎靖德：《朱子语类》，中华书局 1986 年版，第 72 页）程朱虽分别是对《原道》、《原性》而言，但其理则通。韩愈之后，张载、程朱在阐发心性论（更准确地说，在解释生活中的恶的现象）时，特意引入了气。而气也确起到了"润滑剂"的作用，虽然也会由此引发理、气之间的不和谐，但对于人性等一系列现实问题却更有解释力度，整个的心性理论也更加圆润。

② 黎靖德：《朱子语类》，中华书局 1986 年版，第 65 页。

③ 李翱：《复性书》上，《李文公集欧阳行周文集》（卷二），商务印书馆 1930 年版。

④ 李翱：《去佛斋》，《李文公集欧阳行周文集》（卷四），商务印书馆 1930 年版。

⑤ 李翱：《复性书》上，《李文公集欧阳行周文集》（卷二），商务印书馆 1930 年版。

排佛。

与韩愈不同，李翱不再直接以孔孟相接而言儒家道统，而是有意突出了处于孔孟之间的子思在道统传承上的重要性。在《复性书》中，李翱说：

> 子思，仲尼之孙，得其祖之道，述《中庸》四十七篇，以传于孟轲。……秦灭书，《中庸》之不焚者一篇存焉。于是此道废缺，其教授者唯节行、文章、章句、威仪、击剑之术相师焉。性命之源，则吾弗能知其所传矣。① （《复性书》上）

子思这一环节的重要性因其作《中庸》而凸显，而《中庸》之所以得到表彰，就是因为李翱视其为儒道的性命之源。李翱认为，原本四十七篇的《中庸》因遭秦火而仅有一篇尚存，加之后世儒者又只是以章句、威仪等相授受而不注重发明其中的性命之说，这才使得儒道不传。为此，通过借鉴佛老心术，李翱对《中庸》的性命之说作了创造性的发挥。不过，李翱关于儒家性命论的建构也遭到了时人的质疑：

> （按：某人）问曰：昔之注解《中庸》者，与生之言皆不同，何也？
>
> （按：李翱）曰：彼以事解者也，我以心通者也。（《复性书》中）

这里的"昔之注解《中庸》者"，也就是李翱所说的以事解《中庸》者，应该是指上述引文中所提到的那些唯以"节行、文章、章句、威仪、击剑之术"教授《中庸》的汉儒。由此可见，李翱对汉学家注释经典的方法已经有了明确的反动意识。与汉学家不同，李翱说自己解《中庸》注重"心通"，而这种方法一方面表明了他进一步建构儒家心性论的形上路向；另一方面也将他自己摆在了由汉学向宋学转变的重要位置上，并由此成为汉宋之争的一个焦点。

---

① 李翱这里的《中庸》四十七篇之说，以及仅存一篇中的击剑术之说，不知由何而来。

在《威仪说》中，阮元开篇即言：

> 晋唐人言性命者，欲推之于身心最先之天；商周人言性命者，只范之于容貌最近之地，所谓威仪也。（《挈经室一集》卷十《威仪说》）

在该篇的另一段中，阮元概述了李翱《复性书》的观点，进而评论说：

> 商周人言性命多在事，在事故实而易于率循；晋唐人言性命多在心，在心故虚而易于传会，习之此书是也。（《挈经室一集》卷十《威仪说》）

阮元认为，李翱以心通解经的做法使得儒学堕入了空疏。而阮元所推崇的"威仪"，却不过是为李翱所不齿的一种以事解经的方法。但二人的这些分歧，反而说明他们其实有着共同的话语平台。如阮元实际上默认了李翱的以下做法：将心通与事解做二分处理，并将它们视为两种不同的治经方法；在此基础上，认为《复性书》是以心通经，而以威仪、节行、文章等谈论性命问题属于以事解经。二人分歧的根本在于，心通与事解作为两种治经方法，何者才能真正接续儒家的性命之源？

其实，阮元并不反对通经、通儒的提法，不惟如此，阮元还十分欣赏通儒之学，而其标准则是："何为通儒之学？笃信好古，实事求是，汇通前圣微言大义，而涉其藩篱。"① 可见，阮元所谓的"通"（汇通）有两个前设：一是笃信好古，就是要尊古圣贤之学、尊汉学，因为古学、汉学与佛老二氏无染；二是实事求是，亦即要承认"实事"对于"是"的优先性。这两个前设说明阮元的"通"并非是李翱的心通，而为了进一步杜绝对通儒的误解，阮元对于孔子的贯通之说作了严格的限定：

> 孔子曰："吾道一以贯之"。贯者，行之于实事，非通悟也。（《挈

---

① 阮元:《传经图记》,《国粹学报》第一年第三号，光绪三十一年（1905）三月二十日。

经室一集》卷九《孟子论仁论》）

　　故以行事训贯，则圣贤之道归于儒；以通彻训贯，则圣贤之道近
于禅矣。（《揅经室一集》卷二《论语一贯说》）

　　可见，阮元的"通"乃是就事而言的贯通、汇通，而不是就心而言
的通悟、通彻。在阮元看来，既然"圣贤之道，莫非实践"①，那么，治
经、通经就应以是否有利于在日用伦常中身体力行此道为准绳，而这必然
会使得以事解经成为不二的选择，因为圣贤之道"在事故实而易于率循"。
反之，阮元认为，若是像李翱那样以虚义解经，那么，"在心故虚而易于
传会"，传会者以心传心，依赖的乃是各人的独特领会，由此，各传会者
自然可以断以己意；其弊在于将使得人们"自循于虚而争是非于不可究诘
之境"②，而是非一旦没了标准，人们在生活中又何以践履此道？与阮元交
好的凌廷堪，对这种以心解经的危害表述得更为清晰："夫实事在前，吾
所谓是者，人不能强辞而非之；吾所谓非者，人不能强辞而是之也，……
虚理在前，吾所谓是者，人既可别持一说以为非；吾所谓非者，人既可别
持一说以为是也。"③以虚义解经，将导致传会者是其所是而非其所非，而
一旦是非莫辨，人们就会无所措手足，这显然有悖于通经明道以致用的治
学宗旨。

　　阮元之所以重威仪（也就是礼）、凌廷堪之所以倡复礼，也正是基于
礼实而理虚的考虑。④不惟如此，阮元还对儒家的核心观念，如心、仁、
敬、性命、一贯、格物、中庸、道器、良知、良能等，都做了经验性的阐
发，以倡明一种下达的、外向性的实践之道，并反对像李翱那样以虚义解
经，从而将圣贤之道误读为一种上达的、内向性的心性论说。

---

① 阮元：《揅经室一集》，商务印书馆1937年版，第48页。
② 阮元：《揅经室三集》，商务印书馆1937年版，第639页。
③ 凌廷堪：《校礼堂文集》，中华书局1998年版，第317页。
④ 阮元并不反对理，但是强调"理必出于礼"，"理必附乎礼以行"。参见阮元：《揅经室
　续集》，商务印书馆1937年版，第124页。

三、"复性"与"节性"：性命的理论建构

佛老以其心性论为芸芸众生提供了一整套成佛（仙）的方法，而为了重塑儒家的身份认同，韩愈、李翱不同程度地认识到在心性论上回应佛老的重要性。韩愈以原道、性三品应对佛老，而李翱则注重取法佛老，依托于性与情（欲）的对立模式，提出了息情复性的性命观。

在《复性书》中，李翱开篇就将性情的对立模式抛出：

> 人之所以为圣人者，性也；人之所以惑其性者，情也。（《复性书》上）

佛老以空、无为性而言成佛、成仙，而李翱认为，天命所赋予人的性乃善性，因此，人在本性上就有成圣的可能。就儒家而言，以善性为众生成圣提供本体论上的承诺并无新意，但将恶的源头（即阻碍众生成圣之因）溯至情欲的解释，不能不说是李翱的创见。李翱认为，人性虽善，但由于人们溺之于七情而不能发明此性，以致难以成就圣人。由此，李翱直以人情为恶，"情本邪也，妄也"，从而将恶源引向人自身，并借佛老之语而断言"邪妄无因"。① 邪妄之情既然无所因，那么，恶的源头势必只能追溯至人情，而不必也不能再像前儒那样去考虑外物或其他因素的影响。由此，众生若想修身成圣，只需要在心上做息情复性的功夫就行了。在鼓励时人学以至圣的《学可进》中，李翱说："百骸之中有心焉，与圣人无异也。嚣然不复其性，惑矣。"②

在汲取儒家资源时，李翱主要是折中《中庸》的"诚"与《孟子》的"性善"。但在引述相关观念时，李翱都做了引申发挥。《中庸》、《孟子》虽然都有本体论上的承诺，亦即人性由天命而来，但在针对恶源的认识论与功夫论层面上都有不足。《中庸》只是正面阐述了功夫论，但却没有提

---

① 李翱：《复性书》中，《李文公集欧阳行周文集》（卷二），商务印书馆 1930 年版。
② 李翱：《学可进》，《李文公集欧阳行周文集》（卷五），商务印书馆 1930 年版。

到恶的问题;《孟子》虽然提到了恶的问题,但却将恶仅仅归结为耳目之官蔽于外物的结果。此外,孟子的"求放心"与李翱的复性说,虽然都倡明此善性为我所固有而非外铄,并因而都强调一个返回步伐,但二者又有不同。孟子认为,天所赋予人的并不是全然的善性,故而求放心不仅需要先立乎其善端,同样也需要对此善端进行扩充,也就是说,成就人的善性不仅需要一个返回步伐,还需要一个重新走出来的功夫。这就表明,孟子并没有放弃在事上磨练的实践功夫。而在李翱看来,天所命于人的乃是现成的全善之性,所以复性只是一个返回本性的心路历程而已,并不需要在外物上下功夫。这实际上与其对邪妄之情无所因的思路是一贯的。

李翱认为,"妄情灭息,本性清明,周流六虚,所以谓之能复其性"①。既然此全然之善性可经由息情而光复,那么,如何复性的问题其实就是针对怎样才能实现息情而言的。

> 弗虑弗思,情则不生;情既不生,乃为正思。……此斋戒其心者也,犹未离于静焉。有静必有动,有动必有静,动静不息,是乃情也。……方静之时,知心无思虑,是斋戒也;知本无有思,动静皆离,寂然不动者,是至诚也。(《复性书》中)

斋戒其心固然可以使心静(心无思虑),却不能完全息情,因为动静相伴而生,而心之动或静都会生情。为此,李翱认为在斋戒之上还应有个至诚的功夫,以实现从刻意修静到离却动静的转换。但是,至诚不仅指息情的功夫,也指复性后的状态,只是这个状态并不是众生所能拥有的。遵循《中庸》对诚者与诚之者所做的区分,李翱认为,诚者虽为天道而为圣人所率循,"是故诚者,圣人性之也。寂然不动,广大清明,照乎天地,感而遂通天下之故,行止语默无不处于极也"②,这当然不是说圣人以诚为性,而是指圣人所处的不动心的状态;诚之者为人道,具体而言就是众生择善固执、诚心见性的修身过程。可见,不管是诚者还是诚之者,不管是

---

① 李翱:《复性书》中,《李文公集欧阳行周文集》(卷二),商务印书馆 1930 年版。
② 李翱:《复性书》上,《李文公集欧阳行周文集》(卷二),商务印书馆 1930 年版。

圣人还是众生，李翱都强调诚的至上性。

但问题在于，《中庸》虽注重讲诚，但却有"不明乎善，不诚乎身矣"的诚必由善而诚的点睛之笔；孟子虽讲求放心、讲养心寡欲，但却也强调心之官则思、先立乎其大者（善端）的必要性；而若是如李翱所讲，诚心向圣就需要抛却思虑、离却动静，或者说离却动静、思虑才算是诚心，那么，众生如何能够在日用伦常中择善固执、择善而行？众生对善性的择取能力因何而来？难道这种对善性的择取不需要通过实际的善行表现出来吗？李翱虽然也提到了众生循礼而动的复性之路，但这个路子却与斋戒、至诚颇不相容，诚如阮元所言："礼仪三百，威仪三千，非可以静观寂守者也。"① 由此，李翱势难回应阮元的如下质疑："李习之之言性，以静而通照，物来顺应。试问忠孝不能说在性之外，若然，则是臣子但静坐无端倪，君来则我以忠照之，父母来则我以孝照之，而我于忠孝过而曾无留滞，试思九经中有此说否？"② 此外，既然李翱说圣人有情而无情、圣人只是"至诚而已"③，那么，圣人自是超脱于性情之上的。由此，对于希望通达圣域的众生而言，性善的本体论承诺不仅会显得可有可无，甚至有必要刻意去做超脱性情的功夫。而这就意味着，《中庸》原有的善与诚的勾连在李翱这里发生了断裂。

其实，李翱虽折中诚与性善，但却是以诚为主干，甚至表现出明显的以至诚消解性情的倾向。如在《论语笔解》中，对于"性相近也，习相远也"与"惟上智与下愚不移"，李翱解读为："人性本相近于静，及其动，感外物有正有邪。动而正，则为上智；动而邪，则为下愚；寂然不动，则情性两忘矣。"在寂然不动的状态下，性情存在的必要性都被消解掉了，如此一来，李翱所凸显的圣人所拥有的只剩下一片至诚的不动心了。然而，若是以至诚消解性情，儒与释老的区分也就被消解掉了，因为儒与释老的区分乃是在性上而绝不在诚上，佛老也讲诚心向佛、诚心向道。既然儒与佛老的区分被消解，那么，欧阳修对李翱《复性书》的定位就不无道

---

① 阮元：《揅经室一集》，商务印书馆 1937 年版，第 206 页。
② 阮元：《揅经室一集》，商务印书馆 1937 年版，第 207 页。
③ 李翱：《复性书》中，《李文公集欧阳行周文集》（卷二），商务印书馆 1930 年版。

理。欧氏认为，初读《复性书》，以为《中庸》之义疏而已，但深入考察就不难发现，该书却是以儒家的语句讲佛教的佛性论。[①] 而朱子说得更为直接："李翱复性则是，云'灭情以复性'，则非。情如何可灭！此乃释氏之说，陷于其中不自知。"[②]

若是按照阮元对儒释互援的分梳，对于李翱的复性说，欧氏只是将之视为儒之乱释，而朱子则斥责李翱乃是释之乱儒，因为其说无异于取消了儒释之别。阮元对李翱的极为诟病之处，也正在于李翱对儒与释老之异的消解。当然，在阮元看来，李翱借鉴佛老心术的做法本身就是不可取的。为此，阮元在其以性命为主题的篇章中，如《性命古训》，《复性辨》、《塔性说》、《节性斋铭》等，都对李翱进行了批驳，并运用文字训诂等手段，在尽力剥离佛老影响的过程中，逐步还原先儒的性命之道，进一步阐发自己注重事解的节性观。

阮元的一个基本判断是，古代性命之训虽多，但其所指却大体相同。由此，阮元以《尚书·召诰》的"节性"与《孟子·尽心》的"口之于味"为核心，旁引了包括《中庸》、《周易》、《春秋》、《论语》等经典中的共四十条有关"性命"的论述[③]，将性与命互训，而其结论乃是：性字从心从生，从心则包仁义礼智等在内，从生则包味嗅声色等在内。由此，性字从心，则性善之说可以成立；但性字从生，则性也应该包含情欲。在阮元看来，既然情欲为性所固有，自是不可穷亦不可纵，而李翱由于受到佛教绝欲以明性的影响，才会有性善情恶、息情复性的结论。

其实，阮元并不是一般地反对复性的提法，如对于凌廷堪在《复礼》中的"复性"言论，阮元不仅不反对，而且在其为凌廷堪所做的传记中多有征引。[④] 但是，凌廷堪的性也是包括情欲在内的性，其复性之论乃是一反宋明对情欲的压制（以理杀人）而希望能复人之情欲。这与李翱的复性

---

① 欧阳修：《欧阳文忠公文集》卷二三，明天顺六年吉州府程宗刻本。

② 黎靖德：《朱子语类》，中华书局 1986 年版，第 1381 页。

③ 包括《威仪》篇列举的条文，但《威仪》与《性命古训》相表里，这种关系不仅表现在二者内容上的承接性，而且在《揅经室集》的目录形式上亦将二者都列在卷十之下并名之曰《性命古训附威仪说》。

④ 参见阮元：《揅经室二集》，商务印书馆 1937 年版，第 432 页。

说大为不同，倒是和阮元的提法十分合拍。比如凌廷堪也批佛之空疏，也有节性、以礼节性等提法，而且依照二人的年谱，凌廷堪的复礼说当在阮元的《性命古训》之前。再考虑到二人之间过从甚密的关系，可以推想，阮元在做《性命古训》前对凌廷堪复礼、复性、节性等提法应该是有所了解的。不过，凌廷堪并没有提到李习之，而阮元则大肆批驳，或许可以将此看作是阮元对凌廷堪复礼观的进一步阐发。

可见，节性与复性的不同，首先不是节与复的不同，而是根源于阮元与李翱对性的理解上的差异。李习之主以性善说，所以性可复而不可节；阮元则认为，既然性中善与情欲兼而有之，所以性只能节而不能复。既然性不可穷、不可纵而只能节，那么如何节呢？阮元认为应该是以礼节性，而礼义即威仪。如前所讲，威仪、节行等都被注重心通的李翱视为末流，而注重事解的阮元则认为，威仪等并不是末流，不惟如此，"威仪者，人之体貌，后人所藐视为在外最粗浅之事，然此二字古人最重之"①。为此，阮元在《性命古训》之后特意附上《威仪说》，具体展开对李翱的复性说的批驳，进一步阐述其节性说。

李翱的复性说及复性方法乃是杂于佛老的结果，为此，在《性命古训》与《复性辨》中，阮元分别追溯了佛老为李翱所借鉴的那部分资源，此即佛教的明心见性说与庄子的缮性说。由此出发，对于李翱在《复性书》中所表彰的儒家经典，以及李翱以佛老心法阐释这部分儒家经典的做法，阮元也逐一进行了回应。

> 《尚书》、《毛诗》，无言不实。惟《周易》间有虚高者，然彼因言神明阴阳卜筮之事，是以圣人《系辞》不得不就易道以言之。《中庸》一篇，为子思微言，故言亦或及于幽明高达之处，然无言不由实事而起，与老释迥殊。乐于虚者，见《易》、《中庸》之内"寂然不动"、"诚则明"等语，喜之，遂引之以为证。……此不可诬改圣经以饰释典者也。（《研经室一集》卷十《威仪说》）

---

① 阮元：《揅经室一集》，商务印书馆 1937 年版，第 197 页。

阮元认为，李翱对《周易》、《中庸》等经典的解读乃是误读，亦即"诬改圣经以饰释典者也"①。由此，针对李翱所"心通"的那些表面与佛老高妙之旨颇为相似的材料，阮元都逐条重新给予了"事解"性的阐释。

兹以《周易》为例。《周易·系辞》有"易，无思也，无为也，寂然不动，感而遂通天下之故，非天下之至神，其孰能与于此"的虚高之论，对此，李翱曾引之以为其斋戒、至诚的复性方法作证，而阮元则解释说："此节所言，乃卜筮之鬼神处于无思、无为、寂然不动之处，因人来卜筮，感而遂通，非言人无思、无为、寂然不动，物来感之而通也"；又说："此言神道在易筮之内寂然不动，凡有人来筮者，能因人感而知天下之故。所以，易道为天下之至神，非说儒者之身心寂然不动、有感而通也"。对于无思、无为、寂然不动、感通、至神等语，李翱将之解释为圣人所处的状态，或者众生若想成圣所需要努力的方向，而阮元则认为，这些虚高之论并不是说人而是说鬼神、易道，并质问李翱说："天下至神，虽周孔不能，况一介儒士乎？"②

在《威仪说》行文即将结束的部分，阮元特意用一段话简要综述了李翱有关复性说的观点，并将李翱有关心通与事解的分殊引出，进而针对李翱所着重发挥的几个儒家材料，以总结的口吻反驳说：

> 商周人言性命多在事，在事故实而易于率循；晋唐人言性命多在心，在心故虚而易于傅会，习之此书是也。……《周易》"寂然不动"，乃言卦爻未揲之先，非言人之心学也；"诚则明"者，乃治民、获上、信友、顺亲之事；"明善"者，乃学问思辨行之事，亦非言静寂觉照也；"人生而静"，言尚未感物，非专于静也；"先觉"、"觉民"，如《诗》之牗民孔易，非性光明照也。（《揅经室一集》卷十《威仪说》）

既然李翱对其借以立论的这些儒家材料都存在误读，那么，李翱的复性说及其复性方法自是不能成立。由此，阮元通过文字训诂等手段回归

---

① 阮元：《揅经室一集》，商务印书馆 1937 年版，第 213 页。
② 阮元：《揅经室一集》，商务印书馆 1937 年版，第 206 页。

经典、重读经典，将形上的心性论说拉回到形下的视域中，从而将李翱借佛老心法所拔高的圣人之道，重新还原为切实庸近的实践之道。

四、小　结

在解读儒家的性命观时，李翱诉诸于心通，而阮元则采取了事解，二人采用了不同的解经方法，以致构建起的性命观也是大有不同。对此，就有如下两个问题值得追问：在解读经典时，二人何以采用了不同的方法论？心通与事解，究竟哪种方法才能真正接续儒家的性命之源？这两个问题其实又是一体的。

李、阮既然是在不同的方向上接续儒家道统，那么，二人的方向感从何而来？上文提到，李、阮对于思孟心性的定位是不同的，这也直接导致了二人采用不同的方法"接着"思孟讲。李翱认为，思孟心性本是形上的，而汉儒却只是从形下来解经，以致使得儒道不传，并由此而注重以心通的方法对思孟心性做形上化的加工；阮元则认为，李翱（乃至宋儒）不过是误入歧途，希望光复汉儒的治经方法，亦即注重以事解的方法对思孟心性论进行形下化的还原。

由此可见，李、阮的方向感来自于二人对思孟心性的不同定位。但进一步的问题是，二人的定位又何以不同？定位的不同，表明二人在何为儒家的性命之源这个问题上就是有分歧的。既然在源头处都有不同，那么，采用何种方法、在哪个方向上疏导或接续这个源头，二人的种种差异也就不言而喻了。

回到上述的问题。李、阮对思孟的定位、对性命之源的揭示何以有不同？这个问题其实也就是：对于同样的儒家经典或观念，二人何以有不同的解读？这就是个经典阐释的问题了。

在批评吕与叔借鉴佛法而修儒道时，朱子曾说："圣人寻常不曾有这般说话。近来人被佛家说一般大话，他便做这般底话去敌他。"[①] 其实，无

---

① 黎靖德：《朱子语类》，中华书局 1986 年版，第 955 页。

论是李翱，还是程朱陆王，朱子此论也都适用。① 而阮元之所以大肆批驳李习之的复性说，一个主要的原因也就是"发明性字误入老释之故"②。宗汉学的阮元是在追溯宋学堕入空虚不实之境的原因，或者说，寻找宋明儒何以有存天理灭人欲之类的观念。不过，虽然汉学指责宋学空疏，但宋学并非没有明经致用的最终导向。即便在汉宋之争中，汉宋双方常常都会以致用标榜自己而指责对方偏离了这个目标。由此而言，汉宋两家应该说是殊途而同归的。但问题是，既然目标一致，汉宋之争又因何而起？这就需要回答汉宋之争与经典解释之间的关系。

由于经典本身即便在其作者那里或许都有的模糊弹性，明经必然饱含一定的解释张力，但又因为此张力不可能被量化为某种现成的标准，以至于明经势必引发经典解释的合法性问题，而对合法性问题的回答又不得不重新回到经典本身。于是，从历史的维度看，明经或解读经典的过程不得不在某种具有张力的圈子中循环。比如乾嘉汉学之所以能够兴盛，除了外缘的作用外，从思想自身的发展而言，则主要是由于理学与心学争执不下，以致必须诉诸原始经典以求得确证的结果。而若是依李翱以"心通"与"事解"对不同解经法的分殊，从郑玄到李翱再到阮元的治经方法上的转换，可以被描述为一个"事解"→"心通"→"事解"的过程。郑玄等汉学家所注重的，正是为李翱所轻视的以"事解"注释经典的方法；而李翱与宋学所注重的"心通"之法，则反而为阮元等汉学家所诟病。由汉而宋，由宋而汉，经典解释的历史呈现为一个循环性的进程。

然而，经典本身或解读经典虽然都不得不允许有一定的张力，但这个张力并非完全没有度的，比如我们无论如何都不能将孔子的仁解读为恶。因为对于解读经典者，经典本身都会提供一个大致的参照系，从而将解读者的行为限定在某个虽然不能量化但却是约定俗成的范围之内，这就是解释度的问题。一旦超出解释度所允许的范围，解读者的行为就会遭到质疑。

① 当前的"以西解中"、"中西比较"所处的尴尬境地，与此颇为相似。
② 阮元：《揅经室一集》，商务印书馆1937年版，第214页。

如阮元就认为，"孔子之道，当于实者、近者、庸者论之"①，而李翱的性命说由于杂于二氏而陷入玄妙空疏，以致超出了解释度的范围（"李习之悖于诸经"），因而才不得不辩。不过，即便阮元持守"字如此实造，事亦如此实讲"②的汉学精神，但在批驳李翱、申明其节性说时，遵循的也并非完全是严格的训诂路数，对经典的解读有时也偏重于阐发义理，以至于文中不乏曲为己说之处。③

这种情况的出现，说明并没有一个现成的道统摆在那里，真正的道统只是存在于当下化的理解之中，而理解也总是当下化的、随时而发的。这个解释学上的事实，在汉宋之争中具体表现为汉宋双方所持守之界限的模糊性。如汉学并非完全不讲义理，而宋学也并非完全无视考据，只是各有偏重罢了。重要的是，假如我们承认这一点，那么，就经典解释的方向而言，汉学家认为解读经典只能遵循文字→训诂→义理的取向，亦即由文字、训诂决定义理，而宋学家则持相反的观点。但两家其实都有偏颇，因为在理解经典的过程中，单向性的解释从来都不会实际地发生，这就是解释学循环的问题。

此外，解释度的约定俗成并不必然完全是由经典本身给出的。如在汉宋之争中，解释度的问题就不是靠单纯的回归经典来解决的，更有以致用为目标的总体学术倾向上的调整。乾嘉时的汉宋之争，从来不是截然二分的两个阵营间的非此即彼的选择，其间始终都有汉宋兼采的一面。这种现象的存在，正是因为汉宋双方都看到了单纯地依靠汉或宋的治学方法所带来的空疏之弊，而空疏恰恰是相对于致用而言。为此，汉宋双方内部都出现了反思自身不足，进而以致用为宗旨来调和汉宋的倾向。正是在汉宋双方的共同推动下，乾嘉后期的学术风向才逐渐发生变化，而汉宋之争也随之曲终人散。不过，汉宋之争所提交的一些问题却并没有过时。

---

① 阮元：《揅经室一集》，商务印书馆 1937 年版，第 158 页。

② 阮元：《揅经室再续集》卷一《节性斋主人小像跋》，上海涵芬楼藏原刊本。

③ 相关问题在傅斯年的《性命古训辩证》、侯外庐的《中国思想通史》中早有探讨，此不多论。但二人的某些结论值得商榷。

参 考 文 献

一、古典文献

1. 班固：《汉书》，中华书局 1978 年版。

2. 陈澧：《东塾读书记》，上海古籍出版社 2012 年版。

3. 程颢、程颐：《二程集》，中华书局 1971 年版。

4. 崔述：《崔东壁遗书》，上海古籍出版社 1983 年版。

5. 戴震：《戴震集》，上海古籍出版社 1980 年版。

6. 戴震：《戴震文集》，中华书局 1980 年版。

7. 戴震：《孟子字义疏证》，中华书局 1982 年版。

8. 段玉裁：《经韵楼集》，上海古籍出版社 2008 年版。

9. 段玉裁：《说文解字注》，中州古籍出版社 2006 年版。

10. 方苞：《方苞集》，中华书局 1983 年版。

11. 方东树：《汉学商兑》（万有文库本），商务印书馆 1937 年版。

12. 方以智：《方以智全书·通雅》，上海古籍出版社 1988 年版。

13. 龚自珍：《龚自珍全集》，中华书局 1959 年版。

14. 顾炎武：《顾亭林诗文集》，中华书局 1983 年版。

15. 顾炎武：《日知录集释》，黄汝成集释，上海古籍出版社 2006 年版。

16. 胡渭：《易图明辨》，《四库全书》本。

17. 韩愈：《昌黎先生集》，《四部丛刊》本。

18. 黄宗羲：《黄宗羲全集》（第七册），浙江古籍出版社 1992 年版。

19. 惠栋:《松崖文钞》,《聚学轩丛书》本。

20. 纪昀:《阅微草堂笔记》,上海古籍出版社 1980 年版。

21. 纪昀:《纪晓岚文集》,河北教育出版社 1995 年版。

22. 焦循:《雕菰集》,商务印书馆 1936 年版。

23. 江藩:《国朝汉学师承记》(附《宋学渊源记》),中华书局 1983 年版。

24. 江藩:《江藩集》,上海古籍出版社 2006 年版。

25. 李翱:《李文公集》,商务印书馆 1930 年版。

26. 李慈铭:《越缦堂读书记》,中华书局 2006 年版。

27. 黎靖德:《朱子语类》,中华书局 1986 年版。

28. 凌廷勘:《校礼堂文集》,中华书局 1998 年版。

29. 陆九渊:《陆象山先生全集》,中华书局 1936 年版。

30. 卢文弨:《抱经堂文集》,中华书局 1990 年版。

31. 皮锡瑞:《经学历史》,中华书局 1959 年版。

32. 皮锡瑞:《经学通论》,中华书局 1954 年版。

33. 钱大昕:《潜研堂集》,上海古籍出版社 2009 年版。

34. 钱大昕:《十驾斋养新录》,上海书店出版社 2011 年版。

35. 钱大昕:《廿二史考异》,商务印书馆 1957 年重印本。

36. 钱谦益:《牧斋初学集》,上海古籍出版社 1985 年版。

37.《清史稿》,中华书局 1977 年版。

38.《清史列传》,中华书局 1987 年版。

39.《清实录》,中华书局 1986 年版。

40. 全祖望:《全祖望集汇校集注》,上海古籍出版社 2000 年版。

41. 阮元:《揅经室集》,商务印书馆 1937 年版。

42. 阮元:《经籍籑诂》,中华书局 1986 年版。

43. 四库全书研究所整理:《四库全书总目》,中华书局 1997 年版。

44. 唐鉴:《清学案小识》,《万有文库》本。

45. 王鸣盛:《十七史商榷》,商务印书馆 1959 年版。

46. 王念孙:《读书杂志》,中国书店 1985 年版。

47. 王引之:《经义述闻》,上海古籍出版社 2016 年版。

48. 汪中:《汪中集》,广陵书社 2005 年版。

49. 翁方纲:《复初斋文集》,道光二十六年刻本。

50. 阎若璩:《潜丘札记》,《四库全书》本。

51.《续修四库全书》,上海古籍出版社 2002 年版。

52. 姚鼐:《惜抱轩诗文集》,上海古籍出版社 1992 年版。

53. 姚莹:《东溟文外集》,同治六年安福县署刻本。

54. 杨慎:《升庵文集》,陈大科重刻本。

55. 永瑢等:《四库全书总目》(上册),中华书局 1965 年版。

56. 袁枚:《袁枚全集》,浙江古籍出版社 1993 年版。

57. 昭梿:《啸亭杂录》,中华书局 1980 年版。

58. 赵翼:《廿二史札记》,辽宁教育出版社 2000 年版。

59. 张鉴等:《阮元年谱》,中华书局 1995 年版。

60. 章学诚:《文史通义校注》,中华书局 1985 年版。

61. 章学诚:《章学诚遗书》,文物出版社 1985 年版。

62. 曾国藩:《曾国藩全集》,岳麓书社 1986 年版。

63. 朱筠:《笥河文集》,中华书局 1985 年版。

64. 朱熹:《四书章句集注》,中华书局 1983 年版。

65. 朱一新:《无邪堂答问》,中华书局 2000 年版。

二、专题论著

1. 陈鼓应、辛冠杰、葛荣晋主编:《明清实学简史》,社会科学文献出版社 1994 年版。

2. 陈嘉映:《语言哲学》,北京大学出版社 2003 年版。

3. 陈居渊:《汉学更新运动——清代学术新论》,凤凰出版社 2013 年版。

4. 陈居渊:《焦循 阮元评传》,南京大学出版社 2006 年版。

5. 陈其泰、李廷勇:《中国学术通史》(清代卷),人民出版社 2004 年版。

6. 陈少明:《汉宋学术与现代思想》,广东人民出版社 1998 年版。

7. 陈少明:《经典世界中的人、事、物》,上海三联书店 2008 年版。

8. 陈赟:《回归真实的存在:王船山哲学的阐释》,复旦大学出版社 2002 年版。

9. 陈昭瑛:《儒家美学与经典诠释》,华东师范大学出版社 2008 年版。

10. 陈祖武：《清初学术思辨录》，中国社会科学出版社 1992 年版。

11. 陈祖武：《清儒学术拾零》，湖南人民出版社 1999 年版。

12. 陈祖武：《清代学术源流》，北京师范大学出版社 2012 年版。

13. 陈祖武、朱彤窗：《乾嘉学派研究》，河北人民出版社 2005 年版。

14. 程尔奇：《晚清汉学研究》，人民出版社 2013 年版。

15. 成中英主编：《本体诠释学》（第二辑），北京大学出版社 2002 年版。

16. 成中英、杨庆中：《从中西会通到本体诠释》，中国人民大学出版社 2013 年版。

17. ［德］海德格尔：《存在与时间》，生活·读书·新知三联书店 1999 年版。

18. ［德］海德格尔：《在通向语言的途中》，商务印书馆 1997 年版。

19. ［德］胡塞尔：《现象学的方法》，上海译文出版社 2005 年版。

20. ［德］胡塞尔：《哲学作为严格的科学》，商务印书馆 1999 年版。

21. ［德］伽达默尔：《真理与方法》，上海译文出版社 2004 年版。

22. ［德］伽达默尔：《诠释学Ⅰ：真理与方法》，商务印书馆 2007 年版。

23. ［德］伽达默尔：《哲学解释学》，上海译文出版社 2004 年版。

24. ［德］伽达默尔：《科学时代的理性》，国际文化出版公司 1988 年版。

25. ［德］伽达默尔：《赞美理论——伽达默尔选集》，上海三联书店 1988 年版。

26. ［德］伽达默尔等：《德法之争：伽达默尔与德里达的对话》，同济大学出版社 2004 年版。

27. 邓曦泽：《现代古典学批判——以"中国哲学"为中心》，安徽人民出版社 2012 年版。

28. ［法］保罗·利科尔：《解释学与人文科学》，河北人民出版社 1987 年版。

29. 冯友兰：《中国哲学史》，华东师范大学出版社 2000 年版。

30. 傅伟勋：《从西方哲学到禅佛教》，生活·读书·新知三联书店 1989 年版。

31. 傅伟勋：《从创造的诠释学到大乘佛学》，（台湾）东大图书公司 1990 年版。

32. 傅玉璋、傅正：《明清史学史》，安徽大学出版社 2003 年版。

33. 葛荣晋主编：《中国实学思想史》（中卷），首都师范大学出版社 1994 年版。

34. 傅斯年：《性命故训辩证》，广西师范大学出版社 2006 年版。

35. 龚群：《生命与实践理性：诠释学的伦理学向度》，中国社会科学出版社 2004 年版。

36. 龚书铎主编：《清代理学史》，广东教育出版社 2007 年版。

37. 郭嵩焘：《郭嵩焘诗文集》，岳麓书社 1984 年版。

38. 郭嵩焘：《郭嵩焘日记》（第 3 卷），湖南人民出版社 1982 年版。

39. 何卫平：《通向解释学辩证法之途——伽达默尔哲学思想研究》，上海三联书店 2001 年版。

40. 何卫平：《解释学之维——问题与研究》，人民出版社 2009 年版。

41. 洪汉鼎：《理解与解释：诠释学经典文选》，东方出版社 2001 年版。

42. 洪汉鼎：《诠释学——它的历史和当代发展》，人民出版社 2001 年版。

43. 洪汉鼎：《理解的真理——解读伽达默尔〈真理与方法〉》，山东人民出版社 2001 年版。

44. 洪汉鼎、傅永军主编：《中国诠释学》（第 1—12 辑），山东人民出版社 2003—2015 年版。

45. 侯宏堂：《"新宋学"之建构——从陈寅恪、钱穆到余英时》，安徽教育出版社 2009 年版。

46. 侯外庐：《中国早期启蒙思想史》，人民出版社 1956 年版。

47. 侯外庐：《中国思想通史》（第五卷），人民出版社 1993 年版。

48. 侯外庐主编：《中国思想史纲》（下册），中国青年出版社 1981 年版。

49. 胡适：《戴东原的哲学》，安徽教育出版社 2006 年版。

50. 胡适：《胡适文存》（一集），黄山书社 1996 年版。

51. 胡适：《先秦名学史》，安徽教育出版社 2006 年版。

52. 胡奇光：《中国小学史》，上海人民出版社 2005 年版。

53. 胡奇光：《中国文祸史》，上海人民出版社 2006 年版。

54. 黄爱平：《朴学与清代社会》，河北人民出版社 2003 年版。

55. 黄俊杰：《中国孟学诠释史论》，社会科学文献出版社 2004 年版。

56. 黄俊杰主编：《中国经典诠释传统（一）通论篇》，华东师范大学出版社 2008 年版。

57. 黄玉顺：《面向生活本身的儒学：黄玉顺"生活儒学"自选集》，四川大学出版社 2006 年版。

58. 黄玉顺：《爱与思——生活儒学的观念》，四川大学出版社 2006 年版。

59. [加] 让·格朗丹：《诠释学真理？——论伽达默尔的真理概念》，商务印书馆 2015 年版。

60. [加] 格朗丹:《哲学解释学导论》,商务印书馆 2009 年版。

61. 蒋秋华主编:《乾嘉学者的治经方法》,台湾"中央研究院"中国文哲研究所 2000 年版。

62. 姜广辉:《走出理学——清代思想发展的内在理路》,辽宁教育出版社 1995 年版。

63. 景海峰:《中国哲学的现代诠释》,人民出版社 2004 年版。

64. 景海峰、赵东明:《诠释学与儒家思想》,东方出版中心 2015 年版。

65. 康宇:《儒家解释学的产生与发展》,黑龙江大学出版社 2012 年版。

66. 劳思光:《新编中国哲学史》(三卷下),广西师范大学出版社 2005 年版。

67. 李畅然:《戴震〈原善〉表微》,北京大学出版社 2014 年版。

68. 李畅然:《清代〈孟子〉学史大纲》,北京大学出版社 2011 年版。

69. 李帆:《章太炎、刘师培、梁启超清学史著述之研究》,商务印书馆 2006 年版。

70. 李开:《戴震评传》,南京大学出版社 1992 年版。

71. 李开:《惠栋评传》,南京大学出版社 1997 年版。

72. 李明辉主编:《儒家经典诠释方法》,华东师范大学出版社 2008 年版。

73. 李明辉主编:《中国经典诠释传统(二)儒学篇》,华东师范大学出版社 2008 年版。

74. 李清良:《中国阐释学》,湖南师范大学出版社 2001 年版。

75. 梁启超:《清代学术概论》,上海古籍出版社 1998 年版。

76. 梁启超:《梁启超论清学史二种》,复旦大学出版社 1985 年版。

77. 梁启超:《论中国学术思想变迁之大势》,上海古籍出版社 2001 年版。

78. 梁启超:《中国历史研究法》,上海古籍出版社 1998 年版。

79. 刘墨:《乾嘉学术十论》,生活·读书·新知三联书店 2006 年版。

80. 刘笑敢:《诠释与定向——中国哲学研究方法之探究》,商务印书馆 2009 年版。

81. 路新生:《经学的蜕变与史学的"转轨"》,上海古籍出版社 2006 年版。

82. 罗检秋:《嘉庆以来汉学传统的衍变与传承》,中国人民大学出版社 2006 年版。

83. 罗志田:《权势转移:近代中国的思想、社会与学术》,湖北人民出版社 1999 年版。

84. 罗炳良:《清代乾嘉历史考证学研究》,北京图书馆出版社 2007 年版。

85. 罗炳良:《清代乾嘉史学的理论与方法论》,兰州大学出版社 2004 年版。

86. 罗雅纯：《朱熹与戴震孟子学之比较研究：以西方诠释学所展开的反思》，（台湾）秀威资讯科技股份有限公司 2012 年版。

87. 孟森：《明清史讲义》，中华书局 1981 年版。

88. 蒙培元：《理学的演变：从朱熹到王夫之戴震》，福建人民出版社 1984 年版。

89. [美] 艾尔曼：《从理学到朴学——中华帝国晚期思想与社会变化面面观》，江苏人民出版社 1995 年版。

90. [美] D. C. 霍埃：《批评的循环——文史哲解释学》，辽宁人民出版社 1987 年版。

91. [美] E. D. 赫施：《解释的有效性》，生活·读书·新知三联书店 1991 年版。

92. [美] 理查德·J. 伯恩斯坦：《超越客观主义和相对主义》，光明日报出版社 1992 年版。

93. [美] 倪德卫：《章学诚的生平及其思想》，江苏人民出版社 2007 年版。

94. 倪梁康：《现象学及其效应：胡塞尔与当代德国哲学》，生活·读书·新知三联书店 1994 年版。

95. 潘德荣、付长珍主编：《对话与和谐——伽达默尔诠释学思想研究》，安徽人民出版社 2009 年版。

96. 潘德荣：《诠释学导论》，广西师范大学出版社 2015 年版。

97. 潘德荣：《文字·诠释·传统——中国诠释传统的现代转化》，上海译文出版社 2003 年版。

98. 潘德荣：《西方诠释学史》，北京大学出版社 2013 年版。

99. 彭林编：《清代经学与文化》，北京大学出版社 2005 年版。

100. 彭启福：《理解之思——诠释学初论》，安徽人民出版社 2005 年版。

101. 钱穆：《中国近三百年学术史》，商务印书馆 1997 年版。

102. 钱穆：《国史新论》，生活·读书·新知三联书店 2005 年版。

103. 钱穆：《国学概论》，商务印书馆 1997 年版。

104. 钱穆：《中国学术思想史论丛》（卷八），安徽教育出版社 2004 年版。

105. 钱钟书：《谈艺录》，中华书局 1987 年版。

106. 丘为君：《戴震学的形成：知识论述在近代中国的诞生》，新星出版社 2006 年版。

107. 漆永祥：《乾嘉考据学研究》，中国社会科学出版社 1998 年版。

108. 漆永祥:《江藩与〈汉学师承记〉研究》,上海古籍出版社 2006 年版。

109. 漆永祥:《汉学师承记笺释》,上海古籍出版社 2006 年版。

110. [日] 岛田虔次:《中国近代思维的挫折》,江苏人民出版社 2005 年版。

111. [日] 沟口雄三:《中国前近代思想的演变》,中华书局 2005 年版。

112. [日] 山口久和:《章学诚的知识论:以考证学批判为中心》,上海古籍出版社 2006 年版。

113. [日] 丸山高司:《伽达默尔——视域融合》,河北教育出版社 2002 年版。

114. 史革新:《晚清理学研究》,商务印书馆 2007 年版。

115. 孙周兴选编:《海德格尔选集》,上海三联书店 1996 年版。

116. 王茂、蒋国保、余秉颐、陶清:《清代哲学》,安徽人民出版社 1992 年版。

117. 王俊义:《清代学术探研录》,中国社会科学出版社 2002 年版。

118. 王俊义、黄爱平:《清代学术与文化》,辽宁教育出版社 1993 年版。

119. 王葆玹:《今古文经学新论》,中国社会科学出版社 1997 年版。

120. 王峰:《西方阐释学美学局限研究》,黑龙江人民出版社 2007 年版。

121. 王庆节:《解释学、海德格尔与儒道今释》,中国人民大学出版社 2004 年版。

122. 王兴国:《实事求是论》,湖南人民出版社 1998 年版。

123. 王应宪:《清代吴派学术研究》,华东师范大学出版社 2009 年版。

124. 汪学群:《中国儒学史·清代卷》,北京大学出版社 2011 年版。

125. 汪学群、武才娃:《清代思想史论》,中国社会科学出版社 2007 年版。

126. 吴通福:《清代新义理观之研究》,江西人民出版社 2007 年版。

127. 吴根友:《中国现代价值的初生历程——从李贽到戴震》,武汉大学出版社 2004 年版。

128. 吴根友:《明清哲学与中国现代哲学诸问题》,中华书局 2008 年版。

129. 吴根友、孙邦金等:《戴震、乾嘉学术与中国文化》,福建教育出版社 2015 年版。

130. 萧萐父、许苏民:《明清学术启蒙流变》,辽宁教育出版社 1995 年版。

131. 萧诗美:《是的哲学研究》,武汉大学出版社 2003 年版。

132. 肖娅曼:《汉语系词"是"的来源与成因研究》,巴蜀书社 2006 年版。

133. 萧一山:《清代通史》,中华书局 1986 年版。

134. 徐道彬:《戴震考据学研究》,安徽大学出版社 2007 年版。

135. 徐复观：《中国思想史论集》，上海书店出版社 2004 年版。

136. 徐复观：《中国思想史论集续篇》，上海书店出版社 2004 年版。

137. 徐复观：《中国人性论史（先秦篇)》，上海三联书店 2001 年版。

138. 徐复观：《徐复观论经学史二种》，上海书店出版社 2002 年版。

139. 徐世昌：《清儒学案》，中国书店 1990 年版。

140. 许道勋、徐洪兴：《中国经学史》，上海人民出版社 2006 年版。

141. 许苏民：《朴学与长江文化》，湖北教育出版社 2004 年版。

142. 严平：《走向解释学的真理——伽达默尔哲学述评》，东方出版社 1998 年版。

143. 严平编选：《伽达默尔集》，上海远东出版社 2003 年版。

144. 严正：《五经哲学及其文化的阐释》，齐鲁书社 2001 年版。

145. 杨乃乔主编：《中国经学诠释与西方诠释学》，中西书局 2016 年版。

146. 杨向奎：《清儒学案新编》（第一卷），齐鲁书社 1985 年版。

147. 杨新勋：《宋代疑经研究》，中华书局 2007 年版。

148. ［意］艾柯等：《诠释与过度诠释》，王宇根译，生活·读书·新知三联书店 1997 年版。

149. 殷鼎：《理解的命运：解释学初论》，生活·读书·新知三联书店 1988 年版。

150. 尹继佐、周山主编：《中国学术思潮兴衰论》，上海社会科学院出版社 2001 年版。

151. 余英时：《论戴震与章学诚：清代中期学术思想史研究》，生活·读书·新知三联书店 2000 年版。

152. 余英时：《中国思想传统的现代诠释》，江苏人民出版社 1989 年版。

153. 余英时：《人文与理性的中国》，上海古籍出版社 2007 年版。

154. 余英时：《现代儒学的回顾与展望》，生活·读书·新知三联书店 2004 年版。

155. 张丽珠：《清代义理学新貌》，（台湾）里仁书局 1999 年版。

156. 张丽珠：《清代新义理学：传统与现代的交会》，（台湾）里仁书局 2003 年版。

157. 张丽珠：《清代的义理学转型》，（台湾）里仁书局 2006 年版。

158. 张能为：《理解的实践——伽达默尔实践哲学研究》，人民出版社 2002 年版。

159. 张汝伦：《意义的探究：当代西方释义学》，辽宁人民出版社 1986 年版。

160. 张汝伦：《思考与批判》，上海三联书店 1999 年版。

161. 张寿安：《以礼代理——凌廷堪与清中叶儒学思想之转变》，河北教育出版社

2001 年版。

162. 张寿安：《十八世纪礼学考证的思想活力》，北京大学出版社 2005 年版。

163. 张舜辉：《清儒学记》，华中师范大学出版社 2005 年版。

164. 张舜辉：《清代扬州学记·顾亭林学记》，华中师范大学出版社 2005 年版。

165. 张舜徽：《清人笔记条辨》，华中师范大学出版社 2004 年版。

166. 章太炎、刘师培：《中国近三百年学术史论》，上海古籍出版社 2006 年版。

167. 张涛、邓声国：《钱大昕评传》，南京大学出版社 2006 年版。

168. 张祥龙：《海德格尔思想与中国天道》，生活·读书·新知三联书店 1996 年版。

169. 张祥龙：《从现象学到孔夫子》，商务印书馆 2001 年版。

170. 张一兵：《回到海德格尔——本有与构境》（第一卷），商务印书馆 2014 年版。

171. 张昭军：《晚清民初的理学与经学》，商务印书馆 2007 年版。

172. 张震：《理解的真理及其限度——西方现代诠释学的艺术哲学向度的考察与批判》，中国社会科学出版社 2010 年版。

173. 郑宗义：《明清儒学转型探析：从刘蕺山到戴东原》，香港中文大学出版社 2000 年版。

174. 支伟成：《清代朴学大师列传》，岳麓书社 1986 年版。

175. 中国实学研究会：《实学文化与当代思潮》，首都师范大学出版社 2002 年版。

176. 周光庆：《中国古典解释学导论》，中华书局 2002 年版。

177. 周裕锴：《中国古代阐释学研究》，上海人民出版社 2003 年版。

178. 周予同：《中国经学史讲义》，上海文艺出版社 1999 年版。

179. 朱维铮：《求索真文明》，上海古籍出版社 1996 年版。

180. 朱维铮：《中国经学史十讲》，复旦大学出版社 2002 年版。

181. 朱维铮：《走出中世纪》，上海人民出版社 1987 年版。

182. 朱维铮编：《周予同经学史论著选集》，上海人民出版社 1996 年版。

三、学术论文

1. 蔡方鹿：《论汉学、宋学经典诠释之不同》，《哲学研究》2008 年第 1 期。

2. 蔡方鹿、蒋小云：《宋学经典诠释的哲学意蕴》，《哲学研究》2005 年第 6 期。

3. 陈立胜:《"儒学经典诠释传统"与"我们"》,《中山大学学报》(社科版)2003年第2期。

4. 陈勇:《"不知宋学,则无以评汉宋之是非"——钱穆与清代学术史研究》,《史学理论研究》2003年第1期。

5. 崔发展:《乾嘉汉学之"实事求是"话语权的起兴》,《燕山大学学报》2010年第4期。

6. 崔发展:《汉宋之争与经典解释——以阮元、李翱的"性命"为例》,《四川大学学报》2008年第3期。

7. 崔发展:《乾嘉"实事求是"命题的结构与层级》,《东岳论丛》2013年第2期。

8. 崔发展:《乾嘉"实事求是"话语的诠释学边界》,《哲学动态》2013年第9期。

9. 崔发展:《乾嘉汉学的解释学反思》,《思想战线》2013年第3期。

10. 崔发展:《"实事求是"作为经学阐释命题的展开——乾嘉汉学的阐释学考察》,《孔子研究》2012年第1期。

11. [德] 帕尔默:《当我们阅读一个经典文本时发生了什么?》,载《中国诠释学》(第二辑),山东人民出版社2004年版。

12. 方旭东:《诠释过度与诠释不足:重审中国经典解释学中的汉宋之争——以〈论语〉"颜渊问仁"章为例》,《哲学研究》2005年第2期。

13. 郭康松:《对清代考据学批评之批评》,《史学月刊》2002年第2期。

14. 郭齐勇:《出土简帛与经学诠释的范式问题》,《福建论坛》(人文社科版)2001年第5期。

15. 何强:《"实事求是":当代诠释学视角的再理解》,《学术交流》2007年第12期。

16. 黄爱平:《乾嘉汉学治学宗旨及其学术实践探析——以戴震、阮元为中心》,《清史研究》2002年第3期。

17. 黄爱平:《百年来清代汉学思想性研究述评》,《清史研究》2007年第4期。

18. 黄熹:《中国哲学诠释学的目标及其参照系》,《光明日报》2005年7月5日。

19. 黄玉顺:《"实事求是"命题的存在论意义——依据马克思"实践主义"哲学的思考》,《广西民族学院学报》2001年第6期。

20. [加] 格朗丹:《诠释学与相对主义》,载《中国诠释学》(第五辑),山东人民出版社2008年版。

21. 姜广辉:《"实学"考辨》,载《实学文化与当代思潮》,首都师范大学出版社

2002 年版。

22. 景海峰:《从训诂学走向诠释学:中国哲学经典诠释方法的现代转化》,《天津社会科学》2004 年第 5 期。

23. 康宇:《论清代朴学对儒家经典解释方法的重构》,《文史哲》2011 年第 2 期。

24. 李帆:《论清代嘉道之际的汉宋之争与汉宋兼采》,《求是学刊》2006 年第 5 期。

25. 罗炳良:《从"实事求是"到唯物史观——中国史学理论的发展演变及其评价》,《高效理论战线》2006 年第 6 期。

26. 彭卫民:《清代汉学:"兴奋"与"紧张"之间——读张循先生〈汉学的内在紧张:清代思想史上"汉宋之争"的一个新解释〉》,《社会科学论坛》2011 年第 2 期。

27. 暴鸿昌:《清代汉学与宋学关系辨析》,《史学集刊》1997 年第 2 期。

28. 尚小明:《门户之争,还是汉宋兼采?——析方东树〈汉学商兑〉之立意》,《思想战线》2001 年第 1 期。

29. 孙运君:《清代汉宋兼采思想研究:以岭南汉宋兼采学派为中心》,南京大学 2006 年博士论文。

30. 王永平:《从汉学向宋学的转变看隋唐儒学的地位》,《河南师范大学学报》2006 年第 2 期。

31. 王应宪:《清代"实事求是"学风的复兴与沉寂》,《安徽史学》2007 年第 6 期。

32. 魏长宝:《经典诠释学与中国哲学研究的范式问题》,《哲学动态》2003 年第 1 期。

33. 魏强:《历史与构境:从解释学走向出场学之路——伽达默尔哲学解释学研究》,苏州大学 2014 年博士论文。

34. 魏永生:《清中晚期汉宋学关系研究》,北京师范大学 1999 年博士论文。

35. 尉利工:《汉宋经典诠释方法异同考》,《学术界》2007 年第 4 期。

36. 许苏民:《我们如何求"是"——回应周浩翔先生》,《光明日报》2008 年 2 月 25 日。

37. 徐晓风、张艳涛:《对实事求是的当代现象学解构》,《理论探讨》2004 年第 5 期。

38. 杨东东:《从批判反思到话语沟通——哈贝马斯批判解释学初探》,山东大学 2010 年博士论文。

39. 杨世文:《论北宋学者对汉唐经学的批评》,《中国典籍与文化》2001 年第 4 期。

40. 杨世文：《儒学、经典与圣人之道——论北宋学者对儒、经、道关系的定位》，《四川大学学报》2002 年第 2 期。

41. 张循：《清代汉、宋学关系研究中若干问题的反思》，《四川大学学报》2007 年第 4 期。

42. 张循：《论十九世纪清代的汉宋之争》，复旦大学 2007 年博士论文。

43. 张循：《汉学的内在紧张：清代思想史上"汉宋之争"的一个新解释》，《中央研究院近代史研究所集刊》2009 年第 63 期。

44. 周国栋：《两种不同的学术史范式——梁启超、钱穆〈中国近三百年学术史〉之比较》，《史学月刊》2000 年第 4 期。

45. 周积明：《乾嘉时期的汉宋之"不争"与"相争"——以〈四库全书总目〉为观察中心》，《清史研究》2004 年第 4 期。

46. 周积明、雷平：《清代学术研究若干领域的新进展及其述评》，《清史研究》2005 年第 8 期。

47. 周裕锴：《语言还原法——乾嘉学派的阐释学思想之一》，《河北学刊》2004 年第 5 期。

48. 朱修春：《从"工具理性"到"价值理性"——论清代〈四书〉学的学术转向与道统传承》，《哲学研究》2011 年第 7 期。

四、英文文献

1. Gadamer, *Truth and Method*, trans. Garrett Barden and John Cumming, Beijing：China Social Science Publishing House, 1999.

2. Gadamer, *Philosophy Hermeneutics*, trans. and Ed. David Linge, California：University of Clifornia Press, 1976.

3. Gadamer, *Heideggers Wege*, Tubingen：Mohr., 1983.

4. Heidegger, *Being and Time*, trans. J. Macqyarrie and Robinson, Beijing：China Social Science Publishing House, 1999.

5. Palmer, *Hermeneutics：Interpretation Theory in Schleiermacher*, Dilty, Heidegger, and Gadamer, Evanston：Northwestern University Press, 1969.

6. Palmer, *Gadamer in Conversation：Reflections and Commentary*, Yale University

Press/New Haven & London，2001.

　　7. Paul Ricoeur，*Hermeneutics and the Human Science*，Cambridge：Cambridge University Press，1981.

索　引

后 记

在为"过度诠释"做辩护时，乔纳森·卡勒认为，为了推动学术或思想的进展，与其追求四平八稳的平淡，不如希冀片面的深刻。对此，我是颇以为然的。不过，自研究乾嘉汉学以来，因深受汉学家这一群体"实事求是"的治学态度的影响，我又常常感念钱大昕所谓"学问乃千秋事，定讹规过，非以訾毁前人，实以嘉惠后学。但议论须平允，词气须谦和"的劝诫，并由此反观以往所做的相关研究，不断省察自己是否真正做到了议论平允、词气谦和？

总的来讲，如果说卡勒代表的是哲学取向，那么钱大昕代表的则是史学取向。在中国哲学（史）的研究中，我们往往会纠缠在这样一种哲学与史学的拉锯战之中，乃至衍生出如此的不良倾向：或以史学代哲学，或以哲学代史学，且尤以前者为主。如何摆脱这种纠缠？就我本人而言，只有对西方解释学有了较为熟悉的了解后，才慢慢参透其中的玄机。在这本书中，借助于分析乾嘉汉学，我将一己之体悟与认知写出，只是耽于学养不够、精力不足，恐个中真味未能充分展现，因而权作寻求上述问题之解答的一番尝试吧。

本书立意不做具体人物或文本研究，而是以整个乾嘉汉学为对象，探讨其中的共相性或普遍性的问题，比如，乾嘉汉学家人数众多，成绩斐然，但既然他们被统称为乾嘉学术或乾嘉学派（学界对这一称谓也有争议），那么，他们何以成为一个学派？他们有什么共享或共通之处？本书最终选取以"实事求是"作为突破点，这主要因为"实事求是"乃是乾嘉汉学治经的标志性口号与基础性观念。从诠释学角度看，"实事求是"集中体现出乾嘉汉学家这一学术群体的诠释学观念、诠释学原则与诠释学方法。由此，"实事求是"也可以说就是一个经学解释学命题。而就乾嘉汉学家的经学解释实践而言，此命题主要表现为一个受控的、经验性的考证过程。基于此，乾嘉汉学就可以被整个地置入"实事求是"的解释学模式之中。通过展开这一模式，就可深入辨析乾嘉汉学的成就及其问题，并借以反观西方解释学自身的不足，进而有利于从整体上寻求建构中国解释学的合理定位。

大体讲，本书的主要论点如下：

第一，在学术建构上，"实事求是"乃是乾嘉汉学的公共话语平台。由此，"实事求是"并非只是一种客观的态度、方法与精神，而是可以借此构建出乾嘉汉学的学术模式。

第二，"实事求是"作为一个解释学命题，具体包括"实事求是者"（解释主体）、"实事"（解释对象）、"求"（解释方法）与"是"（解释目标）等核心要素。随着这些要素的变化，该命题就会相应地演化出考证性命题、认识论命题、存在论命题三个不同的层级。在此基础上，进一步提出"实事求是"作为解释学命题的普遍结构与特殊结构，并辅以图表来标注出不同结构之间的转化。

第三，作为"实事求是者"，乾嘉汉学家所采用的"求"的方法主要有两种：一是由训诂通义理来弥合语言性断裂，二是以"剥皮主义"来弥合脉络性断裂。不过，这两种方法都必然遭遇瓶颈，究其根本原因，实乃是由于"实事求是"并不是一个认识论意义上的自明性命题所致。

第四，解析出"理解"现象的发生结构，进而论证了"实事求是"如何可能与"理解如何可能"的同构性、同质性。当"实事求是"被视为自明性命题时，也就是说，当认为"实事求是"可以被完全地实现时，怎样才能做到（或怎样做才算是）"实事求是"，就显得颇为重要。这个"怎样"指向"方法"，且最终导致方法论主义的扩张。

第五，通过对思想与思想性、求古与求是、求是与求用、求虚与求实等几个主题的逐步分析，可知乾嘉汉学家并没有完全实现对"是"的追"求"。但这首先不是方法上的不足，而是由"实事求是"本身的限度所致，这一限度源自于生存论意义上的人的有限性、历史性。

第六，哲学解释学虽然认可了间距作为理解条件的一面，但却忽略了间距对于理解之有效性的重要意义。由此，引入哲学解释学，虽然有利于我们从存在论上理解与追问"实事求是"，但另一方面，借助于乾嘉汉学的考证训诂之方法，如汉学虽然偏重于文本分析，但它对文本的内在分析、微观考察却颇为丰富，由此可以反观、弥补哲学解释学的不足，从而明晰建构中国解释学的定位与方向。

第七，从文本性定向看，何者更接近"实事"，则其就更好；而从表现性定向来看，何者更适用于"实事求是者"的诠释处境，则其就更好。简言之，只有在同一种定向上，才能对不同的"是"进行比较，进而才能得出哪一种"是"较好的结论来。不过，在表现性定向上，由于不同的"实事求是者"总会给出不同的"是"，若要判定何者更好，就难以一言而尽了。

第八，从乾嘉汉学的诠释实践来看，他们普遍强调"是"必须基于"实事"的重要性，由此，"实事求是"无疑体现出了对任意解释的制约性，而此时的"实事求是"主要是一个认识论上的规范性概念。不过，就"实事求是"命题的普遍结构而言，换句话说，就无人会否认"实事求是"这一点而言，或可说"实事求是"主要是一个存在论意义上的调节性或范导性概念，它划定了诠释边界，但并未拒绝诠释的开放性。

第九，本研究从关系主体、关系客体、关系形态与效果历史四个角度来分析汉宋关系问题，从中既能统括性地理清已有的相关成果，亦由此勾勒出清代的汉宋关系模式。在此基础上，本研究抽绎出汉宋两家的解释学缺失，揭示出汉宋两家所造成的义理与考据之间的形式主义问题（由忽略解释学循环，尤其是外在性的解释学循环所致）、穷经与进德之间的因果性错误推因问题等。

第十，本书对清学研究模式的分析更为集中、深化。对于梁启超的"反动说"、钱穆的"余绪说"、余英时的"内在理路说"这三种较为流行的清学研究模式，本书在梳理其清学史研究的基础上，较为集中地进行比较性的分析，指出三种模式其实并不是非此即彼的独断论，而是有着更为紧密的关联。

由于本书关乎中西比较，故有必要对这一做法做些许交代。近代以

来，中西比较的话题，很容易触动我们的敏感神经，迄今还有很多人不愿
或不能迈过这道坎。本书用西方解释学来分析乾嘉汉学，势必也会遭遇
此类质疑。为此，我有意撰写了"解释学的位置"一节，专门分析三个
问题：一是以解释学解读乾嘉汉学的合法性何在；二是哲学解释学能否作
为一种方法；三是能否借鉴哲学解释学来分析乾嘉汉学。对这些问题的解
答，就是我对中西比较、解释的有效性与合法性等问题的一个直接回应。

　　我的基本立场是：在中西比较问题上，我们应先搁置合法性之类的争
议，而着重先来看看这种比较能否激发真问题、扩充新认知。中西古今交
织成了今人的生存论境域或解释学处境，任何解释活动无疑都是一个在古
与今、中与西之间无限中介的过程。或可说，就中国乃至世界的学术发
展而言，未来的学术大师必然是学贯中西之人，犹如萧萐父先生所提出
的"从容涵化印中西"之人。因此，仅就中国哲学的发展来讲，对胡—冯
范式的超越绝不应持守所谓"以中释中"的立场。这是因为，"以中释中"
独断地预设了一种纯粹中国式的概念或语言的存在，认为依赖一种"去语
境"的方法论抽象，就可以完全弥合这些断裂而通达纯粹的中国式语境。
而事实上，这类做法并不合乎实际。从根本上讲，我们不应再纠结于中西
能不能比较这类问题，因为更有必要、更为紧迫的问题，不在于合法性
（试看当今活生生的现实，我们总已在比较之中了），而在于中西如何比较
才更为合理、更为有效，也就是说，需要探讨的乃是具体的比较方法。

　　事实上，哪怕是从我自己的性情上讲，我也是更倾向于一种中间路
线，而不是某种偏执的方向。偏执的方式一般有虚与实两种。黑格尔说
过，在纯粹的光明里就像在纯粹的黑暗中一样，什么也看不见。虚实问题
亦是如此。虚与实看似一条直线的两个相反的方向，但最终我们就会发现
此二者构成的并非直线而是圆环或循环。在实际的解释活动中，虚实或
可说只是问题的两端，即朝着"过度解释"与"不足解释"发展的两端，
但这两端最后却不得不归入一种调解的状态：实则虚之，虚则实之。于是
乎，这里就有一条中间路线，我们暂时可以称之为"中庸解释"。在这个
中间路线上，总是可以找到批评那两端的支点，但问题是，这个中间路线
的调和色彩却更容易遭到指责。不少人批评伽达默尔解释学的浪漫主义色
彩，与此不无关联。但浪漫主义是不能少的，这也是我倾向于中庸阐释之

路线的主要原因，虽然我并没有做到这一点。当然，具体采用哪种路线并不是个"一刀切"的问题。如果仅仅从学术理论的发展来讲，走两端甚至是学术发展的必由之路。但从理论与实践的关系来讲，兼采众长的中庸路线更值得效法。我想说的是，我们应当注重解释学实践与伦理之间的生存论关联，而这里就必然不能缺乏浪漫的色彩。施莱尔马赫早就指出，理解必然是伦理学的最高形式，而伽达默尔最终将解释学引入实践哲学，更是尊重了解释学与伦理学这二者的生存论基础。所以，伯恩斯坦甚至认为，伽达默尔的全部哲学体系可以表述为一种对人道主义学说的辩解。其实，细看来，钱大昕虽然遵循"实事求是"的客观性原则，但他所表述的未尝不是一种理想型的标准。

　　早在四川大学读哲学硕士时，我已在黄玉顺老师、余平老师的指导下，深入阅读现象学的材料。2007年，是我在武汉大学读博的第二年，那时我私下已沿着现象学这条线开始阅读解释学的相关文献。记得当时吴根友老师开设了一门"明清哲学专题"课程，这也开启了我将明清哲学与解释学结合起来进行研究的尝试，并最终与导师郭齐勇老师商定以"乾嘉汉学的解释学问题"来作为毕业论文选题。在此，特向郭师、吴师表达我的诚挚敬意。在博士论文答辩时，景海峰老师、胡治洪老师、丁四新老师、李维武老师、徐水生老师等，提出了很好的建议，为我进一步深化此项研究指明了方向，在此一并感谢！

　　本书的写作，虽以博士论文为基础，但经过近几年的反复思考，已有较大改进。当然，本研究今后仍需进一步完善。比如，本书目前主要是致力于总体性研究，由于立意宏大，且关涉中西比较，这就使得本书因话题过于宽泛而有佐证不足之嫌，今后应注意进一步增加文本或人物之类的个案分析，借以增强实证性。此外，汉宋关系是理解乾嘉汉学的一个重要切入点，本研究虽然对汉宋关系作出了初步研究，但今后应从乾嘉汉学进一步扩展论域，比如对整个清代的汉宋关系作出专题式研究，而这也是我在后续研究的一个着力点。

　　还需致谢的是我的一些学友，他们或从整体架构上，或从措辞造句上，提出了很多中肯的建议。能有这么多志同道合之人相质相商，实乃为学之乐。怎奈需要感谢的人数众多，不在此一一列举了。

在本书出版过程中，人民出版社给予了大力支持。责任编辑钟金铃就本书的写作和出版事宜多次从中协调，并对书稿从形式到内容上提出了诸多宝贵建议。在此，对人民出版社以及钟金铃编辑表示衷心感谢。

学术乃天下公器，敬请各位专家学者批评指正！

崔发展

2017 年 3 月于成都

责任编辑:钟金铃
封面设计:石笑梦

图书在版编目(CIP)数据

乾嘉汉学的解释学模式研究/崔发展 著. —北京:人民出版社,2017.12
ISBN 978-7-01-018227-8

Ⅰ.①乾⋯　Ⅱ.①崔⋯　Ⅲ.①汉学-解释学-研究-中国-清代
　Ⅳ.①K207.8②B089.2

中国版本图书馆 CIP 数据核字(2017)第 221886 号

乾嘉汉学的解释学模式研究

QIANJIA HANXUE DE JIESHIXUE MOSHI YANJIU

崔发展　著

人民出版社 出版发行

(100706　北京市东城区隆福寺街 99 号)

北京中科印刷有限公司印刷　新华书店经销

2017 年 12 月第 1 版　2017 年 12 月北京第 1 次印刷
开本:710 毫米×1000 毫米 1/16　印张:19.25　字数:300 千字

ISBN 978-7-01-018227-8　定价:48.00 元

邮购地址 100706　北京市东城区隆福寺街 99 号
人民东方图书销售中心　电话　(010)65250042　65289539